성경이라는 우물에 두레박을 드리워 생명의 물을 길어 올린다. 그 우물이 얼마나 깊은지는 아무도 알지 못한다. 수많은 사람이 그 우물에서 길어낸 물을 마시고 살아갈 힘을 얻는다. 두레박에 담긴 물은 우물물의 일부이고 전체를 암시하지만 전체는 아니다. 누구도 어둑한 그 심연의 크기를 알지 못한다. 상징적으로 말하기는 했으나 성경의 언어는 하나님을 드러내는 동시에 숨긴다. 숨기기 위해서가 아니라 드러낼 수 없기 때문이다.

성경을 해석한다는 것은 삶의 길을 찾기 위해 그 숨겨진 층위에 귀를 기울이는 일이다. 신학자이자 목회자이고, 탁월한 화가였던 지거 쾨더는 성경 속에 언표된 세계를 근거로 하여 언표되지 않은 세계를 드러내 보인다. 그의 캔버스는 그런 탐색의 현장이다. 그의 그림이 성서의 재현이 아닌 것은 이 때문이다. 모든 그림이 그러하듯 그의 그림에는 그의 의식을 스치고 지나가는 신학적 사유가 녹아들어 있다.

이 책의 공동 저자들은 지거 쾨더의 그림에서 드러난 혹은 감춰진 메시지를 읽기 위해 애쓴다. 시각적 이미지를 언어적으로 재현하는 에크프라시스(*ekphrasis*) 과정을 통해 그들은 독자들 앞에 다양한 신학적 해석의 향연을 베푼다. 이미 알고 있다고 여기던 성경의 이야기 속에 우리가 미처 주목하지 못한 부분이 있음을 그들은 넌지시 드러낸다. 하지만 저자들은 지거 쾨더의 그림에 대한 유일한 해석을 제시하지는 않는다. 다만 다양하게 열린 해석의 길로 독자들을 초대하고 있다.

103점의 그림을 보며 해석의 즐거움에 동참하는 동안 우리가 드리우는 두레박의 줄이 늘어나 있음을 자각하게 될 것이다. 이 놀라운 책을 곁에 두고 가끔 들춰볼 수 있다는 사실이 그저 고마울 뿐이다.

김기석 | **전 청파교회 담임목사**

지거 쾨더의 그림을 처음 만났을 때 한눈에 반해 버리고 말았다. 언젠가 성서를 주제로 그린 네덜란드 화가 렘브란트의 작품을 보면서 터뜨렸던 그 감탄이 반복되었다. '화가이면서 어떻게 동시에 신학자가 될 수 있을까? 심오한 신학 담론을 한 점의 그림 속에 담아내는 것이 가능할까?' 물론 신학과 미술을 공부했다고 해서 그런 멋진 그림이 저절로 탄생하는 것은 아닐 것이다.

지거 쾨더의 작품에는 마르크 샤갈을 닮은 듯 화려한 색감과 함께 그만의 독특하면서도 깊고 짙은, 그러나 담백한 묵직함이 배어 있다. 아울러 성서의 인물과 그와 관련된 사건을 매우 입체적이고 다양하게 표현하고 있다.

《지거 쾨더, 성서의 그림들》을 펼쳐 놓고 작품과 해설을 동시에 감상하고 묵상하다 보면 타임머신을 탄 듯 천지창조의 자리에, 아브라함과 모세의 삶의 현장에, 예수 그리스도의 일생에 동참하는 환상에 빠져든다. 우리의 신앙과 신학적 상상력을 마음껏 펼쳐 보라고 도발하는 듯하다. 또한 이 책에 수록된 지거 쾨더의 다양한 작품만큼이나 해설하는 이들의 직업과 해석 방식도 다양하고 독특하다. 그들이 모두 화가가 되고 신학자가 되어 작품을 설명해 주니 그림과 함께 성서 전체를 눈으로 보고 마음으로 읽는 매력에 빠지게 된다.

책을 여는 순간 그림과 함께 펼쳐지는 창조 이야기, 예수의 이야기에 다시 성경공부를 하고 싶은 마음이 마구 솟구치는 것은 나만이 아닐 것이다. 성서와 그림이 어우러지는 지점에서 독자들은 성서의 인물과 사건이 마치 홀로그램처럼 우리 삶의 현장에 새롭게 다가옴을 경험하게 될 것이다. 여기에 덧붙여 자신의 감상을 즐겁게 나눌 사람이 있다면 금상첨화이리라. 성서를 사랑하는 사람들 모두에게 기쁜 마음으로 선물하고 싶은 충동이 일어나는 참 멋진 책이다.

김지철 | **미래목회와말씀연구원 이사장**

예술가는 사랑하는 것과 접촉함으로써 자신을 세상에 노출시킨다. 그 사랑이 강렬할수록 감동의 여운도 진하다. 지거 쾨더의 작품은 단순한 그림이 아니다. 그가 사랑하며 묵상했던 대상이 선과 색에 뭉근히 담겼다. 쾨더의 작품은 눈에 보이는 이미지 이상의 무언가를 이야기한다. 그것은 일상에서 우리가 종종 간과하는 성스러움, 신비로움, 그리고 그리스도 안에서 얻은 구원의 기쁨이다.

성직자이며 예술가인 그는 성경의 메시지 앞에 사람들을 멈춰 세운다. 감상자가 신앙인이든 아니든 상관없다. 이 책엔 신구약 성경 전체를 아우르는 100편이 넘는 작품이 수록되어 있다. 그의 그림은 때로는 명상적이며, 때로는 강렬하게 심장을 울리며, 또 때로는 인간의 고뇌와 아픔을 따뜻하게 어루만지는 손길이 된다. 그리스도의 얼굴, 십자가의 고통, 부활의 기쁨, 성찬의 위로 등 쾨더의 작품에서 만나는 사건과 주제는 감상자 모두에게 신앙의 깊이와 넓이를 새로이 경험하게 한다.

이 책은 그림을 통한 성경 묵상뿐 아니라 쾨더의 작품을 좀 더 깊이 이해하고 감상할 수 있도록 돕는 귀중한 안내서이기도 하다. 작품마다 권위 있는 신학자와 목회자, 심리학자와 상담가들이 함께 참여해 그림에 담긴 신학적·예술적 의미를 아름답고 이해하기 쉬운 문장으로 분석하고 해설한다. 그 결과물은 단순히 작품 설명을 넘어 독자들이 쾨더의 그림에서 자신만의 신앙적 깨달음을 발견할 수 있도록 이끌어 준다. 잠자리에 들기 전 딸과 함께 한 꼭지씩 읽고 나누며 두 손을 모은다.

쾨더의 작품을 사랑하는 한 사람으로서 이 책이 한국어로 출간된 것을 매우 기쁜 마음으로 주위에 알린다. 책에 담긴 아름다운 글과 그림이 독자들에게 깊고 진한 여운을 선물할 것이며, 책을 손에 잡은 이상 독자는 아름다움을 보고 읽는 것을 넘어 그 아름다움의 일부가 되고 말 것이다. 기다리던 책이고, 필요했던 책이다.

최주훈 | **중앙루터교회 목사**

지거
쾨더、

성서의
그림들

Die Bilder der Bibel von Sieger Köder: Erschließende und Meditative Texte
by Gertrud Widmann (Ed.)

현대 종교미술의 거장
지거 쾨더와 함께하는
뜻을 여는 말씀 묵상

지거 쾨더、 성서의 그림들

Die Bilder der Bibel
von Sieger Köder

게르트루트 비드만 엮음
유명철·이호훈 옮김

일러두기

– 본문에 인용한 성경 구절은 대한성서공회에서 펴낸 〈성경전서 새번역〉판을 따랐습니다. 다른 번역본을 인용한 경우 따로 표기하였습니다.
– 원서에 작품명이 없는 경우 따로 표기하지 않았습니다.

톨레 레게(*Tolle lege*),

집어서 읽으라!

TOLLE LEGE

머리말

'톨레 레게, 집어서 읽으라!'

아우구스티누스는 자신이 가야 할 길과 소명에 대한 의심 가운데 혼란스러워하면서 높은 벽으로 둘러싸인 정원에 앉아 있었습니다. 거기서 그는 리듬에 맞춰 숫자놀이를 하던 아이들의 외침을 듣게 됩니다. "톨레 레게!" 그 말에 아우구스티누스의 마음이 움직였습니다. 톨레 레게, 즉 '집어서 읽으라'는 이 말은 그에게 어떤 의미로 다가왔을까요? 그는 손에 잡히는 대로 성서를 펼쳤습니다. 바로 그때 아우구스티누스에게 깊은 깨달음을 준, 바울이 **로마 교회에 보낸 편지**(로마서)가 그 앞에 펼쳐졌습니다. 이로 인해 그는 마음을 돌이켜 신앙에 눈을 뜨기 시작합니다.

《지거 쾨더의 그림 성서》(*Die Bibel mit Bildern von Sieger Köder*)가 출간된 이후, 이 그림들에 대한 해설서를 요청하는 사람들이 점점 많아졌습니다. 출판사는 선뜻 대답하지 못하고 한동안 망설이다가 독자들의 요구에 응하기로 결정했습니다. 이 책《지거 쾨더, 성서의 그림들》은 지거 쾨더의 성서 작품을 한 편씩 보여 주고, 그림을 더 깊이 묵상하고 이해할 수 있도록 돕는 설명과 해석을 곁들였습니다. 그림 묵상 작업에 참여한 스물일곱 명의 작가들은, 각각의 그림을 통해 경험한 자신의 느낌과 생각을 집필해 주기 바라는 편집부의 의견을 잘 따라 주었습니다. 무엇보다 그들은 지거 쾨더와 그의 작품에 대해 자신만의 관점을 가지고 있었고, 그와 특별한 관계를 맺었던 사람들입니다. 그들은 화가이자 목회자인 지거 쾨더와 예술적이고 영적인 길을 함께 걸어온 우정 어린 벗들로서 읽기를 먼저 하기보다 바라보고 관조했다는 공통점이 있습니다. 지거 쾨더는 이런 말을 자주 했습니다. "나는 그림을 그렸습니다. 각각의 그림들에 관하여 글을 쓰는 것은 이 그림을 관람하는 사람들에게 주어진 몫입니다. 글을 써야 한다면 말이지요." "그림은 보기 위하여 존재한다는 사실을 꼭 기억하시기 바랍니다."

이 책의 첫 번째 단계인 '집어서 보는 행위'는 수록된 그림들이 전달하려는 바를 '듣고' 받아들이기 위한 첫걸음입니다. 이것을 그대로 수용하는 사람은 이 그림들이 자기 안에서 말을 걸고 시를 짓기 시작하는 것을 알아챌 수 있을 것입니다. 그렇게 하면 각 사람 안에 깊은 내면의 생각들이 샘솟고, 자신만의 글을 쓸 수 있습니다. 여기 실린 묵상의 글들은 우리의 생각을 확장시키고 깊음을 더해 줄 것입니다. 또한, 반대 의견을 불러일으켜 대화의 장으로 초대함으로써 작품을 다시 보고 그 이면을 살펴 새로운 내용을 발견하는 계기를 마련해 줄 것입니다.

게르트루트 비드만

차례

1

구약성서를 그리다

1

"태초에 하나님이 천지를 창조하시니라."

_창세기 1:1, 개역개정

거대한 손이 첫눈에 들어옵니다. 우리를 향해 펼쳐진 손바닥은 그저 평범한 손처럼 보입니다. 그런데 유심히 들여다보면 우리네 손금과는 다른 선을 발견하게 됩니다. 생명선인 손금이 그리스어 알파벳 첫 자인 소문자 '알파'(α)로 그려져 있습니다. 알파와 오메가는 처음과 끝이라는 의미이며, 알파는 시작점이자 출발을 뜻합니다.

"태초에 하나님이 천지를 창조하시니라"(창세기 1:1, 개역개정). 우리가 사는 하늘과 땅은 무엇으로 이루어져 있을까요? 사람들은 그것을 손가락에서부터 떨어져 나온 것으로 봅니다. 곧 물질을 구성하는 기초요소인 원자와 같은 것입니다. 모든 물질은 '아-토모이'(a-tomoi), 즉 '쪼갤 수 없는' 조각들(아톰들)로 이루어져 있습니다. [원심분리기 발명 이후] 1940년대부터 원자들을 분리하는 것이 가능해졌습니다. (이런 과학적 성과에 대해서는 여기서 자세히 언급할 사안이 아닙니다.) 그 전자들(일렉트론)은 태양 주위를 도는 행성들처럼 원자핵들을 둘러싼 채 궤도를 타고 돕니다.[1] 물질을 구성하는 원리는 먼지 입자같이 태양계의 극히 미세한 부분에도 동일하게 적용됩니다. 그리고 모든 것(만물)이 이처럼 아주 작은 태양계로 이루어져 있습니다. 이러한 창조의 환경에서 본래의 자연, 식물과 동물 그리고 마침내 가

1 원의 가운데 부분에 있는 큰 점은 원자를, 점을 둘러싼 선과 점들은 전자를 상징한다. —옮긴이(이하 모든 각주는 옮긴이가 붙인 것이다.)

장 중요한 인간이 생겨난 것입니다.

이제 그림 속의 손이 누구의 것인지 분명해집니다. 바로 하나님의 손입니다. 그 손으로부터 모든 것이 창조되었습니다. 이 손은 일하심과 보호하심을 상징합니다. 펼쳐진 손바닥 안에 사람들은 무엇인가를 집어넣습니다. 그분 안에서 그것을 지킬 수 있으며 피하고 숨을 수 있기 때문입니다.

이 그림은 호엔베르크 교회에 있는 스테인드글라스 〈창조〉의 첫 장면입니다. 지거 쾨더는 오늘날 신학이 창조를 어떻게 바라보고 있는지 작품을 통해 묘사해 냅니다. 테이야르 드 샤르댕은 여전히 진행 중인 창조의 개념으로 이것을 우리에게 설명합니다. 스테인드글라스 〈창조〉 작품은 손바닥에 쓰인 '오메가'(Ω)로 마무리됩니다. 하나님은 처음과 끝이십니다. 모든 것이 하나님의 손안에서 이루어집니다. 온 세상은 하나님 안에서 창조되었습니다. 우리는 그분 안에서 보호받을 수 있습니다. 쾨더는 이 태초의 모습을 아름답게 그려 내고 있는 것입니다.

—헤르만 조르크

2

"하나님이 손수 만드신 모든 것을 보시니,
보시기에 참 좋았다." _창세기 1:31

화가는 먼저, 진화[1]라는 현대과학의 관점을 외면하지 않고 자연계를 보려고 시도합니다. 마치 끓어오르는 원자핵 같은 태초의 근원으로부터 우주(Cosmos)가 생겨났다고 봅니다. 산과 바다, 동물과 식물들 역시 지구와 함께 창조되었습니다. 화가이자 신학자인 쾨더에게 이것은 기적과 같은 일입니다. 물질(질료)로부터 생명이 생겨나고, 생명으로부터 영이 형성됩니다. 그 영(Geist)은 사랑을 주며, 그 사랑을 받은 '당신'은 인간의 충만한 실존에 눈뜨게 됩니다. 우리는 그것을 믿음으로 알 수 있습니다. 쾨더는 바로 그 영이 곧 하나님이시라는 것을 그림으로 표현합니다. 하나님의 창조하시는 손은 혼돈의 바다로부터 빛을 밀쳐 만물 가운데로 옮기십니다. 그리고 인간이 거기에서 자유를 누릴 수 있도록 아량을 베풀어 주십니다. 그러나 자유는 미혹하는 힘이 될 수도 있습니다. 이 그림에서 뱀은 유혹의 상징입니다.

그림에는 표현되어 있지 않지만, 첫 번째 인류는 점점 더 타락해 가고 인간과 땅 또한 파멸로 치닫게 됩니다. 오직 창조에 대한 새

---

1 테이야르 드 샤르댕(1881-1955)은 과학적 자연 이해에 익숙한 현대인들, 특히 성서와 과거의 신학 내용을 구시대적이고 맹신적이라 치부하는 현대인들에게 창조를 비롯한 여러 신학 개념을 설명하기 위해, 창조신앙에 입각하여 진화론을 새롭게 바라보려는 노력을 기울였다. 그는 '창조의 방향성', '알파와 오메가로서의 창조', '무에서 유로서의 창조', '기적으로서의 창조'에 특히 주목한다.

로운 이해만이 이러한 위험에서 우리를 건져 낼 수 있습니다. 그것은 인간 존재 안에 토대를 두고 있기 때문입니다.[2] 쾨더의 작품 〈창조〉는 그 의미를 잘 해석할 수 있게 해줍니다. 이것은 새로운 방식의 사고이며, 발전된 형태의 사랑이라 말할 수 있습니다.[3] 마르크 샤갈은 "세상은 오직 사랑을 통해서만 구원받을 수 있고, 사랑 없는 세상은 죽은 세상이다"라고 했습니다. 그런 점에서 우리가 얼마나 친밀하게 서로 사귐을 가질 수 있는지는 매우 중요합니다. 사귐은 단지 둘만의 관계에 머물지 않고 오히려 둘 사이를 확장시켜 근본적으로 우리를 둘러싼 세계(Um-Welt) 속에서 더불어 살아가도록 요청합니다.

태초에 하나님은 손으로 에덴동산을 빚으셨고, 사람들에게 이 동산을 보호하고 돌보도록 부탁하셨습니다. 그런데 인간은 그 동산을 황무지로 만들고 맙니다. 이제 우리는 창조주 하나님이 처음 사람에게 명하신 대로 동산지기로서의 책임을 상기해야 합니다. 창조는 지배하고 착취하는 것이 아니라 밭을 일구는 것입니다. 그래야 수많은 연약한 피조물들이 그곳에서 생명을 꽃피우는 삶의 공간을 얻을 수 있습니다.

그리스도인들에게는 신앙에 근거한 믿음의 확장이 필요합니다. 마치 테이야르 드 샤르댕이 "모든 것 안에서 모든 것이신 하나님"을 이상 가운데 보았던 것처럼 말입니다.

화가는 바위 속에서 올라오는 창조주 하나님의 두 손을 보여줍니다. 피조물 안에 계신 하나님! 바위 가운데 계신 하나님! 하나

2 창조세계의 회복은 곧 인간의 회복에 달려 있다는 의미이다.

3 여기서 '새로운 방식의 사고'는 테이야르 드 샤르댕이 주장하는 것처럼 일회적인 창조가 아닌 계속되는 창조를 일컫는다. 또한 '발전된 형태의 사랑'은 하나님의 사랑이 일회적으로 끝나지 않고 계속된다는 의미에서 '하나님의 영속성'을 강조하는 표현으로 볼 수 있다.

님은 세상 모든 곳에 편재해 계십니다. 그러하기에 알프레드 델프[4]는 감옥에서도 평정심을 잃지 않았던 것입니다. "우리에게 생명 주신 하나님을 신뢰해야 합니다. 내가 살아 있기에 내가 존재하는 것이 아니라, 하나님이 우리 안에 생명으로 살고 계셔서 내가 존재하기 때문입니다."

하나님과 함께, 오직 그분과 더불어 새로운 삶이 이루어질 수 있습니다. 창조주의 손이 우리 앞에 있습니다. 그 손을 통하여 창조세계는 하나가 됩니다. 모든 존재가 하나님께 속하는 일은 우리에게 달려 있습니다. 이 지구가 창조주 하나님께서 옛적에 계획하셨던 바로 그 땅, 즉 평화의 정원이자 포도원, 장미동산이자 사랑의 동산이 될지 아닐지 말입니다. 이런 미래가 이미 작품 안에서 시작되고 있습니다. 이 그림 속의 창조에 우리 또한 함께 속해 있음을 인정하는 것이 중요합니다.

—테오 슈미트콘츠 SJ

4 알프레드 델프(1907-1945)는 히틀러와 나치 정권을 공개적으로 비판했다는 이유로 처형당했다.

3

"그 비둘기는 저녁때가 되어서 그에게로 되돌아왔는데"

_창세기 8:11

창세 이래 무지개에는 매혹적인 무언가가 항상 있었습니다. 끝없이 펼쳐진 색의 향연인 무지개는 하늘과 땅을 연결합니다. 무지개는 청명한 하늘에는 모습을 드러내지 않습니다. 오히려 비, 악천후, 번개와 천둥 후에 나타나며, 어두운 구름 사이에서 펼쳐질 때가 많습니다.

방주, 홍수, 멸망, 무지개를 담고 있는 노아의 이야기는 우리 삶에서 매일 체험하고 경험할 수 있는 모습이자 인류의 역사(human history)입니다. 세상에서는 온갖 사건과 재난이 쉴 새 없이 일어납니다. 이런 일들이 어느 날 갑자기 엄습해 와서 인간을 죽음으로 내몰기도 합니다. 민족과 도시가 멸망하고, 피할 수 없는 소용돌이에 빠지거나 땅바닥에 내동댕이쳐져 휩쓸리게 됩니다.

이 그림에서 노아의 방주는 이 심연[1]을 못 본 채 그냥 지나치지 않습니다. 끔찍한 홍수 사건에 관해 침묵하지 않습니다. 홍수는 그들에게 죄가 있든 없든 갑자기 들이닥쳐 모든 것을 쓸어 갑니다. 이로써 세상에 몰락의 기운이 퍼져 나갑니다. 죽음의 소식이 세상을 덮으니 희망의 표지가 희미해집니다.

그러나 노아는 다릅니다. "왜 이러한 끔찍한 일이 일어나야 하는가?" 하는 질문 앞에서도 노아는 하나님을 신뢰했습니다. 멸망과

1 물속에 잠긴 인간의 실상, 재난과 죽음을 일컫는다.

고통이 주는 모든 무의미함 속에서도 그는 하나님을 의지합니다. 무자비한 홍수로 극심한 피해를 당해 절망 가운데 놓였을 때도 노아는 하나님을 믿었습니다. 우리는 하나님을 볼 수 없고, 그리거나 색을 입히거나 묘사할 수도 없습니다. 하지만 스스로 계신 하나님은 새 삶과 소망을 창조하시고 행하시며 우리에게 은혜를 베푸십니다.

어두운 상황 가운데서도 하나님은 신실한 말씀과 미래에 대한 약속을 선포하시며 무지개로써 하늘과 땅을 이어 주십니다. 이 확언과 약속은 모든 것을 끌어안고 숨겨 주며 보호하고 살리면서 가장 깊은 심연에까지 이릅니다. 하나님은 노아에게 단단한 바위 위에 세워진 집을 지어 주셨습니다. 반석 위에 지은 집은 비바람과 폭우가 사납게 몰아칠지라도 견고합니다. 이처럼 하나님은 우리의 본향 집이자 방주이며, 머물러야 할 정류장이자 토대이십니다. 주님께 희망을 둔 사람은 모래 위에 집을 짓지 않습니다. 그런 집은 홍수에 그냥 씻겨 내려갈 뿐이기 때문입니다. 오래전 노아가 품었던 미래에 대한 믿음과 영원한 생명의 약속은 우리가 만들어 내거나 성취해 낼 수 있는 성질의 것이 아닙니다. 그것은 우리 안에서 나오는 것이 아니기 때문입니다. 이 믿음은 사람들의 벗이 되신 하나님의 선물입니다.

무지개 빛이 노아의 얼굴과 그 가족에게 비칩니다. 하나님은 노아에게 징표를 주십니다. "나는 너를 멸망케 하지 않겠다." 불행이 닥칠 것을 전한 예언자들이 없어진 것일까요? 그림에는 희망을 전하는 새로운 전령인 비둘기가 등장합니다. 첫 번째 비둘기는 눈에 보이는 표지는 물고 오지 않았지만, 안도의 숨을 내쉬게 했습니다. 노아는 다시금 고대하며 바라보다가 푸른 올리브 가지를 물고 온 두 번째 비둘기를 보았습니다. 뭍이 드러났다는 구원과 평화의 소식을 듣고 두 팔 벌려 감사합니다. "생명이 승리하였노라!" 노아는 그 작은 새가 전하는 소망을 받아듭니다. 세 번째 비둘기는 하늘을 향해 힘차게 날아오릅니다. 그림을 넘어서 노아의 이야기 밖으로 날아가려 합니다. 그 비둘기는 지금 바로 여기에서 새로운 미래를 위한 길잡이가 되었습니다. 비둘기들은 무지개를 향해 앞으로 위로 우리의 시선을 돌려놓습니다. 무지개는 '평화가 나와 너희들 가운데 있고, 나는 너희와 맺은 언약 안에 있겠다'는 하나님의 약속으로 남아 있습니다.

—볼프강 트립

4

"하늘을 쳐다보아라. …
저 별들을 세어 보아라." _창세기 15:5

별빛 가득한 하늘 아래로 광야가 펼쳐져 있고, 단출한 옷차림에 탈리트[1]를 쓴 한 사람이 그곳에 홀로 서 있습니다. 그는 눈을 들어 하늘을 보면서 조심스럽게 입을 벌려 기도합니다. 두 손을 아래로 향한 채 놀라운 표정을 짓습니다. 커다란 두 손은 쥔 것 없이 텅 비어 있습니다. 모든 것을 내려놓은 빈손이지만, 무언가를 준비하기 위해 열려 있는 손이기도 합니다.

광야를 표현하는 갈색과 우주를 묘사하고 있는 파란색은 명확한 대조를 이루며 맞닿아 있습니다. 피조물인 인간이 땅과 같은 색깔인 갈색으로 표현되어 있지만, 그의 몸은 유한한 영역을 초월합니다. 희망의 색깔인 녹색은 땅과 하늘의 경계를 허물고 있습니다. 눈을 들어 하늘을 바라보는 그의 모습은 저 위의 무한한 세계로 우리를 이끌어 갑니다.

이 그림은 무한하고 영원한 것에 맞닥뜨린 한 사람을 보여 줍니다. 바로 이스라엘의 조상인 아브라함입니다. 그는 하나님의 약속과 말씀 그리고 언약 아래 있습니다. "하늘을 쳐다보아라. … 저 별들을 세어 보아라. … 너의 자손이 저 별처럼 많아질 것이다." 주 하나님은 아브라함에게 길을 떠나라고 명령하셨습니다. 그분은 바로 야웨(여호와) 하나님이십니다. 하지만 하나님은 이 그림에 묘사되어 있지

1 유대인들이 기도할 때 착용하는 보(褓).

않습니다. 단지 말을 걸어오시는 존재로서 느낄 수 있을 뿐입니다.

우리는 하나님에 관한 어떤 형상도 만들 수 없습니다. 그러나 작품 속 아브라함의 모습은 하나님의 존재에 관하여 무언가를 보여 줍니다. 존경과 헌신, 부름받은 자의 무한한 신뢰와 믿음 속에서, 타자(der Andere)이신 하나님이 말씀하시고 찾아오십니다.

더불어 이 그림은 인간 존재의 의미를 조명하고 있습니다. 성서는 인간을 창조주와 맺은 관계로 설명합니다. 그런 점에서 인간의 존엄성은 하나님과 맺고 있는 독특한 관계에 기초를 두고 있습니다. 하나님은 인간을 하나님의 형상대로 만드셨습니다. 그래서 사람의 얼굴은 하나님의 영광을 비추는 거울과 같다고 말합니다. 마치 아브라함의 얼굴이 밤을 밝히는 놀라운 빛을 반사하고 있는 것처럼 말입니다.

이 모든 선포에도 불구하고 지금 우리 시대는 인간의 존엄성을 파렴치하고 경악스러운 방식으로 훼손시키고 있습니다. 이러한 인간 군상들을 직시해야 합니다. 하나님과의 관계를 통해 인간을 이해하면, 그분이 인간이 가진 능력과 비교할 수 없는 그 이상의 존재임을 깨닫게 됩니다. 인간은 사람들 간의 관계만으로는 결코 설명할 수 없습니다. 가장 심오한 하나님의 신비와 맞닿아 있음을 깨달을 때 비로소 인간의 비밀을 이해할 수 있습니다.

그림 속 아브라함은 믿음을 가장 잘 보여 주는 인물입니다. 사람들은 믿음 안에서 자신의 내면을 완성하고 실현합니다. 그런 의미에서 믿음은 하나님께 가까이 나아가는 것입니다. 전능자와의 만남 앞에 서는 것입니다. 하나님께서 강력하게 일하실 것이라는 놀라운 약속을 신뢰하는 것입니다. 아브라함처럼 열리고 준비된 자세로 용감하게 삶의 발걸음을 내딛는 것, 그것이 믿음입니다.

—발터 카스퍼

5

"고개를 들고 보니, 웬 사람 셋이 자기의 맞은쪽에 서 있었다." _창세기 18:2

이 작품은 독일의 바서알핑엔 베스페르 예배당 강단 앞 왼편에 걸려 있습니다. 프레임 액자에 전시되어 있는 이 작품은 연중 교회력을 표현한 그림이기도 합니다.

식탁을 앞에 둔 세 명의 방문자들 앞에 아브라함이 파란색 두건을 두른 채 앉아 있습니다. 그의 두 눈은 위를 향해 있는데, 자신에게 예견될 미래를 고대하며 손님들을 올려다봅니다. "다음 해 이맘때에 … 너의 아내 사라에게 아들이 있을 것이다"(창세기 18:10). 이 작품 옆에는 그들의 말에 귀를 기울이고 있는 사라의 모습을 담은 그림이 나란히 걸려 있습니다.[1]

세 남자는 하나님께서 약속하신, 곧 피어날 생명에 관해 말합니다. 작가는 이 생명을, 마므레 상수리나무의 푸르른 잎과 그림 중앙부 위쪽을 가득 채운 빼곡한 잎에서 싹을 틔운 '불타는 떨기나무'로 묘사해 냅니다.

세 남자는 누구입니까? 성서는 그들을 "주님"이라고 증언합니다. 지거 쾨더는 이것을 세 사람의 얼굴로 보여 줍니다.

첫 번째 얼굴은 천 뒤에 숨겨져 있습니다. 숨어 계신 하나님

1 바서알핑엔 베스페르 교회의 제단화로 그려진 이 작품은 세 부분으로 나뉜다. 밀 이삭과 포도나무를 묘사하는 가운데 하단 부분을 중심으로 왼쪽에는 〈마므레 상수리나무 곁의 아브라함〉이라는 작품이, 오른쪽에는 〈유월절 만찬〉이라는 작품이 있다.

(Deus absconditus),[2] 곧 사람들에게 자신을 숨기고 어둠 속에 머무시는 하나님을 표현합니다. 하나님을 붙잡아 두려고 하는 인간의 시도들에서 벗어나 계신 분입니다. 두려움을 불러일으키는 신비(*mysterium tremendum*)이신 하나님은 숨어 계심으로써 사람들에게 말을 걸어오십니다. 얼굴을 가린 인물의 오른쪽 손은 "주님께서 이렇게 말씀하신다!"라는 성서의 말씀을 몸짓으로 표현해 냅니다.

가운데 사람은 두건을 반쯤 옆으로 걷어 냈습니다. 이는 계시된 하나님(Deus revelatus), 곧 그분의 숨겨진 것을 부분적으로 드러내어 사람들이 자신을 알아보게 하시는 하나님을 표현합니다. 하나의 눈은 하나님을 상징합니다. 식탁 위의 빵과 가운데 인물이 들고 있는 포도주 잔은 하나님을 알아보게 하는 종교적 상징이자 복선입니다. 계시된 하나님은 요한복음에서 전하고 있는 주님의 인격 안에서 드러납니다. "일찍이, 하나님을 본 사람은 아무도 없다. 아버지의 품속에 계신 외아들이신 하나님께서 하나님을 알려 주셨다"(요한복음 1:18).

검은 피부색을 띤 세 번째 남성은 '제3세계', '저개발국' 출신임을 상징합니다. 나병으로 문드러진 그의 팔에는 붕대가 감겨 있고, 뼈가 보일 만큼 깡마른 상체는 담요로 덮여 있습니다. 이 또한 하나님을 암시합니다. 우리는 그를 통해 가난한 이들 가운데 계신 하나님을 마주하게 됩니다. "나는 굶주리고, 목마르고, 헐벗고, 집 없는 사람입니다"(마태복음 25:35 이하 참조).

오늘날 누구든 아브라함과 같은 열린 마음과 들을 귀가 준비되어 있다면, 그 사람은—

---

2 루터의 중요한 신학적 개념. 루터는 역사에 나타난 '계시된 하나님'과 '숨어 계신 하나님'을 구별했다. 그는 하나님이 우리에게 직접 계시하시지 않고 예수 그리스도의 십자가와 고난 속에서 역설적으로 계시하신다고 본다.

(첫 번째 얼굴처럼) 이해할 수 없는 현실 속에서든지,

(두 번째 얼굴처럼) 예수 그리스도의 인격과 말씀에 참여하면서든지,

(세 번째 얼굴처럼) 정의와 인간 존엄을 위한 사회적 참여와 실천에서든지—

하나님과 만나고 그분과 교제하게 될 것입니다.

아브라함을 방문했던 세 남자는 미술 작품에서는 천사로, 동방교회에서는 삼위일체 하나님으로 해석되기도 합니다. 현대신학에서는 우리가 살아가는 세계 가운데 이 하나님께서 현존하시며 일하고 계신다고 주장합니다. 지거 쾨더는 이러한 현대신학의 입장을 그림으로 옮겨 놓았습니다. 이 작품을 보는 사람들 역시 이것을 경험하게 됩니다. 하나님께 마음을 열고 위를 바라보는 사람은 하나님의 흔적과 표지를, 자신이 살아가는 세상 속에서 발견할 수 있습니다.

—한스 나겔

6

"사라가 속으로 웃고"

_창세기 18:12, 개역개정

이 작품은 〈마므레 상수리나무 곁의 아브라함〉 그림의 한 부분입니다. 그림을 만나는 순간, 왼편 아래쪽에 있는 사람이 사라인 것을 누구든 알아챌 수 있습니다. 사내들이 무슨 이야기를 하는지 사라는 장막 앞에서 듣고 있었습니다. 그들의 말을 엿들은 사라는 속으로 깔깔 웃었습니다. 사라의 귀에 무심코 들린 이야기가 그저 남자들의 실없는 농담에 불과했을까요? 그들도 사라가 몇 살쯤 먹었는지 가늠할 수 있지 않았을까요? 보통 여성들과 마찬가지로 사라 역시 이미 늙어 임신할 수 없다는 것을 그들도 알고 있지 않았을까요? '그녀의 남편'도 이미 늙었는데, 사라가 아직도 사랑의 행복을 경험할 수 있을까요?

사라는 눈을 감습니다. 그녀는 귀를 기울여 자기 안을 들여다봅니다. '태에서 생명이 움직일 수 있는 가능성이 아직 있을까? 그렇다면 얼마나 좋을까!' 사라는 혼자 상상을 해보았는지 웃으며 고개를 끄덕입니다. 한 늙은 여인의 엉뚱한 상상이긴 하지만, 남모를 동경이 담겨 있습니다. 아마도 그녀의 큼직한 오른손이 자신을 보호하고 어루만지며 그녀를 꿈꾸게 한 것 같습니다. 하나님께는 불가능이 없습니다! 사라와 같이 늙은 여인이라고 해서 자식을 가질 꿈을 가지면 안 되는 것입니까? 비전을 가진 사람은 나이가 몇 살이든 젊습니다.

사라의 얼굴이 믿음에서 나오는 젊음으로 빛나는 것 같지 않습니까? 사라는 하나님 보시기에 귀하고 영원한 보석으로 자신을 단장한 것이 아닐까요? 여성의 본성이라 할 온유하고 정숙한 태도(베드로전서 3:5) 말입니다. 쇠렌 키르케고르는 사라에 대해 이렇게 말했습니다. "사라가 금혼식[1]을 올릴 때, 아브라함의 집에 기쁨이 넘쳐났습니다."

—한스 나겔

1 50주년 결혼기념일을 일컫는다.

7

"꿈에 본즉 사닥다리가 땅 위에 서 있는데"

_창세기 28:12, 개역개정

나, 야곱은 꿈을 꿉니다.
펼쳐진 두 손처럼 길게 뻗은 암벽을 바라봅니다.
누워 있던 나는
가파른 바위들 사이로 계단이 높게 솟아오르는 것을 보고
깜짝 놀라 주위를 둘러보지만
아무도 없습니다.
헤아릴 수 없이 깊은 푸른 빛만 보일 뿐입니다.

계단 위에도 사람의 모습은 보이지 않고
고요한 소리만 귓전에 맴돕니다.
바위틈에는 침묵만이 흐릅니다.
암석들은 흡사 날개(Flügel)와도 같고
중앙에 놓인 돌계단은
그랜드피아노(Flügel)의 건반처럼 보입니다.

나, 야곱은 외톨이입니다.
아무도 나를 주목하고 있지 않은 상황에서도
하나님은 모든 것을 이루어 주시겠다고
내게 약속하셨습니다.

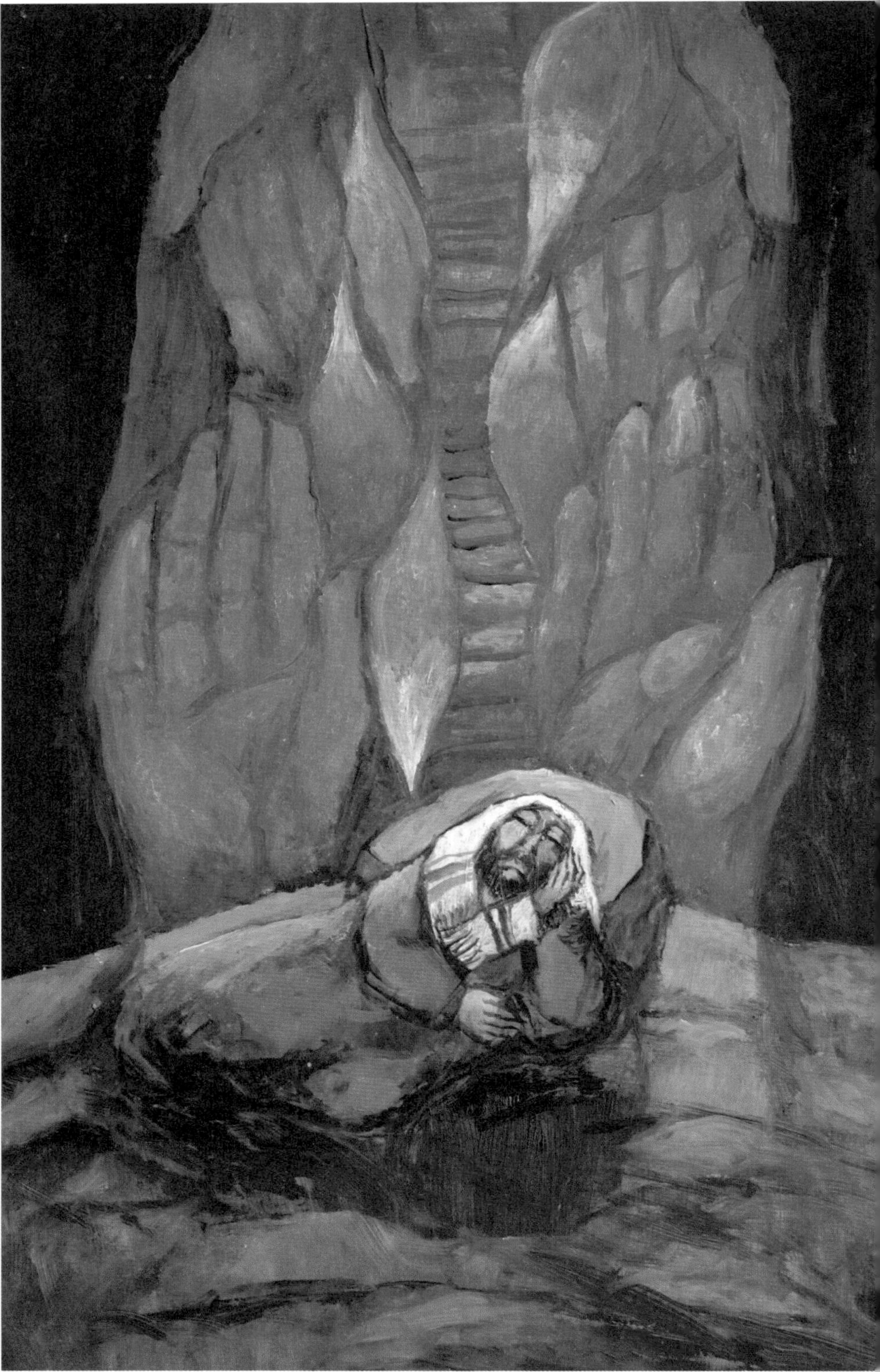

나, 야곱은 꿈꾸는 사람입니다.
구원자이신 야웨께서 나를 보호해 주시며
바닷가의 모래만큼이나 많은 후손을 보게 하신다는
그분의 음성을
나는 고요함 가운데 들었습니다.

—발트라우트 헤르브스트리트

8

"요셉이 그 형들에게 이르되 나는 요셉이라."

_창세기 45:3, 개역개정

요셉 이야기 속 사건들이 정점을 향해 갑니다. 베냐민의 곡식 자루에서 요셉의 은잔이 발견된 것입니다. 이 일로 베냐민은 요셉의 노예가 됩니다. 더불어 야곱 아들들의 운명이 더욱 드라마틱하게 흘러갑니다. 운명은 백발의 야곱을 깊은 슬픔에 빠뜨리고 지옥 같은 세상으로 다시금 데려갔습니다. 형제들 앞에서 자신의 감정을 더는 주체할 수 없던 요셉은 마침내 자신의 정체를 드러냅니다. "내가, 형님들이 이집트로 팔아넘긴 그 아우입니다"(창세기 45:4).

이 극적인 장면은 복받치는 감동을 줍니다! 요셉의 이야기를 들은 형제들은 번개를 맞은 듯 전율하며 당황스러움에 완전히 휩싸이고 맙니다. 양손으로 얼굴을 가리거나 슬쩍 도망치려는 어떤 시도도 아무런 소용이 없었습니다. 야곱의 아들들은 그들의 본색이 끝내 드러났음을 인식하게 됩니다. 그들의 악함이 드러난 것입니다. 형제들은 "거짓말할 줄 모르는 사람"(창세기 42:11, 공동번역)이라 자처했습니다. 그러나 그들이 주장하는 정직함은 이제 믿을 만하지 않습니다. 그들이 노예로 팔아넘긴 '피붙이' 요셉이 그들 앞에 앉아 있기 때문입니다. 이것은 모든 정황이 그들의 말과 다르다는 사실을 반증합니다.

요셉은 밝은 붉은색 옷을 입고 있습니다. 이것은 왕을 상징하는 붉은색일 것입니다. 오래전 그의 꿈이 이루어진 것일까요? 요셉은 그의 형제들의 임금이 되어 왕관을 썼습니다. 형제들은 피처럼 붉은 옷을 아버지에게 내놓고 이렇게 말하지 않았습니까? 들짐승이 요셉을 죽였다고요. 빨강은 사랑을 암시하기도 합니다. 요셉은 여전히 그의 형제들을 사랑했습니다. 그들을 사랑하지 않았다면, 이집트를 처음 방문한 형제들의 자루에 곡식을 가득 채우고 넉넉하게 베풀어 집으로 돌려보내지 않았겠지요. 요셉의 붉은 사랑은 형제들의 살인죄와 묘한 대조를 이룹니다. 요셉은 그들의 악행을 사랑으로 갚았습니다. 이제 구원과 죄 사함의 말씀으로 무죄 판결이 내려집니다.

"이제는 걱정하지 마십시오. 자책하지도 마십시오. 형님들이 나를 이곳에 팔아넘기긴 하였습니다만, 그것은 하나님이, 형님들보다 앞서서 나를 여기에 보내셔서, 우리의 목숨을 살려 주시려고 그렇게 하신 것입니다"(창세기 45:5). 지금껏 숨겨져 있던 사실이 마침내 드러났습니다. 하나님은 모든 일에 개입하시는 손을 가지고 계십니다. 그분은 이런 혼란과 모든 인간의 죄악에도 불구하고 "자손을 이 세상에 살아남게"(창세기 45:7) 하시려고 합니다. 그것으로 판결은 끝이 났고, 불화는 치유되었습니다. 요셉과 베냐민이 부둥켜안고 웁니다. 요셉은 이렇게 말합니다. "두려워하지 마십시오. 내가 하나님을 대신하기라도 하겠습니까? 형님들은 나를 해치려고 하였지만, 하나님은 오히려 그것을 선하게 바꾸셔서, 오늘과 같이 수많은 사람의 생명을 구원하셨습니다. 그러니 형님들은 두려워하지 마십시오. 내가 형님들을 모시고, 형님들의 자식들을 돌보겠습니다"(창세기 50:19-21).

이 말씀은 요셉 이야기에서 핵심이 되는 구절입니다. 인간의 계획과 행동 안에서 하나님은 생명을 보존하는 방식으로 일하십니다. 지거 쾨더는 그런 사실을 그려 내고 있습니다. 요셉의 이야기는 무한한 하나님의 사랑을 보여 줍니다. 하나님은 형제들의 악행을, 꼭 필요한 전환점이 되도록 이끌어 가셨습니다. 요셉의 선견지명으로 흉년에 먹을 곡식을 비축해 놓을 수 있었고, 이로써 이집트인들과 야곱 가족들의 생명을 똑같이 보존할 수 있었습니다. 하나님은 요셉을, 파라오와 아버지 야곱과 온 가족을 위해 돌봄을 행하는 '아버지'가 되게 하셨습니다. 생명을 보존하는 하나님의 행하심은 앞서 언급한 인물들의 행동 뒤에 숨겨져 있으면서 모든 미움과 거짓을 멸하십니다. 다음의 말이 그것을 다시 한번 더욱 확실하게 입증합니다. "하나님은 비뚤어진 시대에도 똑바로 글을 쓰십니다."

—클라우스 고우더스

9

"네가 하나님과 및 사람들과 겨루어"

_창세기 32:28, 개역개정

창세기 32장 23절은 "바로 그날 밤…"(공동번역)으로 시작합니다. 때는 밤이었습니다. 야곱은 이제 막 얍복 강을 건너려던 참입니다. 그 강은 형 에서의 영역에서 야곱을 분리해 냈던 경계천이었습니다. 사기꾼 야곱은 온갖 술수를 동원해 형의 장자권을 빼앗았지요. 야곱은 에서를 피해 도망쳐야만 했습니다. 그렇게 낯선 땅으로 내쫓긴 야곱은 삼촌 라반을 섬기며 부를 쌓고 많은 재산을 소유하게 됩니다. 하지만 야곱은 강제로 떠나온 약속된 땅으로 돌아가고 싶었습니다. 야곱은 꽤 많아진 가족과 재산을 챙겨 고향으로 돌아가는 여정을 떠납니다. 과연 에서는 어떻게 그들을 맞이할까요? 여전히 보복하려 들지 않을까요? 에서가 평정심을 지킬 수 있을까요? 야곱은 자신이 지금까지 살아온 방식으로는 더 이상 나아갈 수 없음을 직감합니다. 얍복 강 경계에 다다른 야곱은 더는 가지 않고 멈추어 섭니다. 인생에서 가장 결정적인 순간 앞에 맞닥뜨리게 된 것입니다.

그 밤에 야곱은 모든 식솔에게 먼저 강을 건너도록 했습니다. 자신의 모든 소유도 함께 보냅니다. 하지만 야곱은 홀로 남았습니다. 왜 그랬을까요? 결국은 스스로 일어나야 한다는 것을 느껴서일까요? 이것은 그에게 갑작스럽게 발생한 일처럼 보입니다. 그곳에서 야곱을 습격해 생사(生死)를 오간 싸움을 한 무명의 존재는 도대체 누구일까요? 야곱과 겨룬 이는 자신의 그림자였을까요?

야곱은 상대와 더 이상 견줄 수 없어 처음으로 패배를 인정해야 했습니다. 야곱은 자기 삶의 진실, 즉 그가 거짓말쟁이라는 사실을 직시해야만 했습니다. 이렇게 자신의 어두운 그림자를 인정하게 되면서 비로소 야곱은 다른 사람("이스라엘")이 됩니다. "네 이름을 다시는 야곱이라 부를 것이 아니요 이스라엘이라 부를 것이다"(창세기 32:28, 개역개정).

야곱과 겨룬 이는 누구일까요? 한참 후에야 야곱은 알게 됩니다. 그분은 하나님이셨습니다. 야곱의 인생길을 멈추어 서게 하고 자기 자신을 정직하게 대면하도록 하신 분, 그분은 하나님이십니다. "내가 하나님의 얼굴을 직접 뵈었습니다." 야곱은 그저 중얼거릴 뿐입니다. 그림 속 야곱이 질문하며 마주했던 어두운 얼굴은 복수하는 사람의 모습이 아닙니다. 그의 깊은 두 눈은 선한 빛으로 충만합니다. 야곱을 붙잡고 있는 그의 두 손은 전혀 폭력적이지 않습니다. 오히려 야곱을 꼭 붙들어 주는 것처럼 보입니다. 야곱은 상대방을 놓아 주려 하지 않습니다. 그에게 딱 달라붙어 있습니다. 대적하는 사람 앞에서 야곱은 도리어 기도하는 사람처럼 무릎을 꿇습니다. "야곱은 자기에게 복을 빌어 주지 않으면 놓아 드릴 수 없다고 떼를 썼습니다"(창세기 32:27, 공동번역). 밤샘 혈투에서 야곱은 자신의 인생에서 지금껏 경험해 보지 못한 새로운 것을 깨달았습니다. 그는 기도합니다! 지평선에 드리운, 새날을 밝히는 서광은 야곱의 인생에서 새로운 출발의 표지가 되었습니다.

한밤중의 만남은 야곱의 일생에 큰 영향을 미쳤습니다. 야곱은 절름발이가 되어서야 그 싸움에서 벗어나게 됩니다. 절뚝거리게 된 그는 더 이상 세상의 속도에 발맞춰 갈 수 없습니다. 야곱은 형 에서에게 화해를 청할 것입니다. 야곱은 지금까지 강한 자로 살았지만 이제 자신의 약한 것을 드러내게 됩니다. 야곱의 하나님은 능숙하게 일을 해내는 교만한 자들의 하나님이 아니라, 오히려 절름발이들의 하나님이십니다. 야곱의 길을 걸어가는 사람들은 새롭게 걷는 법을 배운 사람들입니다. 그들은 하나님과의 만남을 통해 이전과 다른 사람으로 태어납니다. 그들이야말로 자기 안에 있는 어둠에 맞선 사람들이고, 하나님의 축복을 얻으려 싸웠던 자들입니다. "당신이 나에게 복을 빌어 주지 않으면, 나는 놓아 드릴 수 없습니다!"

—토마스 켈러

10

“〔형들이〕 그를 들어서 구덩이에 던졌다.”

_창세기 37:24

요셉 이야기는 결코 마침표를 찍어서는 안 됩니다. 괴테가 볼 때 요셉의 스토리는 너무 짧았습니다. “이 자연사[1]는 사랑스럽기 그지없습니다. … 사람들은 요셉의 이야기에 담긴 모든 것을 따라하고 싶어질 것입니다”(괴테, 《시와 진실》[2]). 토마스 만은 고전주의자 괴테의 기대에 부응해서, 4부작 소설 〈요셉과 그 형제들〉(*Josef und seine Brüder*)을 썼습니다. 그는 이 책에서 우물의 깊이를 헤아려 보고자 했습니다.

지거 쾨더는 여러 작품을 통해 요셉의 생애를 그렸습니다. 그의 그림들이 원형의 우물 안에 ‘걸려’ 있습니다. 요셉은 이 ‘갤러리’ 안에서 시선을 위로 향한 채 서 있습니다. 오직 우물로 비춰 들어온 하늘의 빛으로부터만 구원이 올 수 있기 때문입니다. 우리가 시선을 돌리지 않더라도, 화가는 요셉의 삶에서 벌어진 사건과 일화들을 차례차례 머릿속에 떠오르게 해줍니다. 배경이 이집트라는 것을

---

1 괴테는 그의 자서전 《시와 진실》(*Dichtung und Wahrheit*)에 나오는 ‘natürliche Geschichte’라는 표현을 통해 자연과학적인 탐구뿐만 아니라, 인간 경험과 감정이 어떻게 자연의 일부로 작용하는지를 말한다. 괴테는 이를 통해 인간과 자연이 긴밀히 연결되어 있음을 강조하며, 인간의 삶과 자연을 단절이 아닌 연속적인 맥락에서 이해하려는 철학적·시적 관점을 담아낸다. 이 문맥에서 ‘자연사’는 성공신화의 대표 인물로 꼽히는 총리로서의 요셉이 아니라 우여곡절 많았던 요셉의 험난한 인생을 지칭하는 것으로 보인다.

2 괴테가 1808년(59세)에 집필하기 시작하여 세상 떠나기 일 년 전인 1831년(82세)에 완성한 방대한 자서전.

명백히 보여 주는 미술 양식에서 파라오의 왕국임을 알 수 있습니다. 이 준수한 소년을 유혹했던 매혹적인 모습을 한 보디발의 아내는 파란색으로 그려집니다. 요셉을 정치적 입신양명의 길로 들어서게 했던 술 맡은 관원이 꾸었던 풍년과 흉년에 관한 꿈도 보입니다.

요셉과 그의 형제들 이야기는 "부끄러운 인류의 노래"(토마스 만)에 국한되지 않고 그것을 넘어섭니다. 만약 그것이 역사적 상호작용을 보여 주기 위한 것이었다면, 지거 쾨더는 전혀 다른 모습으로 작품을 그려 냈을 것입니다. 이 가족의 이야기는 지혜의 역사입니다. 굴욕적이고 쓰디쓴 인생 경험을 통해 요셉은, 하나님을 경외하는 데서 나오는 지략과 현명한 판단력을 갖추게 되었습니다. 화가는 웅덩이의 가장 깊은 곳까지 빛이 내려오게 표현합니다. 엉덩이까지 물이 차오른 상황이지만 요셉은 그 빛으로 말미암아 위를 바라봅니다. 요셉은 의로움과 고난을 통해 예수 그리스도의 예표가 되었습니다.

—헤리베르트 파이펠

11

"나는 스스로 있는 자이니라."

_출애굽기 3:14, 개역개정

이 그림은 시선을 어디에 두느냐에 따라 다르게 보이는 다층적 양상을 띤 작품입니다. 시간과 공간, 의미가 겹겹이 포개져 조화로우면서도 제각기 고유한 모양새를 갖추고 있습니다. 마치 카메라 렌즈를 조절할 때마다 초점이 달라지는 것처럼 전체를 볼 수 있는 시야가 열리고 닫히고 가려집니다.

작품 중앙과 하단: 불처럼 빨간 부분은 타오르는 떨기나무와 모세를 표현합니다. 놀라고 있는 사람, 압도당해 경직된 목자 그리고 우리가 확인할 수 있는 사건 사이에는 어떤 객관적인 연관성이 없습니다. 모세는 그림을 훌쩍 벗어난 위를 응시합니다. 이로써 관객들의 시선 또한 객관적인 사건을 넘어서게 됩니다. 모세와 떨기나무가 일치를 보이는 것은 색깔만이 아닙니다. 모세 자신이 불길 안에 서 있고 떨기나무가 그의 머리에서 타오르는 것처럼 보입니다.

'불의 혀'는 히브리어로 하나님의 이름을 쓰고 있습니다. "나는 스스로 있는 자이니라." 하나님은 인간의 정신과 종교적 경험이라는 감추어진 불 속에서 자신을 알아보도록 내어 주십니다. 그분은 역사 안에서 자신을 계시하십니다. 우리와 함께하시며 우리 곁에 계시는 하나님으로서, 길을 인도하시는 하나님으로서, 현존하시는 하나님으로서, 역사를 주관하시는 전능자로서 일하십니다. 하지만 우리에게는 하나님을 온전히 이해할 능력이 부재합니다.

하나님의 현존은 인간을 해방시켜 줍니다. 하나님의 사랑이라

는 불꽃이 우리 안에서 타오르기 시작하면 노예의 사슬이 끊어지고, 우리를 옥죄며 위협하는 무거운 짐들이 땅에 떨어집니다.

하나님의 가까이 계심을 경험한 사람은 그분의 부르심을 곧바로 듣게 됩니다. 하나님의 현존하심은 미래로 나아가는 문을 열어주는 약속이자 위로이며 당부입니다. 하나님은 우리를 부르셔서 자유를 만끽하며 살게 하셨습니다. 하나님의 임재 안에서 자유를 누릴 수 있도록 우리를 해방시켜 주신 것입니다. 그렇게 떨기나무는 새로운 실재와 관점, 도전들을 자유롭게 바라보도록 합니다.

작품 왼쪽: 임박한 이집트 탈출과 고된 광야 횡단의 여정이 눈앞에 놓여 있습니다. 포로 생활, 고통과 굴욕의 깊은 수렁에서 나와 위를 향해 나아가는 길입니다. 하지만 자유를 향한 그 길은 고통을 동반하고 있어 궁핍과 갈증의 시간을 보내야 했습니다. 확신과 인내, 그리고 하나님을 향한 신뢰가 요구되었습니다. 지평선 위에 흑암이 드리워집니다. 그렇지만 이미 어렴풋이 빛나고 있는 파스카의 달(유월절이 있는 4월의 달)은 어둠 속에서도 구원을 향한 희망을 밝히고 있습니다. 출애굽은 새로운 구원의 전조가 됩니다.

작품 오른쪽: 시내 광야에서 체결된 오래된 언약은 예수 그리스도께서 십자가와 부활로 확증하신 새로운 언약으로 이루어질 것입니다. 그리스도께서 음부(죽음의 나라)로 내려가신 사건은 주님의 부활과 함께 사람들에게 구원의 마침표가 되었습니다. 예수께서 돌아가실 때, "성전 휘장이 위에서 아래까지 두 폭으로 찢어졌습니다"(마가복음 15:38). 하나님의 아들, 예수 그리스도 안에서 "스스로 있는" 분인 이스라엘의 하나님은 마침내 인류에게 완전히 자기 자신을 나타내셨습니다. 그렇게 새로운 시대가 시작되고, 온 세상이 새로워집니다.

우리는 자유를 위해 종종 가시밭길을 걸어가야만 하는 존재들입니다. 그러나 "그리스도께서 우리를 해방시켜 주셔서, 자유를 누리게 하셨습니다. 그러므로 굳게 서서, 다시는 종살이의 멍에를 메지 마십시오"(갈라디아서 5:1).

—발터 카스퍼

12

"내가 그 밤에 애굽 땅에 두루 다니며"

_출애굽기 12:12, 개역개정

제2차 바티칸 공의회 이후 출애굽기는 새로운 시각으로 읽히기 시작했습니다. 특히 로르샤이더 추기경의 표현을 빌리자면, 라틴아메리카 교회의 경우 출애굽기를 통해 "코페르니쿠스적 전환"을 이루었고 가난한 자들의 편에 서게 되었습니다. 교회에 대한 이러한 새로운 이해의 핵심은 다음의 말씀과 함께 시작됩니다. "나는 내 백성이 이집트에서 고생하는 것을 똑똑히 보았고 억압을 받으며 괴로워 울부짖는 소리를 들었다. 그들이 얼마나 고생하는지 나는 잘 알고 있다. 나 이제 내려가서 그들을 이집트인들의 손아귀에서 빼내어…"(출애굽기 3:7-8, 공동번역).

지거 쾨더는 파스카(유월절)의 밤을 그린 작품에서 성서의 출애굽 역사를 오늘날 사람들을 위한 믿음의 해방 메시지와 밀접하게 연결합니다. 우리는 한 집안의 가장이 유월절 식사를 기념하기 위해 그의 가족을 어떻게 소집했는지를 봅니다. 그들은 주님께서 명하신 대로, 어린 양의 고기와 누룩을 넣지 않은 빵을 쓴 나물과 함께 먹습니다. 허리에 띠를 두르고, 신을 신은 채 서둘러 먹습니다. 아이들은 어른들 곁에 바싹 붙어 앉아 주님의 지켜 주심을 위해 기도합니다. 주님께서 이집트 사람들을 재앙으로 치시려 두루 다니심을 그들 모두 알고 있기 때문입니다. 이 그림에서 우리는 죽음의 천사가 어떤 이에게는 생명을 주고 어떤 이에게는 죽음을 가져다주며 다니는지를 봅니다.

이 순간, 화가는 유월절 축제의 뿌리인 유목민 시절을 떠올립니다. 목자들은 그들의 봄 축제에서 '유월절'을 크고 작은 스텝으로 이루어진 절름발이 춤으로 기념했습니다. 유월절의 보름달(만월)은 이 날짜를 상기하게 합니다.

죽음의 천사는 이집트의 어머니들에게 행한 것과는 상반되게 히브리인의 가족을 '큰 걸음'으로 지나치며 해를 가하지 않습니다. 여기에는 나타나 있지 않지만, 바서알핑엔 교회에 걸린 실제 작품 하단부에는 첫째 아이의 죽음으로 크게 아파하고 절망하며 울고 있는 이집트 여인의 모습이 그려져 있습니다.

이날 이후로 유대인들은 유월절을 기념하며 야웨 하나님의 역사적인 일들을 기억하고 있습니다. 우리는 이 그림에서 포도주가 담긴 네 개의 잔을 봅니다. 네 번째 할렐[1]의 잔을 마실 때 각 사람은 마치 자신이 이집트에서 탈출한 듯 스스로를 바라보아야 합니다(미슈나 유월절 규정 10장 5절). 성찬 예식은 구약의 유월절 식사를 계승하고 있습니다. "이처럼 유월절 식사를 통해 완성된 파스카의 신비는 성찬식으로 시작됩니다. 이것은 주님의 죽음과 부활을 기념함으로써 죄의 종에서 벗어나 자유롭게 하시는 새로운 삶으로의 힘찬 출발을 의미합니다"(허버트 하크).

그런데 자기 백성들이 이집트에서 고통당하며 하소연하는 소리를 들으신 하나님께서 어찌하여 오늘날 인류의 탄식은 듣지 않으시는 것일까요? 가난한 이들의 굶주림, 길가에 버려진 아이들의 부르짖음, 고문당하는 사람들의 신음! 하나님은 아모스와 이사야 같은 예언자들을 통해 우리에게 선행되어야 하는 것이 무엇인지를 분

1 '할렐'은 "너희는 찬양하라"라는 뜻으로, 유월절 예배의식에서 사용하던 노래를 일컬어 '할렐' 시편(시편 113-118편)이라고 한다. '할렐의 잔'도 비슷한 의미로 생각해 볼 수 있다.

명하게 말씀하십니다. 하나님은 행함이 없는 참회와 예배를 좋아하지 않으십니다. 불의의 사슬을 풀어 주고, 멍에의 줄들을 없애고, 노예 된 자들을 자유롭게 하고, 배고픈 이들에게 빵을 나누고, 잠잘 곳 없는 가난한 사람들을 집으로 맞이하고, 헐벗은 이들을 입히는 것. 하나님은 이런 일을 행하는 사람들을 기뻐하십니다. 또 하나님께서 우리와 함께하신다는 근본적 지식은 우리의 마음이 무뎌지거나 작아져 갈등하게 만들지 않습니다. "하나님을 아는 지식"은 오히려 우리로 하여금 메시아의 약속을 노래하게 합니다.

—에르빈 모크

13

"미리암이 손에 소고를 잡으매"

_출애굽기 15:2, 개역개정

미리암이 손에 소고를 쥐고 춤을 춥니다. 머리카락은 리듬에 맞춰 흩날리고 옷은 몸동작과 조화를 이룹니다. 그녀의 입과 눈은 열려 있습니다. 미리암의 시선이 그림 바깥쪽 위를 향해 있습니다. 음악에 맞춰 춤을 추고 있는 모습입니다. 음악과 춤은 그림 바깥의 하늘로부터 내려온 듯합니다. 그녀가 춤을 추고 있는 붉은 배경은 목숨을 위태롭게 하는 홍해가 아니라, 해 저문 어두운 밤 다시금 불타오르는 노을빛 같습니다. 죽음을 불러오기보다는 생명을 일깨우고 있습니다.

여성 예언자 미리암은 남매지간인 모세와 아론과 함께, 종살이하던 이집트로부터 자신의 민족을 이끌어 냈습니다. 배경 가운데로 이집트의 피라미드가 보입니다. 예언자 미가는 하나님의 구원하심에 대한 기억들을 열거하며 이렇게 말합니다. "[나는] 모세와 아론과 미리암을 네 앞에 보냈느니라"(미가 6:4, 개역개정). 야웨 하나님은 그들을 통하여 해방과 구원을 이루셨으며 압제에서 벗어나게 하셨습니다.

미리암은 하나님께 찬미와 감사를 올려 드립니다. 출애굽을 한 다음, 모세와 백성들이 '하나님께서 말과 병거를 바다에 던져 넣으셨다'라며 장황하게 불렀던 '승리의 노래'(출애굽기 15:1-18)와는 대조적입니다. 미리암은 전쟁에서 앞서 싸우시고 승리로 이끄시는 야웨 하나님의 전사적 행동을 찬양할 뿐입니다. 하나님께서 대장 되신

전쟁은, 사람들을 죽이는 싸움이 아니라 그들을 죽이려는 무기들을 파괴하는 싸움인 것입니다.

미리암의 손에 소고가 쥐어져 있습니다. 모든 여인이 미리암 뒤에서 소고를 치며 그녀를 따라 함께 춤을 춥니다. 미리암의 춤사위는 사람들을 초청합니다. 미리암은 다른 사람들의 요구와 기대, 명령에 대한 의존과 종속 상태에서 벗어나 자신을 재정립했습니다. 자기의 본래 자리와 삶의 리듬을 찾은 것입니다. 하나님은 미리암과 그녀의 민족을 해방시켜 주시고, 그들이 밟을 수 있는 넓은 땅을 허락해 주셨습니다. 미리암은 완전한 자유를 얻었습니다. 이제 그녀를 위한 하나님의 곡조를 들을 수 있습니다. 압제에서 구출하신 하나님 안에서 미리암은 새처럼 날아올라 하나님의 선율 속으로 들어갑니다. 이것이야말로 하나님을 찬미하는 본래의 모습입니다.

"하나님의 선율 안으로 들어가십시오." 이 한마디로 안디옥의 이그나티우스[1]는 모든 것을 설명해 냅니다. 생명을 주시는 하나님은 우리를 자녀 삼으시고, 속박에서 벗어나게 하시며, 일으키시고, 이끌어 주십니다. 우리는 주의 능력 안에서 더욱 많은 것을 배우고, 자신 안에 있는 고유한 삶의 리듬을 발견하고 표현하며 춤추는 방법을 깨우쳐 갑니다. 우리에게 생명을 주시고, 늘 새롭게 하시며, 소생시키시는 하나님의 능력 안에서 우리는 흔들리면서도 성장합니다.

그 안에 있는 이라면 누구나 춤추고 노래하며 하나님을 찬송하지 않을 수 없습니다!

—게르트루트 카젤

1 안디옥 교회의 세 번째 감독으로서 트라야누스 황제 박해 시기에 체포되어 로마에서 순교하였다. 로마로 압송되는 길에서 저술한 일곱 편지가 교회 역사에서 가장 오래된 자료로 남아 있다.

14

"그것이 무엇인지 몰라서,
서로 '이게 무엇이냐?' 하고 물었다." _출애굽기 16:15

이 그림은 이집트에서 나옴으로써 자유를 얻게 된 이스라엘의 실상을 잘 보여 줍니다. 이집트를 떠나온 이스라엘 민족은 광야에 머물렀습니다. 작품에 그려진 이들의 모습과 달리 이스라엘 백성은 불평과 분노로 가득 차 있었습니다. 그들은 이집트의 고기 가마(출애굽기 16:3)를 그리워했습니다. 출애굽하고 얼마 지나지 않아 이스라엘 백성은 배를 채우는 데 급급해 자유의 소중함을 소홀히 여기게 됩니다. 그들은 파라오의 횡포와 노예로 지내던 시절이 배고픈 것보다 낫다고 생각했습니다. 모세와 아론을 향해 불평을 쏟아 내고, 하나님께 내심 대항하기까지 합니다. 원하는 것을 얻지 못할 때면 백성들은 지도자들에게 책임을 전가했습니다. 하나님께도 마찬가지로 대했지요. 어이없게도 사람들은 전쟁에서 승리한 것을 '성공'으로 혼동합니다. 나치 독일 치하에서 순교한 알프레드 델프는 옥중 서신에서 이렇게 쓰고 있습니다. "광야는 나름의 고유한 의미와 축복이 있는 곳입니다. 이 광활하고 텅 빈 곳이야말로 모든 사람이 현실을 직시하게끔 합니다." 이처럼 광야는 믿음을 시험하는 장소로서 모든 이에게 찾아옵니다. 하나님께서 그들의 불평에 대해 얼마나 오래 참으시고 관대하신지 참으로 경이롭기만 합니다.

이제 만나의 순간이 펼쳐집니다! 그림은 어떻게 어둠이 사라지고 동이 터오는지를 보여 줍니다. "광야 지면에, 마치 땅 위의 서리처럼 보이는, 가는 싸라기 같은 것이 덮여 있는 것이 아닌가!"(출애굽기 16:14). 사람들은 놀라 "이게 무엇이냐?" 하며 외쳤습니다. 이것은 에셀 나무 관목에서 나온 자연스러운 분비물일 수 있습니다. 하지만 이스라엘 백성은 광야 한복판에서 얻은 이 양식에서 하나님의 기적을 발견합니다. 사람들은 그것을 하늘에서 온 양식으로 받아들이고 '만나' 혹은 '하나님의 선물'이라 불렀습니다. 그제야 이스라엘은 깨닫습니다. 모든 피조물이 하나님의 선물이라는 것을! 이 그림은 "그제야 그들의 눈이 떠졌다"라고 우리에게 말해 줍니다. 여기서 '눈'은 믿음의 눈이자 마음의 눈입니다.

이 그림은 '비처럼 내린 만나'를 통해 무엇을 시험하려 하시는지를 잘 보여 주고 있습니다. 그것은 바로 긁어모아 비축하고 확보하려는 행동에서 드러납니다. 하나님은 각자 먹을 만큼만 거두되 그 이상은 거두지 말라고 분명하게 알려 주셨습니다. "더 이상은 안 된다!"라고 말이지요. 내일을 위해 지나치게 걱정하지 말고, 내일모레 일에 대한 염려로 조바심 내며 대비하지 말라는 말씀입니다. 하지만 몇몇 사람은 아랑곳하지 않고 마구 거둬들였습니다. 그 결과 "악취가 온 땅에 가득하였다"고 성서는 증언합니다. 이로써 우리는 만나의 유효 기간이 '오늘 하루'뿐임을 경험하게 됩니다.

하나님은 광야 여정 가운데 있는 우리의 필요를 채워 주시는 분입니다. 우리는 그것을 확신해야 합니다. 하나님은 날마다 우리에게 만나를 베풀어 주십니다. 이것을 알아볼 수 있는지 아닌지는 '눈'의 문제입니다. 예상치 못한 편지, 진심 어린 배려, 친절히 건넨 말, 예기치 않은 예술작품과 꽃 속에서 매일의 만나를 볼 수 있는지 아닌지는 우리의 눈에 달려 있습니다. 내면 깊은 곳에서 행복한 감정이 나에게 말을 걸어옵니다. "나는 결코 혼자가 아니다. 하나님은 언제 어디서나 내 곁에 함께하신다"라고 말입니다.

이제야 비로소 산상 설교의 말씀이 깨달아집니다. "너희는 자기를 위하여 보물을 땅에다가 쌓아 두지 말아라. 내일 일을 걱정하지 말아라. 너희는 이렇게 기도하여라. '우리 아버지! 오늘 우리에게 필요한 양식을 내려 주십시오'"(마태복음 6장).

—테오 슈미트콘츠 SJ

15

"모세는, 주님께서 시내 산에서 자기에게 말씀하신 모든 것을 그들에게 명하였다." _출애굽기 34:32

섬뜩하면서도 아름다운 그림입니다. 하나님은 모세를 통해 이스라엘 백성에게 계명을 주십니다. 그림에 나타난 하나님의 현존은 화산 폭발이 일어난 듯 격렬합니다. 매혹적이면서도 삶을 위협하는 것처럼 보입니다. 모세는 백성들 위로 율법이 담긴 무거운 돌판을 높이 들어 올립니다. 격노에 차서 금송아지 위에 돌판을 내리쳤던 것처럼(출애굽기 32:19) 이번에도 돌판을 던질까요? 사람들은 두려움에 사로잡혀 고개를 젖히거나 몸을 방어하기 위해 팔을 올려 막으려 합니다. 더 이상 모세의 모습을 쳐다보지 못하는 것 또한 이상하지 않습니다. 오늘날 우리라면 다르게 반응했을까요? 어느 누가 무거운 율법의 무게를 스스로 감당하려 하겠습니까? 하나님의 계명은 많은 이들에게 전근대적이고 비인간적인 것처럼 보입니다. 그래서 그 명령을 거부하거나 외면하는 겁니다. 사도 바울은 이미 그리스도께서 "율법의 저주"로부터 우리를 속량하셨다고 말합니다(갈라디아서 3:13). 또 그는 계명을 "거룩하고 의롭고 선한 것"(로마서 7:12)이라고 일컫습니다. 이 그림은 우리에게 계명의 좋은 면, 즉 선하고 긍정적인 부분을 보여 줍니다. 계명은 우리의 토대이자 빛이며 축복입니다.

모세는 율법이 적힌 돌판을 두 손에 꼭 잡고 있습니다. 물에 빠진 사람이 자기 목숨이 달린 나무판자를 붙들고 있는 것처럼 말입니다. 이스라엘은 오랜 박해의 역사 속에서 한 가지 사실을 경험했습니다. 우리가 계명을 붙들고 있는 것이 아니라 도리어 계명이 우리를 붙잡아 준다는 것을 말입니다. 율법을 신실하게 지켜온 덕분에 이스라엘은 정체성을 지킬 수 있었고 수 세기에 걸친 격변의 시기 속에서도 몰락하지 않았습니다. 성서는 "'모든 것이 다 허용된다'고 사람들은 말하지만, 모든 것이 다 유익한 것은 아닙니다"(고린도전서 10:23)라고 말씀합니다. 그러면 오늘 우리는 더 나은 삶과 진정한 행복을 위한 근거를 어디서 찾을 수 있을까요? 하나님의 말씀에 귀를 기울일 때 우리에게 지시하는 바가 무엇인지 깨달을 수 있습니다. 하나님의 말씀은 진정한 삶의 가치를 알려 주고 의미 있는 인생길로 우리를 인도합니다.

율법의 돌판에서 나온 '빛'이 모세 위로 쏟아집니다. 강렬한 빛 때문에 백성들 앞에 선 모세의 얼굴은 가려져 있습니다. 모세의 가슴은 황금빛 광채로 번쩍입니다. 경건한 이스라엘 백성들은 거룩한 하나님의 율법 안에서 어떤 어둠의 위협에도 굴하지 않고, 도리어 세상의 흑암 속에서도 길을 찾게 하는 빛을 보았습니다. 특히 시편 119편에는 하나님께서 베풀어 주신 율법의 선물에 대한 감사와 기쁨이 넘쳐 납니다! 점점 복잡해져 가는 세상에서는 의미 있는 미래로 나아갈 길을 안내해 줄 빛이 더욱 필요하지 않을까요?

모세는 율법의 돌판을 들어 올립니다. 백성들을 협박하기 위해서가 아니라 축복하기 위해서 들었습니다. '축복하다', 즉 '베네디케레'(*benedicere*)는 '좋은 말을 한다'는 뜻입니다. 하나님의 선한 말씀인 십계명은 '너는 해야만 한다'라는 당위적 명령이 아닌 하나님의 해방 사역으로 시작됩니다. "나는 너희를 이집트 땅 종살이하던 집에서 이끌어 낸 주 너희의 하나님이다"(출애굽기 20:2). 이어진 모든 계명은 선물로 받은 자유를 지키기 위한 매뉴얼입니다. 온통 붉게 물든 이 그림의 바탕처럼 우리는 하나님의 사랑이라는 붉은 배경에서 계명을 바라보아야만 그것을 제대로 이해할 수 있습니다. 하나님의 법은 외부로부터 강제적으로 부과되는 것이 아닙니다. 하나님은 율법을 그들의 마음판에 새겨 넣으셨습니다(예레미야 31:33). 내면의 소리에 귀를 기울이고 양심의 소리에서 하나님을 발견하는 행위는 그 자체로 가치 있는 일입니다(참고. 《기쁨과 희망》[1] 16항).

—베른하르트 엘러

1 로마 가톨릭교회의 제2차 바티칸 공의회 문서로, 《기쁨과 희망》(현대 세계의 교회에 관한 사목 헌장)이라고 일컫는다.

16

"한 별이 야곱에게서 나올 것이다."

_민수기 24:17

높은 곳에서 빛을 발하며 떠오르는 태양이 보는 이의 시선을 위로 끌어 올립니다. 이 그림에서 사람들은 태양 아래 어렴풋이 보이는 십자가 형상을 주목합니다. 우리는 바서알핑엔 교회 제단 전면에 있는 성탄절 그림 오른편 바깥쪽에서 이 작품을 볼 수 있습니다. 아래쪽 어두운 부분에는 당나귀를 탄 발람이 있습니다. 눈이 감긴 발람은 환상 가운데 전능하신 분을 봅니다. 그리고 '야곱의 별'을 예언합니다. 지거 쾨더는 십자가 형태의 겨울 해(Wintersonne)[1]로 별을 묘사하고 있습니다.

좌우에 그려 놓은 별이 있는 하늘은 바서알핑엔이 위치한 독일 남부 지방의 겨울 하늘과 흡사합니다. 발람의 옆에는 별을 찾아서 온 세 사람이 있습니다. 폐허가 된 바벨탑이 그들 위로 우뚝 서 있습니다. 인류의 역사는 건축의 역사를 통해 볼 수 있습니다. 이 그림에서 사람들은 로마네스크 양식, 그리고 고딕과 바로크 양식과 더불어 로마의 베드로 성당에 그려진 미켈란젤로의 돔 천장화 단면을 볼 수 있습니다. 맞은편에는 르 코르뷔지에가 1954년에 지은 첫 번째 현대적 교회건축물인, 롱샹에 세워진 노트르담-뒤-오 성당의 모습도 보입니다. 그 위에는 케이프 커내버럴 우주정거장의 로켓 발사대가 있습니다. 그곳에서 우주로 향하는 로켓이 발사되었습니다.

1 낮이 가장 짧은 겨울날의 태양. 동지(冬至).

이 장면들은 1969-70년 즈음에 있었던 일들입니다. 그 당시 인류가 최초로 달에 족적을 남겼습니다(닐 암스트롱, 1969년 7월 21일). 그림 좌측 상단에는 근대 기술의 상징이라 할 수 있는 파리 에펠탑의 아랫부분이 보입니다. 하늘로 성큼 올라서 있는 이 구조물은 1887-89년에 열린 만국박람회를 위해 세워졌습니다. 수 세기 동안 어둠 속으로 가라앉아 있었던 이 모든 것 위에, 꼭대기로부터 찬란하고 아름다운 빛이 어둠 속을 뚫고 비춥니다(참고. 요한일서 1:5).[2]

하나님을 간절하게 찾고 있는 세 사람은 복음서와 전설 속에 등장하는 전통적인 세 현인만을 가리키지는 않습니다. 이들은 우리와 동시대를 살아가고 있는 사람들입니다. 이들은 땅의 색인 갈색과 믿음의 색인 파랑, 그리고 사랑의 색인 빨강 옷을 입었습니다. 희망과 사랑이 있는 곳에서 길은 열리고, 별들은 더욱 밝게 빛을 발하며, 우주와 역사가 말을 건넵니다. 인간의 업적과 창조물 뒤에 숨은 별을 안다면 이 역사의 바벨탑, 바로 우리 세계의 복잡성조차도 당신을 압도할 수 없습니다. 거기에 한 가지 약속이 있습니다. 우리에게 역사의 미로(Labyrinth)를 통해 길을 알려 준다는 약속입니다.

—한스 나겔

2 “우리가 그리스도에게서 들어서 여러분에게 전하는 소식은 이것이니, 곧 하나님은 빛이시요, 하나님 안에는 어둠이 전혀 없다는 것입니다”(요한일서 1:5).

17

"룻은 저녁때까지 밭에서 이삭을 주웠다."

_룻기 2:17

한 젊은 여성이 다채로운 빛깔로 표현된 스테인드글라스에서 제게 다가오는 듯합니다. 그 여인은 양팔 가득 곡식단을 안고 있습니다. 여인이 들고 있는 곡식단은 목숨만큼이나 값진 것입니다. 그림을 자세히 보면, 노랗게 빛나는 밭이랑에서 이삭이 여물고 있는 장면이 있습니다. 땅 위에 흩어진 이삭들도 보입니다. 여인이 그 위를 걸어갑니다. 눈은 똑바로 뜨고 머리는 살짝 기울인 채, 무언가를 기대하는 듯 얼굴에 미소를 짓고 있습니다.

저는 모압 여인 룻을 압니다. 그녀는 성서에 등장하는 주인공 가운데 한 명입니다. 룻기는 엘리멜렉에 관해 이야기하고 있습니다. 엘리멜렉과 그의 아내 나오미, 그리고 두 아들은 기근을 피해 고향 베들레헴을 떠나 모압 땅으로 들어갔습니다. 두 아들은 그곳에서 각각 모압 여인 오르바와 룻과 결혼합니다. 그런데 그 땅에서 엘리멜렉이 죽고, 이어서 젊은 두 아들도 자식 없이 죽습니다. 결국 세 과부만 남게 됩니다. 이 여인들을 보호해 줄 법적인 울타리는 물론 희망조차 사라졌습니다.

나오미는 결국 베들레헴으로 돌아가기로 결심합니다. 며느리들도 동행했습니다. 하지만 나오미는 어린 두 여인이 자신에게 구속되는 것을 원하지 않았습니다. 그래서 며느리들을 친정으로 보내려 했습니다. 오르바는 설득할 수 있었지만, 룻은 시어머니의 뜻을 거절합니다. 오히려 엄숙한 약속을 맺음으로써 자신의 미래를 시어

Gestiftet von der katholi schen Pfarrei

머니의 미래와 결부시킵니다. "어머님의 겨레가 내 겨레이고, 어머님의 하나님이 내 하나님입니다. 어머님이 숨을 거두시는 곳에서 나도 죽고, 그곳에 나도 묻히겠습니다"(룻기 1:16-17).

그렇게 두 여인이 베들레헴으로 돌아왔을 때에 보리 수확이 막 시작되고 있었습니다. 룻은 한시도 주저하지 않고, 떨어져 있는 곡식을 모으기 위해 밭으로 나갔습니다. 그것은 가난한 사람들을 위해 율법이 보장하고 있는 특권이었습니다. 우연하게도 그녀는 명망가였던 보아스의 밭에 들어가게 됩니다. 보아스는 룻에게 호감을 느낍니다. 저녁이 되자 보아스는 룻이 곡식을 한 아름 안고 나오미에게 돌아갈 수 있도록 배려해 주었습니다.

이야기가 어떻게 전개될까요? 마치 모든 것이 잘 짜맞춰진 동화처럼 펼쳐집니다. 율법은 친척들에게 '수혼법'[1] 의무를 부과했는데, 나오미는 보아스가 이를 감당할 '친척' 가운데 한 명임을 인식하고 있었습니다. 이제 보아스는 죽은 친족을 대신해 자녀가 없는 '형제'의 아내에게 자식을 낳게 해주어야 합니다. 그 가족의 대가 끊기지 않도록 말이지요. 나오미는 계획을 세웠고, 룻은 그것을 실행합니다. 보아스가 룻을 거절하지 않음으로써 룻은 그의 아내가 되었고, 나오미는 손자를 품에 안게 됩니다.

저는 역사적 진위가 어떻게 되느냐보다는 신학적 일관성에 중점을 둔 모범적인 이야기로 이해합니다. 룻기의 저자는 성서가 보여 주는 전형적인 방법인 이야기를 통해, 간접적이지만 결코 오해할 수 없는 방식으로 모든 유대인을 위해 최신의 문제[2]를 갖고 씨름합니다. 룻의 경우에는 율법 교사들과 하나님을 아는 사람들에게

1 가족 중 한 형제가 대를 이을 아들을 낳지 못하고 죽을 경우, 다른 형제가 죽은 형제의 아내를 취하여 아들을 낳아 그 가문과 기업을 잇게 해주는 법을 일컫는다(참고. 신명기 25:5-10).

말씀을 전해 주고 있습니다. 그들은 여러 민족의 혈통을 지닌 다양한 사람들이 공존해야 함에도 불구하고, 이스라엘 역사에서 단 한 번 선포되었던 '이방 민족과의 결혼을 금하는 율법'(에스라 10장)을 관철하려 했습니다. 그들은 하나님을 경외하는 이스라엘 사람들이라면 누구나, 아내로 들인 이방 여인들과 그 자녀들에게서 자신을 구별해야 한다고 요구합니다. 룻의 이야기는 이러한 논쟁에 마침표를 찍습니다. 룻의 아들인 오벳은 이새의 아버지이며, 모압 여인 룻은 다윗 왕의 증조할머니입니다. 참된 이스라엘인이라면, 이방 여인 룻도 하나님의 백성 가운데 일원임을 어찌 부인할 수 있겠습니까?

—엘레오노레 베크

2 룻기는 제2차 포로 귀환 이후 쓰였으며, 룻기 저자에게 가장 이슈가 되는 문제는 이스라엘 민족의 정체성과 관련된 에스라의 개혁이었다. 이스라엘 땅으로 귀환한 이들은 민족적 순수성을 확고히 하기 위해 이방 여인과의 결혼을 무효로 하고 그들과 그들 사이의 자녀들을 쫓아내는 법을 제정하고 실행하였다(참고. 에스라 10장).

18

"〔다윗이〕 주님 앞에서 온 힘을 다하여 힘차게 춤을 추었다." _사무엘하 6:14

다윗은 수금을 타서 사울의 우울한 기분을 풀어 주려 하지만, "사울은 수천 명을 죽이고, 다윗은 수만 명을 죽였다"(사무엘상 18:7)라는 여인들의 노래에 사울의 마음이 요동칩니다. 사울은 다윗을 경쟁자로 여기며 두려워했는데, 하나님이 다윗과 함께하셨기 때문입니다.

평소처럼 수금을 연주하던 다윗에게 사울이 창을 던집니다. 더 이상 음악은 사울에게 위로를 주지 못하고, 도리어 감정만 자극할 뿐이었습니다. 하지만 사울의 창은 두 번이나 다윗을 비껴갑니다.

다윗은 후에 그의 아내가 된 사울의 딸 미갈의 도움으로 습격에서 벗어나게 됩니다. 미갈은 다윗을 창문 밖으로 도망칠 수 있게 도와 사울의 전령들에게서 그를 구해 냅니다.

다윗은 엔게디 동굴 안에서 사울을 죽일 수 있었습니다. 다윗의 심복들도 다윗에게 그렇게 하라고 권했습니다. 하지만 다윗은 주님께 기름 부음 받은 자에게 손을 대지 않았습니다. 단지 사울의 겉옷 끝을 잘라 냈을 뿐입니다. 그리고 이러한 상황에 대해 사울에게 알렸습니다. 사울 또한 다윗이 선으로 악을 갚았다는 사실을 알게 됩니다.

다윗은 하나님의 친구(벗)로서 그분과 친밀한 관계 안에 있었음에도, 훗날 밧세바와 간통하는 큰 죄를 범합니다. 하지만 다윗은 자신의 잘못에 대해 뉘우치고 참회했습니다.

다윗의 인생에서 또 한 가지 중요한 사건은 언약궤를 예루살렘

으로 옮긴 일입니다. 온 이스라엘을 다스리는 왕이 되고 난 뒤 다윗은 오벧에돔의 집에서 자신의 성읍으로 언약궤를 옮기기로 결심합니다. 다윗은 축제 행렬의 선두에서 악기를 연주하고 노래하며 춤을 추었습니다. 하나님의 현존하심이 다윗에게 기쁨의 근원이었기 때문입니다.

다윗과 그의 수금은, 마치 우리가 느끼는 것을 오직 음악으로만 표현할 수 있는 삶의 순간 같은 것입니다. 음악은 다양한 소리를 냅니다. 하지만 같은 음이라도 사람에 따라서 다르게 들릴 수 있습니다. 또 음악은 화해가 일어날 수 있도록 시야를 활짝 열어 줍니다. 눈부신 아침 햇살이 구름에 뒤덮인 하늘을 가르듯이 말입니다.

하나님의 현존하심! 그것이야말로 음악을 하는 이유이지 않을까요? 하나님의 현존하심! 그것이야말로 음악이 주는 감동이지 않을까요?

다윗과 그의 수금은, 말보다 더 많은 것을 표현할 수 있는 언어가 있음을 알려 줍니다. 물론 그 언어가 비참한 세상 속에서 너무나 무력할 때도 있습니다. 하지만 그 언어, 바로 음악은 하늘을 열 수 있습니다. 하늘의 천사들이 신학을 꽃피울 순 없겠지만, 음악으로 찬양하고 있다는 점은 분명합니다.

—볼프강 그라머

19

"어떤 로뎀 나무 아래로 가서,
거기에 앉아서" _열왕기상 19:4

광야에 있던 엘리야는 로뎀 나무[1] 아래에서 자포자기하고 있었습니다. 까마귀들이 빵과 고기를 가져다 엘리야를 먹입니다. 두 장면은 전형적인 예언자의 삶을 보여 줍니다.

아합 왕과 이세벨은 힘으로 가난한 이들을 억압하고 경작지를 빼앗았습니다. 그들은 자기들의 눈앞에 펼쳐진 이익을 얻기 위해서라면 살인도 마다하지 않습니다. 이를 위해 '원로들과 귀족들' 그리고 군대를 동원하기도 했습니다. 이로써 하나님의 백성들 안에 있던 평등과 우애의 정신이 사라졌습니다. 당시 이스라엘은 여러 그룹으로 분열되었습니다. 한편에는 왕, 장로, 귀족, 군인들이 있었고, 다른 한편에는 농민, 과부, 핍박받는 예언자와 가난한 사람들이 있었습니다. 하나님과 이스라엘 백성의 연합은 산산조각이 났습니다.

이스라엘을 자유롭게 하신 하나님은 그분의 백성이 서로 연합하고 화목하게 살아가길 요구하십니다. 그 약속은 십계명을 기본법으로 두고 있습니다. 그들이 이 모든 것을 준수했다면, 가난한 이들은 존재하지 않았을 것입니다. 백성들 안에 가난한 사람이 한 명이라도 있다면, 그것은 연합이 깨졌다는 증거입니다. 아합과 이세벨 부부의 불의한 체제는 하나님의 얼굴을 어둡게 했을 뿐만 아니라, 온 백성에게서 자유의 원천을 빼앗아 갔습니다. 엘리야는 사람들에

1 로뎀 나무는 싸리나무 덤불로서 키가 작은 관목류이다.

게 다시금 하나님의 참된 모습을 보여 주려고 고군분투합니다. 엘리야는 정의와 자유를 위한 이 싸움을 왕정 체제가 만든 불의한 사회를 향해서만 한 것이 아닙니다. 그는 자신의 내면 안에서도 분투해야만 했습니다.

엘리야는 두려움과 절망의 시기를 고통스럽게 버텨 내고 있었습니다. 어느 날 그는, "이 모든 것이 헛되다"는 감정에 휩싸이게 됩니다. "주님, 이제는 더 바랄 것이 없습니다. 나의 목숨을 거두어 주십시오. 나는 내 조상보다 조금도 나을 것이 없습니다"(열왕기상 19:4). 많은 사람들이 겪는 이 유혹과 시험을 엘리야도 피해 갈 수 없었던 모양입니다. 그는 자신만이 여호와 하나님을 대변할 수 있는 유일한 사람이라고 확신했습니다. "이제 나만 홀로 남아 있습니다"(열왕기상 19:10). 이 시험은 감당하기 힘들어 기진맥진하게 합니다. 자유의 근원을 다시 찾기 위해 엘리야는 시험을 견디며 자신과 싸워야 했습니다.

그는 요단 반대쪽 그릿 시냇가로 물러섭니다. 바로 거기(요단 동편 광야)에서 이스라엘은 약속된 땅을 찾기 위해 출정했습니다. 이스라엘 민족이 그러했던 것처럼, 엘리야는 광야에서 떡과 고기를 공급받았고 개울에서 물을 마셨습니다. 그는 40일 밤낮을 브엘세바 남쪽에 있는 광야에서 방황했습니다. 그곳은 출애굽했던 이스라엘 백성이 40년을 헤맨 곳이기도 합니다. 마침내 엘리야는 출애굽 당시 이스라엘 민족이 지나가며 하나님과 계약을 맺었던 곳, 하나님의 산 호렙에 이르게 됩니다. 엘리야는 믿음의 원천이자 백성들이 종살이에서 벗어나 걸었던 그 길로 돌아간 것입니다. 그곳에서 약속의 하나님을 다시 만나는 사건을 통해, 엘리야는 주의 종으로 설 수 있게 되었습니다.

엘리야는 어둔 밤을 지나며 다시금 하나님을 만났습니다. 그리고 이스라엘 민족이 하나님의 길로 돌아올 수 있도록 이끌었습니다. 450명의 바알 선지자들은 하나님을 왕정 체제에 가두려 했지만 성공하지 못했습니다. 비록 그들이 하나님을 자기편인 양 호도할지라도, 엘리야는 다시 일어나서 그들의 가면을 벗겨 내고 거짓을 폭로할 것입니다.

—노르베르트 아른츠

20

"그 불이 난 뒤에, 부드럽고 조용한 소리가 들렸다."

_열왕기상 19:12

한 사람이 먼 길을 떠나 광야로 되돌아갔습니다. 그 사람은 여왕이 보낸 추적자들에게서 도망쳤던 엘리야입니다. 비록 도망자 신세였지만, 엘리야 앞에는 사명과 생명을 주신 하나님이 계셨습니다. 당시 엘리야는 삶에 지쳐 죽기만을 바랐습니다. 그러나 하나님은 그를 떠나지 않으셨습니다. 도피 중에 있던 엘리야에게 계속해서 말씀하시며 광야 길을 걷는 그를 굳세게 하십니다.

엘리야는 광야에 조금 더 머물며 호렙 산 동굴에서 밤이 오기를 기다렸습니다. 그는 고통의 시간이 끝나기를, 어쩌면 하나님이 오시기를 기다리고 있었을지 모릅니다. 무시무시한 대자연의 위력 가운데 하나님을 기다리고 있습니다. 폭풍과 지진과 불이 그를 위협하며 엄습해 왔습니다. 그러나 하나님은 자신의 능력을 폭풍 속에서 과시하는 '날씨의 신'이 아니십니다. 그분은 지진으로 흔들지 않고 불로 벌하지 않으십니다. 하나님은 전혀 다른 방식으로 자신을 드러내십니다. 바람을 타고 소리 없이 흩날리는 나뭇잎처럼, 하나님은 스쳐 지나가는 침묵으로 말씀하십니다. 두려움으로 가득 찬 엘리야는 그의 얼굴을 가리고, 고요함 가운데 자신의 손을 펼쳐 하나님의 부드러운 손길을 맞이합니다.

하나님의 산 호렙에서 예언자는 바람 가운데 거의 들리지 않을 만큼 세미한 하나님의 음성을 듣습니다. 그의 내면을 향한 긴 여정은 하나님 경험이야말로 물러서는 일이 필요하다는 것을 보여 줍니다. 소음 가운데서 하나님을 발견하기란 거의 불가능합니다. 분주함과 조급함, 힘이 잔뜩 들어가 있는 욕망 안에서는 하나님을 찾을 수 없습니다. 하나님을 만나기 위해서는 고요하고 조용한 공간이 있어야 합니다. 고요함 속에서 영혼의 방이 열릴 것입니다. 이것은 저절로 일어나지 않습니다. 많은 수고와 노력이 동반되어야만 합니다. 이 내면의 길은 나 자신, 내 삶, 하나님에 대한 몇 가지 개념을 뒤집어 버릴 수 있기 때문입니다. 우리는 자신에게 익숙한 많은 것들을 포기해야만 합니다. 예언자들에게 던져진 하나님의 질문이 나에게도 와닿을 수 있을 때까지 말입니다.

"엘리야야, 너는 여기에서 무엇을 하고 있느냐?" '나는 본래 무엇을 하고자 했는가? 하나님은 나의 삶에 함께 계시는가?' 우리는 멈춤과 고요함 속에서 해답을 얻을 수 있습니다. 엘리야는 하나님 경험을 통해 무엇을 배웠습니까? 위로와 관용과 새로운 삶에 대한 용기와 굳세게 하심입니다. 이제 엘리야에게 새로운 사명이 부여됩니다. 그가 숨기 위해 기어들어 간 동굴에서 다시 나와야만 합니다. 하나님은 방금까지 죽기를 바라던 엘리야에게 무언가를 기대하십니다. 하나님 체험은 엘리야에게 결코 헛된 일이 아닙니다. 그는 하나님과의 만남을 통해 힘을 얻고 새로운 관점을 갖게 되었습니다. 이것은 지나가는 침묵의 길에서 우리가 마주하게 될 폭풍과 충격에 대한 위로이자 도전입니다. 누구든지 하나님에게서 무언가를 경험한 사람은 더욱 굳세게 변화될 것입니다.

—수잔네 헤르조크

21

"대답하실 수 있으면, 대답해 보시기 바랍니다."

_욥기 33:5

욥: 주먹을 불끈 쥔 두 손과 얼굴. 엘리바스, 빌닷, 소발, 엘리후, 네 명의 얼굴이 욥을 둘러싸고 있습니다. 네 명의 남성, 네 개의 이름, 생기 없는 네 사람은 경건한 말잔치 가운데 하나로 합쳐집니다.

욥: 총체적인 슬픔, 깊게 드리운 고뇌. 욥의 얼굴에는 눈물로 지새운 밤과 우울한 날의 흔적이 곳곳에 묻어납니다. 슬퍼 부르짖는 그의 모습은 갈기갈기 찢긴 듯합니다. 모든 재산을 잃었고, 자녀들은 죽었으며, 온몸은 피부병으로 흉해졌기 때문입니다. 하지만 그의 영혼을 상처투성이로 만든 것은 다른 무엇보다도 근본주의자 같은 친구들의 훈계였습니다. 슬픔 가운데 혼자(allein)가 된 욥은 단독자(allein)로 하나님 앞에서 홀로(allein) 질문합니다.

친구들은 '우정'이라는 명목으로 욥에게 친절을 베풀며 가르치려 했습니다. 하지만 그들의 말은 영혼 없는 신학 이론의 나열일 뿐이었습니다. 그들이 볼 때 병든 사람, 자식 잃은 사람, 파산한 사람은 불의를 저질러 하나님께 징벌받는 사람일 뿐이었습니다. 이런 이유로 엘리후는 하나님을 원망하지 말고 교만함을 버리라고 욥에게 경고합니다. 온몸에 퍼진 끝 모를 고통과 싸움으로써 욥이 깨달아야 한다고 생각했기 때문입니다(욥기 33:19[1]). 그러나 프리돌린 스

1 "하나님은 사람에게 질병을 보내셔서 잘못을 고쳐 주기도 하시고, 사람의 육체를 고통스럽게 해서라도 잘못을 고쳐 주기도 하십니다."

티어[2]의 말을 빌리자면, 욥의 친구들은 거짓말을 입에 달고 있는 사람들입니다. 그들은 거짓된 지혜의 교리로 욥을 위로하는 척하며, 하나님의 이름으로 정죄하고자 했습니다. 그들이 내뱉은 말에는 생명이 없고, 지푸라기 같은 주장들뿐입니다. 그들은 마치 구구단을 외우듯 종교적 도그마를 암송하여 훈계할 뿐입니다. 사실 그들은 지혜의 가르침(율법) 때문에 죽어 있습니다. 그렇기에 비탄함에 울부짖고 절규하며 하나님께 격정적으로 맞서 있는 욥을 그들은 인정하지 않습니다. 하지만 욥은 양심에 거리낌이 없었습니다. 자기 안에 어떤 죄의식도 없었습니다.

이런 욥의 외침을 하나님께서 들으시고 심판대에 세우시겠습니까? 무력한 인간은 "두려움 없이, 승리를 자신하며, 마치 동등한 사람과 맞서는 것처럼"(프리돌린 스티어) 자신의 몸을 곧게 폅니다. 욥이 위협적으로 두 주먹을 불끈 쥐고 있습니까? 아니면, 손으로 붙잡을 수 없는 분이신 하나님을 두 주먹으로 붙들어 법정에 세우려는 것일까요? "모든 불행은 최후 진술에 부담이 되고, 모든 양심의 힘과 확신은 그의 결백을 위한 마지막 엄숙한 선언이 됩니다"(프리돌린 스티어).

그러나 욥은 자신을 위해 하나님을 법정에 세우려고 한 것이 아닙니다. 그는 인류의 대변자를 자처합니다. 정직하고 정의로우며 하나님을 경외하고 악에서 멀리 떠나 있었던 욥의 모습이 그것을 증명합니다. 욥의 질문은 곧 우리 모두의 질문이기도 합니다. "인생이 땅 위에서 산다는 것이, 고된 종살이와 다른 것이 무엇이냐? 그의 평생이 품꾼의 나날과 같지 않으냐? 저물기를 몹시 기다리는 종과도 같고, 수고한 삯을 애타게 바라는 품꾼과도 같다"(욥기 7:1-2).

결론부에서 욥의 질문에 대한 답이 내려집니다. 하나님이 서

2 Fridolin Stier, 1902-1981. 독일의 가톨릭 신학자.

계십니다. 칠흑 같은 폭풍우로부터 하나님의 말씀이 나타납니다. 지거 쾨더는 그 장면을 분명하게 포착했습니다. 하나님 앞에 선 한 사람, 욥은 거센 폭풍으로부터 들려오는 질문을 통해 심문을 받습니다. 그러고는 하나님이 계신 저 너머까지 이끌려 갑니다. 이제 변화된 욥이 그 앞에 섭니다. 귀로 '듣고 말하는' 차원에 머물렀던 하나님의 형상(像)과 인간 군상(像)을 이제 눈으로 '바라볼 수' 있게 됩니다. "당신께서 어떤 분이시라는 것을 소문으로 겨우 들었었는데, 이제 저는 이 눈으로 당신을 뵈었습니다"(욥기 42:5, 공동번역).

—클라우스 고우더스

22

"바다의 밑바닥이 모두 드러나고"

_시편 18:15

하나님이 어떤 분인지 말합니다. 하나님께 말씀드립니다. 하나님에 대해 이야기합니다. 하나님께서 말씀하시도록 합니다. 하나님께 묻고 간구합니다. 찬양하고 감사하며 하나님과 대화합니다. 어떤 이들은 하나님에 대한 올바른 표현을 두고 서로 다툽니다. 하지만 하나님은 그런 사람들의 논쟁거리에 불과한 분이 아닙니다. 어린이들은 하나님이 어떤 분인지에 관해 배웁니다. 하나님은 "아버지이시고, 전능하신 분이며, 하늘과 땅의 창조주…"라는 신앙고백을 배우게 됩니다. 아이들은 생소한 언어로 진리를 학습합니다. 암송해야 할 문장들처럼 말이지요. 그것은 사람들이 자신의 삶을 고정시키고, 현주소를 파악할 수 있게 하는 좌표망과 같은 것입니다. 이런 방식은 지금도 유효합니다. 그러나 오로지 '계산'만 할 줄 아는 사람들은 대부분 신뢰를 잃어버립니다. 사람들은 두려움과 떨림 가운데 하나님을 경험합니다. 하지만 그런 체험이 매번 우리에게 찾아오는 것은 아닙니다. 굶주린 사람이 빵을 생각한다고 해서 배부르게 되지는 않는 것처럼 말이지요. 물에 관해 알고 있는 모든 지식을 떠올린다 해도 목마름은 여전합니다. 머리에만 머물러 있는 신앙은 위로를 줄 수 없습니다.

수 세기 전, 이스라엘은 그들의 믿음을 억압하던 이방 민족들과 우상에 맞서 하나님을 천지의 창조주로 찬양했습니다. 또 하나님을 자기들을 위해 현존하시며 사람들을 해방의 길로 인도하시는

분으로 경험했습니다. 불타는 떨기나무에서 모세는 하나님의 음성을 들었습니다. "나는 이집트에 있는 나의 백성이 고통받는 것을 똑똑히 보았고, 또 억압 때문에 괴로워서 부르짖는 소리를 들었다. 그러므로 나는 그들의 고난을 분명히 안다"(출애굽기 3:7). 홍해를 건널 때에도 하나님은 거기에 함께 계셨습니다. 하나님은 이스라엘 백성에게 언약과 계명을 맡기시기 전에, 함께하심의 역사를 상기시키십니다. "어미 독수리가 그 날개로 새끼를 업어 나르듯이, 내가 너희를 인도하여 나에게로 데려온 것도 보았다"(출애굽기 19:4).

하나님의 첫 백성인 이스라엘은 사랑으로 돌보시는 하나님에 관해 이야기를 합니다. 곧 하나님의 은혜와 자신들의 실패에 대한 이야기입니다. 가까이 계시지만 전적 타자[1]이신 하나님의 사랑과 약속을 주제로 합니다. 그것은 어린이들도 쉽게 이해할 수 있는 역사입니다.

그리스도인들의 신앙고백에는 그들을 이 공통의 기억 속에 명확히 묶어 주는 문장이 없습니다. 그래서 우리는 하나님께 친구처럼 말하기가 어렵고, 더욱이 신화에 의해 형성된 이미지로 하나님을 인식하기가 어려운 것입니다.

시편 18편은 이러한 유형의 본문에 속합니다. 왕이라 추측되는 한 사람이 이 시편에서 자신의 경험담을 전하고 있습니다. 원수와 대적들이 힘으로 이 남자를 저지합니다. 원수들이 그를 뒤쫓고 그는 죽음과 가까워집니다. 그는 홀로 남았고, 절망적이었습니다. 그 순간 그는 하나님께 외쳤습니다. 그의 목소리를 들으신 하나님은 이 한 사람을 위해 내려오십니다. 하나님의 오심은 엄청난 신화적 상징들로만 표현될 수 있습니다. 땅이 진동하고, 번개가 번쩍이며,

---

1 신학자 칼 바르트(1886-1968)는 하나님을 '전적 타자'(der ganz Andere, the entirely Other)로 표현하였다.

천둥이 굉음을 내고, 먹구름과 폭풍과 밀물이 큰소리로 밀려옵니다. 하나님을 대적하는 권력자들의 보루인 바다는 물러납니다. 그러자 어느 누구도 눈으로 보지 못했던 바다의 밑바닥이 적나라하게 드러납니다. 시편 18편의 제목에서 알 수 있는 것처럼, 하나님은 그저 은혜를 베푸시는 분만은 아닙니다. '왕이 부르는 구원과 승리에 대한 감사의 노래'는 단순히 평범한 노래가 아닙니다.

한 남자가 바다 밑바닥에 웅크리고 있습니다. 무릎을 꿇은 그의 위로 탑처럼 쌓인 물이 아치 모양을 한 채 꿀떡 집어삼킬 듯 그를 위협합니다. 그는 몸을 땅에 바짝 붙입니다. 바닥이 그를 잡아 줄 수 있을까요? 그의 얼굴은 위를 향해 있습니다. 놀라 눈을 동그랗게 뜨고 입을 벌린 얼굴 모습이 이렇게 말하는 듯합니다. "주여, 정말로 당신이십니까!"

—엘레오노레 베크

23

"참으로 주님께서 나와 함께 계셔서 도와주시면, … 높은 성벽이라도 뛰어넘을 수 있습니다." _시편 18:29

복사들[1]은 '하나님의 사랑스러운 악동들'이라 불립니다. 그들 가운데 유별나게 활동적인 아이들이 종종 있습니다. 이런 장난꾸러기들은 놀려고 예배당에 오기 마련입니다. 그림 속 아이처럼 미사에 사용되는 촛대로 장난을 치다가 바람막이 유리가 얼마나 자주 깨지는지 모릅니다. 교회를 관리하는 사람들에게는 골치 아픈 일이지요.

지거 쾨더는 한 어린 복사의 재밌는 몸짓을 참신하면서도 감동적으로 표현하고 있습니다. 아이는 긴 촛대를 지렛대 삼아 허공으로 펄쩍 뛰어오릅니다. 즐거운 미소를 머금은 소년은 담장 세 개를 넘어 날아갑니다. 이 작품은 시편 18편 말씀을 유머러스하게 표현해 낸 것입니다. 시편은 큰 환난과 적들의 공격, 생사를 넘나드는 위기에 관해 말씀하고 있습니다. 이때 하나님께 피한 기도자는 하나님을 반석, 요새, 방패, 피할 바위, 피난처, 보호하는 '산성'으로서 경험하게 됩니다(시편 18:2). 튼튼한 요새 뒤에 몸을 숨기고 피함으로써 생명을 구할 수 있었기 때문입니다.

그러나 인생의 고비마다 매번 그렇게 한다면 어떻게 될까요? 벽 뒤에 늘 갇혀 있는 신세일 것입니다. 이러한 요새는 감옥과 다를 바 없지요. 세상의 모든 것이 격변하는 것처럼 보일 때, 어떤 이는 폭풍우가 몰아치는 바다 위 작은 배보다는 견고한 요새와 같은 교

---

1 성직자의 집례를 보좌하는 어린이들.

회로 돌아가고 싶어 합니다. 하나님은 원수들과 악한 세상으로부터 그들을 지켜 주실 것입니다. 우리는 언제나 우리 둘레에 벽을 치고 삽니다. 벽은 자신을 보호하는 기능도 있지만 만남과 교제와 생명을 가로막기도 합니다.

시편 18편의 다른 구절에서는 하나님이 더 이상 우리를 지켜 주시는 보호벽으로만 경험되지 않습니다. 하나님은 기도자를 두터운 벽으로 둘러싸인 안전지대에 있도록 내버려 두지 않으십니다. 하나님은 거기로부터 그를 해방시켜 더 넓은 밖으로 인도하십니다! "아, 주님, 주님은 내 등불을 밝히십니다. 주 나의 하나님은 나의 어둠을 밝히십니다"(시편 18:28). 이 그림을 보면, 어둠을 밝히는 촛불은 하나뿐이지만 거대한 그림자를 드리웁니다.

하나님의 현존하심은 어두운 세상과 우리 삶에 빛이십니다. 하지만 그 빛이 지금의 상황을 곧바로 나아지게 하지는 않습니다. 우리가 걸어가야 할 길 위에는 아주 험난한 장벽들이 있어 우리의 자유를 가로막습니다. 그렇지만 빛은 우리가 상황을 인식하는 데서 그치지 않고 분명하게 볼 수 있도록 해줍니다. 빛이신 하나님은 스스로 장대가 되셔서 우리를 장벽 위로 뛰어오르게 도우시기 때문입니다. 그래서 기도자는 고백할 수 있습니다. "주님께서 나와 함께 계셔서 도와주시면, … 높은 성벽이라도 뛰어넘을 수 있습니다"(시편 18:29). 갇힌 자의 무거운 절망과 암울한 슬픔이 기분 좋은 경쾌함과 드넓은 자유함으로 탈바꿈됩니다.

하나님의 막대기를 잡고 장벽을 뛰어넘은 사람은 하나님께 붙들린 바 된 사람입니다. 이제 자기 중심적 관점과 선입견들로 포위된 성벽 뒤에 숨어 자신을 방어하고 있을 필요가 없습니다. 더는 동료들에게 겁먹지 않아도 됩니다. 하나님의 신실하심을 나타내는 파란색 바탕 앞에서, 그는 담장을 뛰어넘는 진짜 '개구쟁이'[2]가 됩니다. 기뻐 뛰며 소리 높여 하나님을 찬양할 수 있는 한 사람이 됩니다! 하나님이 그를 넓은 곳으로 인도하시고 모든 어둠을 밝혀 주셨기 때문입니다.

—베른하르트 엘러

2 라우스-붑(Laus-Bub)을 번역한 것으로, 라틴어 '라우스'(찬양)에서 파생된 단어이다.

24

"나의 하나님, 나의 하나님, 어찌하여 나를 버리십니까?" _시편 22:1

지거 쾨더의 여러 작품들이 그림을 통해 말하는 것처럼 다양한 성서의 주제들을 인식하게 하는 다차원성을 이 그림에서 볼 수 있습니다.[1] 창문 위쪽 둥근 부분을 보면, 한 사람이 중요한 말씀에 의해 찢겨져 나갑니다. 그가 내동댕이쳐져 곤두박질치는 모습은 "무엇 때문에?", "무엇을 찾기 위해서?"라고 질문하는 것처럼 보입니다. 하나님은 모태에서부터 함께 계시는 분인데, 어찌하여 그를 버리시는 것일까요? 그림의 중앙에는 기진맥진한 채 고통에 묶여 있는 한 사람이 앉아 있습니다. 그는 많은 사람에 둘러싸여 있지만 혼자입니다. 위협적인 몸짓, 살을 베어 버릴 것처럼 이를 드러내고 있는 입, 움켜쥔 주먹, 음흉한 비웃음이 그를 둘러싸고 있습니다. 야생의 황소와 물소, 사자 같은 맹수들, 그리고 짖어대는 개들의 표정이 사람들의 얼굴에서 보입니다. 이 모든 것은 묶인 채로 넋을 잃고 앉아 있는 사람을 곤란하게 합니다. 왜냐하면 하나님께서 침묵하고 계시기 때문입니다. 그는 단지 벌레이자 사람들의 웃음거리로 전락했습니다. 자신의 민족에게 멸시당하고 조롱당하기까지 합니다. 묶인 채로 고통당하고 있는 하나님의 종은 사람들의 기피대상이 되었습니다. 그는 큰 고통을 겪고 병을 앓았으며(이사야 53:3), 학대당하고

1 쾨더의 그림들이 성서적 주제를 다차원적으로 표현하여 여러 측면을 인식하게 한다는 뜻을 담고 있다.

짓밟힙니다. 그는 때리는 자들에게 등을 맡겼고, 침을 뱉고 모욕할 때도 그것을 피하려고 얼굴을 가리지 않았습니다(이사야 50:6).

결국은 고통받고 있는 분이 예수님이심을 알게 될 것입니다. 수난 가운데 주님은 묶이고, 매 맞고, 상처 입은 피조물이셨습니다. 피 흘리시기까지 창피와 수모를 당했습니다. 예수님은 온전히 한 인간으로서 이 모든 수난을 겪으셨습니다. 고난 속에서 주님은, 다 이해할 수 없으나 그 안에 있는 하나님의 뜻을 찾고, 이 고통의 잔을 남김없이 마셔야만 하는지 질문했습니다. 탄원시인 시편 22편은 고통당하는 하나님의 종에 대한 말씀을 포함하고 있습니다. 예수님의 수난과 죽음 그리고 인류의 역사 가운데 고통받고 죽임당한 이들의 긴 행렬에 관한 내용입니다. 지거 쾨더는 시편 22편 말씀 전부를 맨 아래 그림 안에 그려 넣었습니다. 십자가 죽음을 견디시며 시편 22편을 자신의 기도로 삼으셨던 분이 바로 예수님이십니다. "그분은 우리를 위하여 십자가에 달리셨습니다"라는 신앙고백이 담긴 이 그림은 피카소의 작품에서 본떠 그린 것이 분명합니다.[2] 피카소가 십자가의 예수님을 그린 것은 아주 드문 일입니다. 피카소의 이 작품을 애틋하게 팔로 감싸고 있는 기도자의 모습을 쾨더는 맨 아래 부분에서 보여 줍니다.

피카소의 작품 속 예수님은 투우 경기장에서 십자가에 달려 있습니다. 투우사의 손에 들린 천처럼 허리에 두르는 천을 잡고 계십니다. 그와 동시에 황소는 넘어진 말에게서 방향을 돌립니다. 이 그림은 '우리를 위한' 예수님의 수난과 죽음, 그분의 피로 인한 대속과 화해의 신학적 표현들을 머리로 이해하고 눈으로 볼 수 있게 합니다. 예수님은 하나님께 버림받음으로써 근원적 고통 안으로 들어오

2 작품 하단에 있는 한 사람이 품에 안고 있는 돌판 속 그림을 일컫는다. 피카소의 작품 〈십자가〉(1930)를 연상케 한다.

셨고, 인류의 고통과 몸소 연대하십니다. 그분은 하나님께 버림받는 고통을 끝까지 견디셨으며, 하나님을 찾고 구하는 사람들과 형제가 되셨습니다. 예수께서 수난과 죽음을 통해 우리와 동일하게 되신 것이 위로가 아니라, 우리에게 하나님께로 가는 길을 알려 주신 것이 위로입니다. 하나님은 예수님과 우리를 고통과 죽음에서 생명으로 나아오도록 동시에 부르십니다. 시편 22편과 호엔베르크 교회의 스테인드글라스 작품은 인간의 운명을 압축해 놓았습니다. 인간의 모든 안전함은 극도의 한계상황에 놓이면 산산조각 나고 맙니다. 절망할 것인지, '그럼에도 불구하고' 하나님의 팔에 자신을 내어 맡길지는 우리의 선택에 달려 있습니다.

—클라우스 고우더스

25

"주님께서는 … 내게 잔칫상을 차려 주시고"

_시편 23:5

시편 23편의 기도자는 가난과 불안, 죽음의 공포를 알고 있습니다. 그럼에도 그는 하나님을 선한 목자와 경이로운 주인으로 찬양합니다. 화가는 하나님을 가리키는 두 가지 메타포를 하나로 모아 놓고, 그림 속 다윗으로 하여금 하나님의 구원하심을 노래하게 합니다.

> 나를 푸른 풀밭에 누이시며
> 쉴 만한 물가로 인도하신다.

하나님은 불안한 인간의 영혼이 안식 가운데로 나아오기를 원하십니다. 예수님은 말씀하셨습니다. "내가 너희를 쉬게 하겠다"(마태복음 11:28). 이 그림의 색 배합은 참된 평안을 맛보게 합니다. 친밀함과 신뢰감을 드러내기에 너무나 적절한 표현인 '당신'은 시편의 단골 메뉴입니다.

> 당신의 이름을 위하여 바른길로 나를 인도하신다.
> 주님의 막대기와 지팡이로 나를 보살펴 주시니,
> 내게는 두려움이 없습니다.

그림 위쪽에 표현된 하나님의 손은 보호하고, 길을 알려 주는 지팡이와 같습니다. '하나님의 인도하심'은 특히 어려운 광야의 시

기에 우리에게 약속된 것입니다.

> 주님께서는 … 내게 잔칫상을 차려 주시고,
> 내 머리에 기름 부으시어 나를 귀한 손님으로 맞아 주시니,
> 내 잔이 넘칩니다.
> … 나는 주님의 집으로 돌아가 영원히 그곳에서 살겠습니다.

하나님의 집에 초대된 손님은, 중한 죄를 지었을지라도 반드시 보호받을 권리가 적용됩니다. 하나님은 이해할 수 없는 방식으로 우리에게 죽음을 넘어선 만찬과 생명 공동체를 베풀어 주십니다. 시편 23편 중반부에서 기도자는 큰소리로 외칩니다.

> 내가 비록 죽음의 그늘 골짜기로 다닐지라도,
> 주님께서 나와 함께 계시고, … 보살펴 주시니,
> 내게는 두려움이 없습니다.

광야에서의 방황, 전쟁의 두려움과 공포를 기억합니다. 그러나 그 골짜기를 가로지르면 장미 정원이 있습니다. 장미 정원은 '당신은 나를 사랑합니다', '당신은 내 곁에 계십니다'라는 의미를 담고 있습니다. '당신!' 화가는 목자이자 주인 되신 하나님 이미지를, 선한 목자이자 주인 되신 그리스도 이미지로 미묘하게 바꿔 놓고 우리를 매료시킵니다. 고통당하신 그리스도가 그림 위쪽 손안에 모습을 드러냅니다. 그것은 우리를 이끄시는 손입니다. "아무도 그들을 내 손에서 빼앗아 가지 못할 것이다"(요한복음 10:28). 빵 세 개와 유리컵에 담긴 포도주, 그리고 생선은 부활을 상징합니다. 이것은 엠마오를 떠올리게 하고 바닷가에서 나눈 부활절 식사를 생각나게 합니다.

그림 중앙에는 아마도 가장 오래되었을 법한 시편 23편 찬송

악보가 그려져 있습니다. 이것은 화가가 하나님을 찬양하는 데서 자신의 소명을 보며, 이 그림을 주문한 가족에게는 특히 음악으로 하나님을 찬양하는 것이 무엇보다 중요하다는 사실을 암시해 주기 위한 장치로 보입니다. 왕이자 노래하는 사람인 다윗은 시편 23편의 마지막을 이 기도로 마무리합니다.

> 진실로 주님의 선하심과 인자하심이
> 내가 사는 날 동안 나를 따르리니
> 나는 주님의 집으로 돌아가
> 영원히 그곳에서 살겠습니다.

우리 또한 시편 23편에서 고백한 하나님을 기꺼이 '따라가도록' 합시다!

—테오 슈미트콘츠 SJ

26

"〔사람이〕 걸어다닌다고는 하지만, 그 한평생이 실로 한오라기 그림자일 뿐." _시편 39:6

돌들은 그림자처럼 숨어들고
그 사이사이로 빈틈이 없어 숨을 쉴 수 없어요.
십자가가 있는 돌들이나 없는 돌들,
작은 꽃들 모두 숨을 쉴 수 없어요.
몸을 낮춘 돌덩이들이 촘촘하게 떼 지어 있습니다.
어디를 향해 있나요?
만약에 돌들에게 입이 있다면 이야기하겠죠.
"나는 주님과 더불어 살아가는 길손일 뿐이며,
나의 모든 조상들처럼 나그네에 불과합니다."[1]
위대하고 영광스러운 종착역은 어디일까요?
크든 작든,
모든 인간은 죽음 앞에서 평등하지요.
인생의 종착지,
그것은 끝일까요, 아니면 시작일까요?
만약에 돌들이 신음할 수 있다면 말하겠지요.
"내가 잠자코 있으면서
입을 열지 않음은,

1 시편 39:12, 옮긴이 번역

이 모두가 주님께서 하신 일이기 때문입니다."[2]
만약에 돌들이 외칠 수 있다면 소리칠 겁니다.
"나에게 한 뼘 길이밖에 안 되는 날을 주셨으니,
내 일생이 주님 앞에서는 없는 것이나 같습니다."[3]
"사람은 그림자같이 다니고
헛된 일로 소란할 뿐입니다."[4]

—발트라우트 헤르브스트리트

2 시편 39:9
3 시편 39:5
4 시편 39:6, 옮긴이 번역

27

"누구나 볼 수 있다. 지혜 있는 사람도 죽고, 어리석은 자나 우둔한 자도 모두 다 죽는 것을!" _시편 49:10

충성스럽고 헌신적인 동반자 관계에 있던 돈키호테와 산초 판사는 구약성서의 시편과 무슨 관련이 있을까요? 두 사람은 현실주의자들의 조롱거리였지만 미워할 수 없는 매력을 지닌 사랑스러운 바보였습니다.

지거 쾨더는 생전에 본 러시아 영화 한 편을 이처럼 기억합니다. "거기서 슬픈 표정의 기사가 풍차로 달려갑니다. 그의 창은 풍차의 날개에 박혀 버립니다. 말의 안장에 앉아 자신의 창을 붙잡고 있던 기사를 풍차가 들어 올립니다. 그는 풍차 날개에 매달려 공중을 빙빙 돕니다. 나의 작품에서, 돈키호테는 열린 무덤('죽음을 기억하라'는 뜻의 '메멘토 모리') 위에 있는 풍차의 십자가 날개에서 회전하고 있습니다. 산초 판사는 모퉁이에서 이 모습을 유심히 바라봅니다."

충실한 동반자인 산초 판사는 이 광경을 보고 놀란 당나귀를 사랑스럽게 품에 안아 줍니다. 여기서 벌어지고 있는 일을 이 동물이 더 잘 이해하고 있지 않을까요? 예언자 발람의 고집 센 당나귀처럼 말이지요(민수기 22-24장). 돈키호테의 고귀한 말 로시난테는 큰 소리로 울며 뒷발로 일어서 저항합니다. 여기 한 남자가 자신의 이상과 망상으로 인해 파멸을 맞게 됩니다. 거기서 그 사람은 자기의 확고한 신념과 믿음으로 인해 고통을 겪으며, 실패하고 조롱거리가 되었습니다.

지혜로움과 어리석음, 둘 다 이 사람을 지켜 주거나 도와주지 못합니다. 운명은 모든 사람에게 동일하게 영향을 미칩니다. 지혜로운 사람도 죽고 어리석은 사람도 사라집니다. 이것이 열린 무덤 앞에서 유일한 진리이며 유일한 위로일 수 있을까요?

돈키호테는 자신을 필사적으로 방어하지도 않고 큰 소리로 외치지도 않으며, 다만 자기를 위해 운명 지어진 심연으로 추락합니다. 오히려 골고다 십자가에서 죽으신 예수님을 떠올리게 하는 절대 복종의 모습을 보여 줍니다. 풍차의 날개들은 스페인에 있는 메세타 고원의 광활한 들판 위 돌십자가 같으며, 우리 고향 마을에서 볼 수 있는 속죄의 십자가와도 닮아 있습니다.

하지만 여기에는 슬픔뿐만 아니라 이해할 수 없는 신비도 담겨 있습니다. 무덤 깊은 곳 어둠 속에서 장미가 솟아납니다. 장미는 헌신의 표지이며 사랑의 상징입니다. 부활절 아침을 알리는 빛이기도 합니다. 이것이야말로 사랑의 수고가 헛되지 않음을 의미하는 것입니다!

—파울 라트게버

28

“내가 새벽을 깨우련다.”

_시편 57 : 8

화가는 시편 57편에서 두 가지 기본 메시지를 우리에게 전해 줍니다. 시편 57편의 첫 단락은 위험과 불행한 상황을 담고 있습니다. 기도자는 말합니다. “내 영혼이 주님께로 피합니다”(시편 57:1). 이어서 그는 “하나님, 당신에게로”라고 말합니다. 그는 하나님께서 가까이 계심을 상징하는 이스라엘의 한 산을 향합니다. 시편 기자는 이렇게 탄원합니다. “그들은 … 내 발 앞에 그물을 쳐 놓았습니다”(시편 57:6). 그는 사람들에게 위협을 당하고 그물에 걸려 포위되었다고 느낍니다.

저는 이 작품을 보면서 나를 위한 ‘내’ 그림을 그려 봅니다. 그리고 저에게 묻습니다. ‘누가 혹은 무엇이—거짓 약속, 기만적인 광고, 솔깃하게 하는 전망들이—나를 그물 안으로 끌어들이려는 것일까?’ 고기잡이 그물은 내 주위에 셀 수 없이 많습니다. 그물에서 벗어나는 것이 불가능해 보입니다. 다시 나 자신에게 묻습니다. ‘내가 이미 누군가에게 속아 그의 그물에 사로잡혀 있으면서도 그것을 전혀 눈치 채지 못하고 있는 것은 아닐까?’ 또, 이럴 수도 있습니다. ‘내가 이미 오랫동안 나 자신을 그물에 옭아매고 있던 것은 아닐까?’ 어떻게 하면, 스스로 옭아맨 고기잡이 그물에서 다시 나올 수 있을까요?

알프레드 델프는 죽음을 앞두고 이렇게 적었습니다. “묶여 있는 몇 주의 시간 동안 나는 이것을 깨달았습니다. 내면 깊은 곳의 광

활함과 자유를 누릴 수 없을 때, 사람들은 항상 자신을 잃어버리고 주변 환경의 법칙에 종속되고 맙니다." 시편 57편의 두 번째 부분은 내면의 광대함과 자유에 관해 쓰고 있습니다. 기도자는 은혜로운 감사의 찬양을 통해 하나님의 놀라운 해방과 구원에 관하여 노래합니다. 다시금 알프레드 델프는 말합니다. "인간의 자유가 탄생하는 시간은 하나님과 만나는 시간입니다."

화가는 하나님과 만나는 이 순간을 우리에게 보여 줍니다. 앞서 절망적이었던 사람[알프레드 델프]은 우리에게 그의 마음을 엿볼 수 있게 합니다. 우리는 비로소 그가 그물에서 빠져나오기 위해 무엇을 했는지 알게 됩니다. 그는 기도 속에서 용기를 냅니다. "하나님, 나는 내 마음을 정했습니다. 나는 내 마음을 확실히 정했습니다. … 내 영혼아, 깨어나라. 거문고야, 수금아, 깨어나라"(시편 57:7-8). 그림 속 남자는 만돌린을 연주하고 있습니다. "내가 새벽을 깨우련다"(시편 57:8). 그는 고통과 슬픔에 맞서 기도합니다. "그럼에도 불구하고 지금 이 순간 내 마음이 확정되었습니다." 때때로 이렇게 자기 의지의 힘을 불러일으켜 불가능해 보이는 것들과 맞서 싸우거나, 적어도 예배드리는 일이 필요합니다. 기도한다고 고통을 확실히 물리칠 수 있는 것은 아닙니다. 그러나 시편의 기도자처럼 고통 가운데서도 노래하고, 하나님을 찬양하며, 그에게 감사해야만 합니다.

시편 기자와 화가는 또 다른 간단한 이미지로 기도 가운데 경험했던 하나님의 사랑을 묘사합니다. "주님을 찬양하렵니다. 주님의 한결같은 그 사랑, 너무 높아서 하늘에 이르고, 주님의 진실하심, 구름에까지 닿습니다"(시편 57:9-10). 믿음을 가진 사람에게는 모든 것이 하나님을 나타내는 이미지이자 비유가 됩니다. 숨기시고 드러내시는 구름, 산꼭대기까지 힘들게 올라간 후에 기적처럼 경험하는 일출 가운데도 하나님은 계십니다.

—테오 슈미트콘츠 SJ

29

"주님께서는 이집트에서 포도나무 한 그루를 뽑아 오셔서" _시편 80:8

"하나님, 우리를 회복시켜 주십시오. 우리가 구원을 받도록, 주님의 빛나는 얼굴을 나타내어 주십시오." 이 말씀은 시편 80편의 후렴구입니다. 여기서 "우리"는 패배하여 쇠약해진 약탈당한 이스라엘을 의미합니다. 사람들은 임박한 멸망을 두려워하고 있습니다. 절체절명의 상황에 놓인 이스라엘 백성은 하나님께 탄원하며 도움을 구하려고 성전에 모였습니다. 찬양대의 선창자가 노래를 시작하면 회중들이 큰 소리로 후렴구를 이어 부릅니다.

우리가 알고 있는 어떤 구체적인 사건을 찬양하고 있는 것인지 확실치 않습니다. 다만, 하나의 큰 왕국이던 이스라엘이 분단되었다는 점은 분명합니다. 다윗 왕이 다스리던 시기에는 지중해까지, 유프라테스까지 뻗어 있었습니다. 지금은 북이스라엘의 에브라임, 베냐민, 므낫세 지파가 특히 중대한 위험에 처해 있습니다. 지거 쾨더는 이 그림에서 시편 80편 8절 이후의 말씀에 우리의 시선을 고정시킵니다. 시편 기자는 탄원시에 이어 하나님의 근본적인 구원 행위를 상기시키면서 재앙과도 같은 어두운 현실을 밝은 배경 앞에 옮겨 둡니다. 시인은 이것을 포도나무와 포도밭으로 비유해 표현합니다. 하나님은 그분의 포도나무인 이스라엘을 이집트 땅에서 뽑아 오셨습니다. 그림에서 우리는 강한 손에 의해 뿌리 뽑혀 움푹 파여 버린 빈 구덩이를 보게 됩니다. 하나님께서 포도나무를 가나안 땅에 옮겨 심으심으로써 거기서 나무가 번성하여 온 땅에 퍼질 수 있었습니다. "그 [포도나무] 가지는 지중해에까지 뻗고, 새 순은 유프라테스 강에까지 뻗었습니다"(시편 80:11). 그림은 포도나무의 거대한 뿌리를 보여 줍니다. 이 뿌리는 지중해로부터 나일의 삼각주까지, 홍해로부터 페르시아만을 거쳐 유프라테스까지 이르고 있습니다.

그 후에 하나님은 이스라엘의 포도원 성벽을 허물고, 그것을 사람과 들짐승에 의해 황폐하게 하셨습니다. 무엇 때문에 그러신 것일까요? 하나님이 이스라엘 백성의 염원이었던 "큰 민족"을 함께 꿈꾸지 않으신 것일까요? 이스라엘 민족에게 복을 가져다주는 것은 땅과 소유가 아니었기 때문일까요?

공동체가 부르는 기도의 노래는 하나님의 임재와 현존을 간절히 구하고 있습니다. 고난 중에 있던 그들은 지난날을 돌아보며, 하나님의 행하심에 다시금 자신을 단단히 붙잡아 맵니다. 어제나 오늘이나 모든 것이 그의 능하신 손안에 있기 때문입니다. 하지만 사람들은 자신들이 하나님과 분리되어 있고, 그분의 진노하심으로 말미암아 버림받았다고 느낍니다. 그들의 기도는 침묵하시는 하나님 앞에서 깊은 위기에 처해 있습니다. 하나님은 그들을 위해 눈물만 흘리실 뿐, 괴롭히고 조롱하시는 것처럼 보입니다. 그럼에도 이들은 역사 속에서 함께하신 하나님, 자신들을 구원해 주신 그 하나님 신뢰하기를 포기하지 않습니다. "주님! 우리를 다시 일으켜 주옵소서!" 정녕 주님 외에 그 누가 이 일을 하실 수 있을까요? "가장 위험한 순간이라도 우리의 신앙은 무너질 수 없습니다. 도리어 구원하시는 하나님의 손을 붙잡기 위해 우리는 더욱 흔들리지 않고 굳건하게 어둠 속으로 나아갑니다"(알폰스 바이저).

밝게 빛나는 하나님의 얼굴을 보고 그분께 응답할 수 있다고 한다면, 작품을 지나치게 주관적으로 해석하는 것일까요? 분명한 것은 하나님께서 독생자 예수 그리스도를 통해 자신의 얼굴을 보여 주신다는 것입니다. 주님께서 말씀하셨습니다 "나는 포도나무요,

너희는 가지이다"(요한복음 15:5). 참 포도나무이자 생명 되신 하나님께서 한결같은 사랑으로 온 세상을 위해 모든 장벽을 무너뜨리고 계신 것을 당신은 보고 있습니까?

—클레멘스 슈트로펠

30

"내가 누워서 잠을 이루지 못하는 것이 마치 지붕 위의 외로운 새 한 마리와도 같습니다. _시편 102:7

밤이 되었습니다. 한 사람이 침대에 누워 있습니다. 불면증으로 피곤한 기색이 역력한 얼굴입니다. 상체는 들려 있고 이불로 덮은 두 다리는 위를 향해 세워져 있습니다. 그는 고개를 젖힌 채 외마디 비명을 지릅니다. 이 광경을 보는 우리 귀에 남성의 절규가 들리는 듯합니다. 지거 쾨더는 이 장면을 고독하고 깨지고 버려진 모습으로 묘사합니다. 지붕은 고통 가운데 있는 이 사람을 보호해 주지 않습니다. 이 그림의 색감은 위로를 주지 못하고, 햇빛의 따듯함도 없습니다. 밤하늘은 별 한 점 떠 있지 않고 온통 구름으로 뒤덮여 있습니다. 오직 검은 새 한 마리만 화재로 무너진 지붕의 잔해 위에서 그와 고독을 나눌 뿐입니다. 새는 인간의 탄식과 괴로움을 증폭시킬 것처럼 머리를 위로 하고 부리를 열어 울부짖습니다.

시편의 기도자는 "내가 누워서 잠을 이루지 못하는 것이 마치 지붕 위의 외로운 새 한 마리와도 같습니다"(시편 102:7) 하고 부르짖습니다. 그는 우리를 대신해 밤을 지새우며 하나님 앞에 기도를 쏟아 냅니다. 걱정과 슬픔이 잠을 빼앗아 가면, 깨어 있는 시간이 무서운 영원으로 느껴집니다. 어두운 밤 속에서 두려움과 외로움이 밀려옵니다. 우리는 더 이상 고통과 질병으로부터 자신을 속일 수 없습니다. 생각들만 머릿속을 맴돌 뿐, 더는 빠져나갈 출구를 찾지 못합니다. 고통으로 가득한 현실은 우리를 절망케 하고 가망 없어 보이게 합니다. 절망은 희망을 빼앗고, 하나님과 사람들로부터 외면당한 것처럼 느끼게 합니다.

하나님께 버림받은 이 상태에서 우리는 무엇을 해야 할까요? 불평하고, 절규하고, 그릇됨에 갇혀 자포자기하고, 탄식하고, 하나님과 세상을 등져야 할까요? 시편의 기자는 하나님께 따지기를 멈추지 않으며, 하늘을 향해 자신의 곤궁함을 아룁니다. "주님, 내 기도를 들어 주시고, 내 부르짖음이 주님께 이르게 해주십시오. 내가 고난을 받을 때에, 주님의 얼굴을 숨기지 마십시오. 내게 주님의 귀를 기울여 주십시오. 내가 부르짖을 때에, 속히 응답하여 주십시오"(시편 102:1-2). 시인은 하나님께서 긍휼히 여기신다는 사실을 기억하며 그분의 신실하심을 구합니다. 탄원하고, 간청하고, 찬송하며 하나님의 구원하심의 사건을 고백하는 동안 그는 위로와 새 희망을 발견합니다. 하늘을 향한 울부짖음은 그를 구원으로 인도하고, 영혼과 육신의 결박을 풀어 주며, 생명과 사랑을 새롭게 확인시켜 줍니다. 하나님의 사랑과 은혜는 다함이 없습니다. 우리가 아득히 먼 곳, 의심의 시간에 있을지라도, 하나님의 사랑과 은총은 우리에게 다가옵니다. 어두운 밤이 지나면 언제나 아침이 밝아 오는 것처럼 그 일은 확실합니다.

동쪽에서 태양이 천천히 떠올라 뼈대만 남은 서까래를 밝혀 줍니다. 언제쯤이면 태양이 먹구름을 완전히 몰아내고 탄식하는 이에게 햇빛을 비추어 줄 수 있을까요?

—수잔네 헤르조크

31

"주님은 … 사람의 마음을 즐겁게 하는 포도주를 주시고, … 사람의 힘을 북돋아 주는 먹거리도 주셨습니다."

_시편 104:14-15

시편 104편을 쓰고 있는 시인이자 기도자는 하나님께서 때에 따라 모든 피조물에게 양식을 주신다고 노래합니다. 화가에게 대지는 식사를 위해 준비된 식탁입니다. 땅에서 생산되는 모든 것은 식물과 동물, 그리고 인간을 포함한 모든 생명체의 먹거리입니다. 빵과 포도주는 충만함을 가리킵니다. 이것은 음식과 음료의 상징으로서 사람들의 마음을 기쁘게 해주기 위한 것입니다.

그러나 빵과 포도주는 인간의 수고 없이는 생산하지 못합니다. 빵과 포도주는 땅의 결실이자 포도나무의 소산이며, 동시에 노동의 산물입니다.[1]

인간은 땅이 주는 선물에 항상 의존합니다. 우리의 삶은 크든 작든 대지로부터 오는 풍성한 식탁에 달려 있습니다. 그러므로 우리에게 가장 좋은 것을 베풀어 주신 하나님 찬양하기를 멈추지 않습니다.

이스라엘은 하나님을, 그들의 창조주이자 보호자, 양육자로 경험했습니다. 하나님께서 그들의 주님이 되신 것입니다. '주님은 빛

---

1 빵과 포도주는 땅을 가꾼 '인간 노동'의 결과일 뿐 아니라, 창조주께서 주신 '땅'과 '포도나무'의 열매이기 때문이다. '빵과 포도주를 가지고 나온'(창세기 14:18) 왕이자 사제인 멜기세덱의 행위를, 교회는 자신이 드리는 봉헌의 예표로 본다. [《로마 미사 전례서》, "감사 기도 제1양식", 95, 표준판(바티칸, 1970), 453쪽 참고.]

을 옷처럼 걸치시며, 구름으로 병거를 삼으시며, 바람 날개를 타고 다니십니다'(시편 104:2-3).

기도자의 경탄은 감사로 이어집니다. 그는 광야 길에서 하나님께서 자기 백성들에게 어떻게 하늘 양식을 주셨는지 기억합니다. 까마귀가 예언자 엘리야에게 빵과 고기를 가져다줍니다. 쫓기던 예언자를 갈멜 산에 이르게 하기 위해서였습니다. 사렙다(사르밧) 과부와 고통받는 모든 사람이 거기서 그의 말을 듣게 될 것입니다. "주님께서 이 땅에 다시 비를 내려 주실 때까지, 그 뒤주의 밀가루가 떨어지지 않을 것이며, 병의 기름이 마르지 않을 것이다"(열왕기상 17:14). 갈멜 산에서 있었던 하나님의 심판 이후 내린 비는 마른 땅에 비옥함을 가져다주었고, 엘리야는 다시금 하나님 아버지의 선하심을 경험합니다. "'일어나서 먹어라. 갈 길이 아직도 많이 남았다.' 엘리야는 일어나서, 먹고 마셨다. 그 음식을 먹고, 힘을 얻어서, 밤낮 사십 일 동안을 걸어, 하나님의 산인 호렙 산에 도착하였다"(열왕기상 19:7-8).

순례의 길을 걸어가는 주님의 백성들은 하나님이 주시는 양식인 빵과 포도주를 언제나 기대할 수 있습니다.

—헤리베르트 파이펠

32

"웃어도 마음이 아플 때가 있고"

_잠언 14:13

그림 속 인물은 마지막 공연을 끝냈거나 다음 무대를 앞두고 잠시 쉬고 있는 듯합니다. 가면을 벗고 있으니까요. 가면은 그가 무슨 일을 하는 사람인지를 보여 줍니다. 가면의 웃고 있는 입은 그를 어릿광대로 만듭니다. 그의 임무는 다른 사람들을 웃게 하는 것입니다. 그가 자신의 역할을 잘하면 잘할수록 관객들은 그것이 단지 우습게 보이려는 변장과 가면일 뿐이라는 사실을 망각합니다. 그럴 때 오히려 그는 더 많은 박수를 받게 될 것입니다. 얼마나 슬픈 어릿광대입니까!

비로소 공연이 끝나고 그는 퇴장합니다. 그의 뒤로 커튼이 내려옵니다. 광대는 이어지는 박수갈채와 "브라보" 소리를 듣습니다. 관중들이 그를 다시 한번 보고 싶어 합니다. 관객들은 그를 다시 보며 재미를 느끼고, 한 번 더 웃으려고 서커스에 온 것입니다. 거기에서 그가 중요한 역할을 하고 있기 때문이지요. 공중그네나 줄에 매달린 곡예사들, 혹은 동물들과 연기를 펼치는 공연자들은 극도의 집중력을 발휘해야 하는 고된 일을 통해 갈채를 받습니다. 하지만 어릿광대에게는 그들과 확실히 다른 것을 기대합니다. 그가 어떻게 입을 찌푸리고 웃는지를 보며 관객들은 폭소를 터뜨립니다.

자기 순서가 끝나 주목받을 필요가 없는 광대는 이제 웃지 않습니다. 그는 홀로 있을 때 비로소 자신의 얼굴, 진짜 얼굴을 봅니다. 이제야 그가 어떤 기분이고 어떤 마음인지를 볼 수 있습니다. 그에게는 어떠한 웃음과 미소도, 기뻐하는 눈도, 히죽거리는 입도 없습니다. 무대에서 내려온 그는 슬프고, 지쳤으며, 녹초가 되었습니다. 뛰거나 춤출 수도 없고, 서 있을 수도 없습니다. 그저 홀로 깊은 생각에 빠져 있을 뿐입니다. 눈이 감겨 있습니다. 가면 없이 온전히 자기 모습을 취한 어릿광대. 그 또한 마음 아파하며 울고 있는 한 사람일 뿐입니다. 이제 무엇을 해야 할지 혼란스러워하는 이들 중 한 명이기도 합니다. 이럴 때는 책도 그에게 도움을 주지 못합니다. 그 안에 기록된 온갖 지혜도 깊은 수렁에 빠진 그를 건져 주지 못하는 것입니다. 오늘 저녁의 박수갈채와 출연료로, 그가 짊어져야 할 무게를 대신할 수는 없습니다. 어쩌면 그는 커튼을 다시 열고 자기 가면 뒤에 무엇이 숨겨져 있었는지 사람들에게 보여 주고 싶었을 것입니다. 이것은 한바탕 놀이였고 어릿광대의 장난이었다는 것을, 관객들의 기대 때문에 보여 주어야만 했던 연기였다는 것을 말입니다.

손에 살포시 들고 있는 장미는 꽃잎이 거의 다 떨어졌습니다. 그러나 여전히 방 안에 남아 있는 꽃향기와 마지막 꽃잎은 따스한 사랑에 대한 간절한 그리움을 그의 마음 안에 일깨워 줍니다. 브라보 소리가 멈추고, 음악이 끝나고, 조명이 꺼질 때, 홀로 꽃을 피우고 숨을 쉬고 싶은 사람이 있습니다. 모든 사람이 떠난 텅 빈 공연장에 앉아 살아 보려 애쓰지만 마음이 몹시 슬픈 사람이 있습니다.

—게르트루트 비드만

33

"그 모두가 헛되어 바람을 잡으려는 것과 같다."

_전도서 1:14

이 작품에는 우울한 빛깔의 쓰레기통 네 개가 그려져 있습니다. 쓰레기통 전면에 'SK'라고 쓰여 있는데, 이는 지거 쾨더의 작품에 적혀 있는 서명과 동일합니다. 쓰레기통 네 개, 이것이 성서와 어떤 연관이 있을까요? 지거 쾨더는 성서에 관한 새로운 작품을 많이 그렸습니다. 그는 자신이 선택한 본문에서 중요하다고 생각하는 구절, 호소력 있게 다가온 말씀, 그리고 전달하고자 하는 메시지를 그림에 담았습니다. 화가로서 자신에게 큰 의미가 있고, 좋아하는 작품을 묘사하고 있는 성서 구절을 찾아내기도 했습니다. 이 작품에서도 마찬가지입니다. 그의 태도는, 어떤 사건에 관해 말하고 강단에서 선포해야 하는 목회자들의 상황과 흡사합니다. 설교자들은 성서에서 새로운 생각과 방향을 제시하고 희망을 전하며, 다르게 볼 수 있는 관점을 찾아내야 합니다. 지거 쾨더는 이 작품이 자신에게 왜 중요하게 되었는지를 우리에게 알려 줍니다.

슈바르트 김나지움[1] 교사로 근무하던 시절 쾨더는 바서알핑엔에 있는 부모님 집에서 살았습니다. 아버지의 이름은 제바스티안 쾨더(Sebastian Köder)로, 그 또한 이니셜이 'SK'입니다. 그는 언제나 아들보다 조금 일찍 일어났습니다. 쾨더가 학교로 출근하기 전 목요일 아침마다 아버지는 쓰레기통을 항상 도롯가에 내놓았습니다.

---

1 독일의 중등교육 기관.

LE
B
SK
O

제바스티안 쾨더 가족의 쓰레기통은 이웃인 오토 슈트라우브, 베르톨트 베츨러, 쇼일레 박사의 쓰레기통과 함께 나란히 놓여 있었습니다. 그들의 이름을 쓰레기통에서 발견할 수 있습니다.

버스를 타러 가던 지거 쾨더는, 일주일에 한 번 자신의 그림에 서명한 글자가 적힌 쓰레기통 앞을 지나갔습니다. 종이 한 장이 삐져나와 있고, 쓰레기통 앞에도 구겨진 종이가 놓여 있습니다. 그것은 아마도 스케치하다 실패한 그림들, 버려진 생각들, 성공하지 못한 습작들일 것입니다. 버스에서 다른 사람을 만날 때까지 그에게는 유익한 묵상을 할 수 있는 시간이 남아 있었습니다. 그 시간 동안 쾨더는 자신이 그린 그림들 가운데 무엇이 남게 될 것인지에 관해 생각했을 것입니다. '어떤 기록과 스케치, 말씀들이 살아남을까? 어떤 구상과 아이디어와 계획들이 실현될 수 있을까? 어떤 효과가 나타날까?' 어쩌면 나중에 일어날 일에 대해 전망하며 질문해 보는 시간이었을 수도 있겠지요. '어떤 메시지가 사람들에게 전달되고, 어떤 설교 원고와 작업 문서들이 살아남을까?'

하지만 우리에게 건강한 질문은 자신을 심각하거나 지나치게 받아들이지 않는 것입니다. 전도서는 인생에서 진정으로 중요한 것이 무엇인지 생각해 보라고 말씀합니다. "세상 모든 것이 헛되고, 바람을 잡으려는 것과 같다"(전도서 2:11).

—게르트루트 비드만

34

"솔로몬의 가장 아름다운 노래"

_아가 1:1

'노래 중의 노래'는 성서의 지혜서 가운데 하나인 아가서에 붙여진 이름입니다. 우리가 살아가는 세상에서 일어날 수 있는 가장 놀라운 일, 바로 '사랑'을 노래하고 있기 때문입니다. 특별히 마르틴 루터에 의해 번역된 '아가서'는 지거 쾨더의 이 그림과 뒷장에 이어지는 두 작품에 영감을 주었습니다. 그의 연작 "성령의 역사" 시리즈의 여덟 번째이자 마지막 스테인드글라스화인 이 작품의 제목은 〈완성〉입니다. 하나님은 태초에 '인간을 그분의 형상대로 빚으시고, 남자와 여자로 지으셔서'(창세기 1장) 하나님의 창조를 '완성'하셨습니다.

성서는 '루아흐 엘로힘'(하나님의 영)이 태초부터 모든 것 안에 있었다고 말씀합니다. 이 작품 속에는 이처럼 눈에 보이지 않는 신비로운 하나님의 형상이 인간인 남자와 여자의 얼굴에서 분명히 빛나고 있습니다. 따라서 사람들이 살며 사랑하는 곳이라면 어디서든 하나님 또한 사람들과 더불어 살고 사랑합니다. 작가 알폰스 로젠베르크는 "하나님은 서로를 끌어안은 두 사람의 육체적이고 진정한 사랑 가운데 함께하시는 제3의 존재"라고 했습니다. 그림 〈완성〉은 색상과 형태를 통해 이를 드러냅니다.

서로를 어루만지는 두 사람에게서
하나님의 신비로움이 느껴집니다.
그들은 고요함 가운데

영원하신 분의 음성을 듣습니다.
서로를 감싸안은 남녀는
강하신 하나님의 팔에 안깁니다.
서로에게 많은 것을 말하고 싶어 하는 연인은
장미 문양에 둘러싸여 모든 것을 이야기합니다.
두 사람은 그들에게 닥쳐올 사랑의 끝을 걱정하지만
사랑은 결코 끝나지 않을 것임을 알게 됩니다.
두 사람은 서로에게 불이요, 타오르는 격정입니다.
만약 이 불이 장미로 주름진다면
불타 사라지지 않을 것입니다.
그러나 불과 장미를 하나 되게 하는 것은
오직 성령만이 하실 수 있습니다.
"모든 것을 모든 사람 가운데서 이루시는 하나님은
같습니다"(고린도전서 12:6, 개역개정).
비로소 사랑하는 두 사람은 깨닫습니다.
"하나님은 사랑이십니다.
사랑 안에 있는 사람은 하나님 안에 있고
하나님도 그 사람 안에 계십니다"(요한일서 4:16).

우리는 하나님께서 우리에게 베푸시는 사랑을 알았고, 또 믿습니다. 하나님은 사랑이십니다. 사랑 안에 있는 사람은 하나님 안에 있고 하나님도 그 사람 안에 계십니다.

초기 유대교와 그리스도교가 사랑의 노래인 아가서에서 신랑 신부의 사랑, 심지어 야웨와 이스라엘, 그리스도와 교회, 하나님과 사람 사이의 혼인 관계에 대한 이미지와 비유를 발견한 것은 놀라운 일이 아닙니다. 복 있는 사람은 사랑하는 사람들 가운데 감추어진 하나님을 알아보는 사람입니다! 이제 그는 압니다. 인간의 사랑은 하나님께 받은 완전한 사랑 안에서 완성된다는 것을요. 하나님과 함께라야 덧없는 사랑도 영원한 것이 될 수 있습니다. 모든 피조물은 오직 하나님 안에서만 온전해질 수 있기 때문입니다.

—테오 슈미트콘츠 SJ

35

"우리 집 담 밖에 서서"

_아가 2:9

성서를 담아낸 그림 가운데 가장 흥미를 끄는 작품입니다. 세상에서 가장 감동을 주는 것이 인간의 사랑이어서가 아닙니다. 그림의 구성과 색깔, 내용이 함께 어우러져 극적인 긴장감을 거의 최고조에 이르게 하기 때문입니다. 어떤 배경과 장식도 없고, 주의를 산만하게 할 만한 다른 요소도 없습니다. 모든 것은 "이 두 사람 사이에 무슨 일이 일어날까?"라는 결정적인 문제로 귀결됩니다.

수직선은 그림을 외부와 내부, 밝은 곳과 어두운 곳으로 나눕니다. 집 안에서 한 젊은 여인이 남자 친구를 애타게 기다리고 있습니다. 하지만 그녀는 주저합니다. 여인의 위로 창문이 반쯤 열려 있습니다. 여인은 베일로 몸을 가리고 있지만, 마음이 열릴 수 있는 여지를 넌지시 내비칩니다. 그녀는 꿈과 현실 사이를 살고 있습니다. 여인은 꿈을 꿉니다. "저기 오는구나. 산을 넘고 언덕을 넘어서 달려오는구나"(아가 2:8). 산은 남자에게 크게 다가올 것입니다. 하지만 자신을 위해서라면 그가 모든 것을 할 것이라고 그녀는 생각합니다.

여인은 담장 밖에 그가 서 있는 소리를 듣습니다. 남자는 말합니다. "나의 여인이여, 어서 나오오! 겨울은 지나고, 노래하는 계절이 돌아왔소. 문간에 꽃이 피었답니다." 그는 꽃들 가운데 장미 한 송이를 그녀에게 가져다주며 "나는 당신을 사랑한다오"라고 말하고 싶어 합니다. 그림 중앙에는 눈에 띄지 않는 표시가 하나 있는데, 그 안에는 사랑하는 이의 마음을 요동치게 하고 흔들어 놓을 모든 것이 들어 있습니다. 왜냐하면 이 작은 장미는 “난 너를 사랑해”라고만 말하지 않습니다. “너도 나를 사랑하니?” 하고 말없이 질문을 던집니다. 이 대답 없는 질문은 그림에 긴장감을 자아냅니다. 그녀가 그의 고백에 응답했는지, 아니면 벽에다만 말한 채 구애가 헛수고로 끝난 것인지 우리는 알 수 없습니다. 담장 밖에 그가 서 있을 뿐입니다.

본문은 계속됩니다. “창틈으로 기웃거리며, 창살 틈으로 엿보는구나”(아가 2:9). 우리는 대성당의 스테인드글라스를 창문의 빛을 통해 보는 것처럼 성서 또한 그렇게 봐야 합니다. 그래야 우리 자신에게서 나온 빛이 아닌 하늘의 빛을 통해 성서의 이야기와 화가의 작품이 하나님과 인간, 그리스도와 교회를 비유적으로 그리고 있다는 사실을 알 수 있습니다. 이 중에서 가장 신비로운 것은, 하나님께서 영원하신 사랑으로 사랑하실 뿐만 아니라 자신 또한 사람들에게 사랑받기를 원하신다는 사실입니다. 부활하신 그리스도는 “너는 나를 사랑하느냐”라고 세 번이나 베드로에게 물으셨습니다. 주님은 인내심을 가지고 간절하게 대답을 기다립니다. 틀림없이 오늘도 그 대답을 기다리고 계실 것입니다.

하나님은 누구에게도 사랑을 강요하지 않습니다. 요한계시록에 기록된 승천하신 주님의 말씀이 바로 이 놀라운 내용을 담고 있습니다. “내가 문 밖에 서서, 문을 두드리고 있다. 누구든지 내 음성을 듣고 문을 열면, 나는 그에게로 들어가서 그와 함께 먹고, 그는 나와 함께 먹을 것이다”(요한계시록 3:20). 주님께 문을 열어 줄 준비가 되어 있습니까? “우리 집 담 밖에” 그분이 서 계십니다.

—테오 슈미트콘츠 SJ

36

"사과나무 아래에서 내가 너를 깨웠노라."

_아가 8:5, 개역개정

아가서를 배경으로 하는 쾨더의 세 번째 작품은 첫 번째 그림 〈완성〉과 매우 비슷합니다. 이번에는 집이 아니라 광활한 대자연을 사랑의 장소로 삼습니다. 화가는 배경과 전경에 묘사된 자연 경관을 통해, 우리 영혼의 풍경을 시각적으로 표현합니다. 여성의 모습은 "가시나무 가운데 백합화" 같고, 그 마음 또한 어여쁘기 그지없습니다. 남성은 "백합화" 속에서 즐거워하며 부드럽고 감미로운 매력을 즐깁니다. 그는 수풀 가운데 강인한 "사과나무"(아가 2장) 같아 보입니다. 그 나무는 사랑하는 사람에게 보호와 안전, 피난처와 안식처를 선물로 내어 줍니다. 남자의 이런 모습은 여인의 사랑과 헌신에 뿌리를 두고 있습니다.

사랑하는 사람들의 빛나는 얼굴이 눈에 띕니다. 이 빛은 샤갈이 말한 것처럼 "사랑하는 이들의 태양"인 달로부터 온 것일까요? 아니면, 두 사람 안에서 발산하는 빛, 그들 마음의 광채가 칠흑같이 어두운 밤에도 빛을 내는 것일까요? 어둠 속에서 빛을 발하는 얼굴에서 우리는 깨닫습니다. 사랑은 변화시키는 힘이며, 강력한 공격에도 맞설 수 있는 능력을 준다는 것을요. "죽음처럼 강한 것"이 사랑입니다. 우리는 아가서 마지막 장에서 이 말씀을 읽게 됩니다. "사과나무"는 언제나 강력한 사랑을 상징해 왔습니다. 그렇다면, 사랑하는 사람에게 영원한 삶을 약속하는 "생명나무"로도 볼 수 있습니다. 사랑하는 사람은 "죽음에서 생명으로" 옮겨 갑니다(요한일서 3:14).

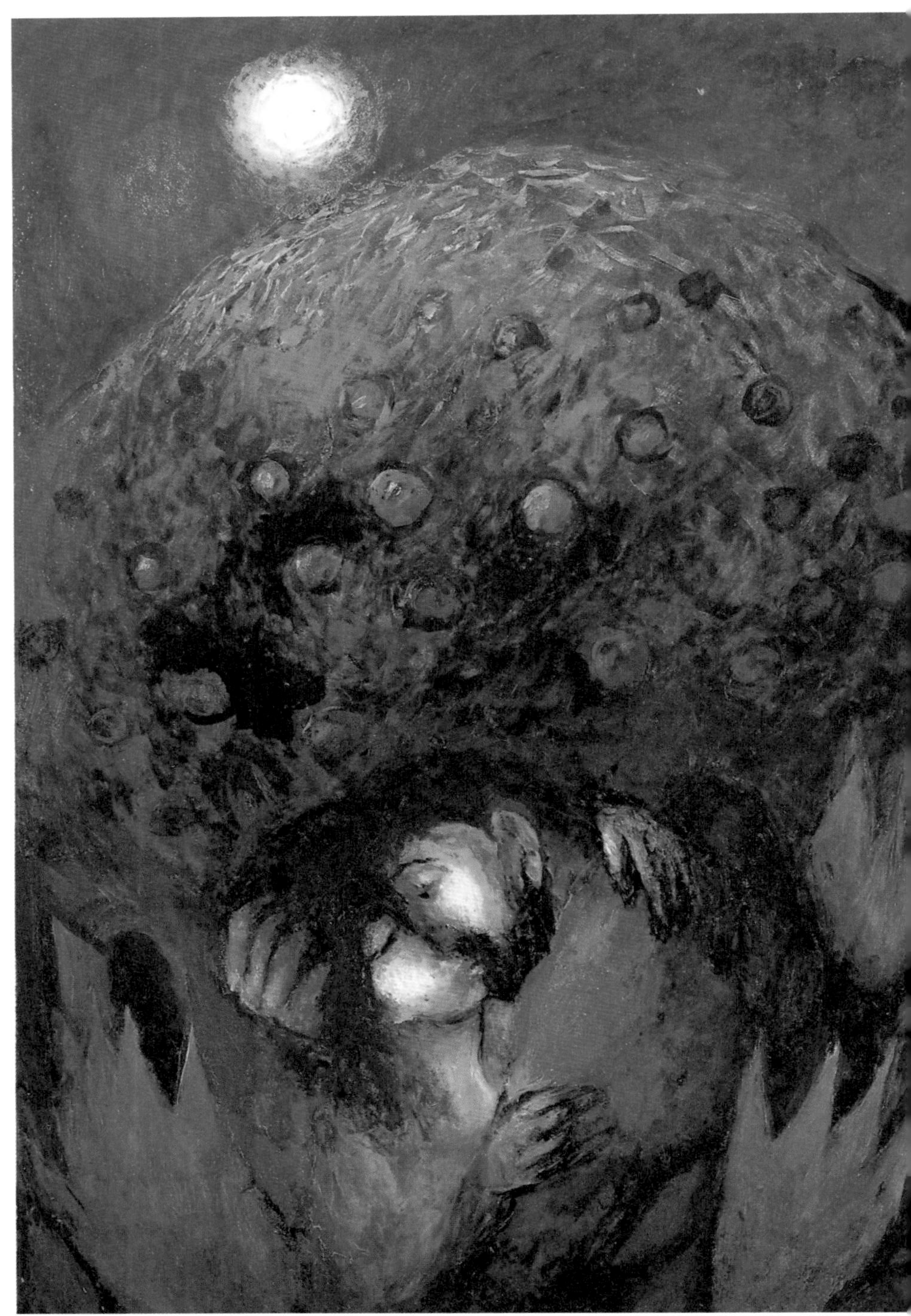

왼쪽 아래로는 사랑하는 연인이 들어온 열려 있는 문이 있습니다. 그는 여인에게 무슨 일이 일어났는지 상기해 줄 것입니다. "사과나무 아래에서 잠든 임을 내가 깨워 드렸지요." 누구에게나 절대 잊지 못할 장소와 시간이 있습니다. 깊은 잠에서 우리를 깨운 것처럼 누군가 다가와 불가능한 일을 가능하게 만드는 우리 안의 힘을 일깨웁니다. 그것은 선한 말, 실제적인 도움, 공감하는 눈물, 부드러운 입맞춤을 통해 이루어집니다.

브라질의 한 해방신학자는 아가서를 읽어 가면서 공동체를 위한 새로운 희망과 약속이 어떻게 세워질 수 있는지 이야기합니다. "사과나무 아래에서 나는 당신을 깨웠습니다. 당신의 마음에 나를 도장처럼 새겨 주세요. 사랑은 죽음처럼 강하며, 그 열기가 타오르는 불길 같습니다. 많은 물도 이것을 끄지 못할 것입니다." 그는 연이어 말합니다. "남자와 여자, 그리고 사람들 사이에 이렇게 강력한 관계를 형성할 수 있다면, 우리는 참된 인간이 될 수 있는 또 한 번의 기회를 가질 수 있을 것입니다. 나아가 바로 그 사랑 안에서, 우리를 향한 하나님의 정열적인 사랑을 경험하고 있다는 사실을 발견하게 될 것입니다." 사랑의 비밀은, 하나님께서 사랑 안에서 사랑하신다는 것입니다! 아가서는 하나님의 이름을 언급하지 않지만, 하나님께서 항상 우리와 함께하신다는 것을 노래합니다. 어디서든 사람들이 서로 사랑한다면, 그들은 하나님의 사랑의 능력 안에서 사랑하는 것입니다. 우리 하나님은 사랑이시기 때문입니다(요한일서 4:8).

—테오 슈미트콘츠 SJ

37

"육신은 모두 의복처럼 낡아지는 법."

_집회서 14:17, 가톨릭성경

겨울 들판에 허수아비가 덩그러니 서 있습니다. 비록 쓰고 남아 버려진 것들이지만 쓸모 있게 표현되어 시적인 감성을 일으킵니다. 낡은 모자 위의 눈[雪]은 카니발[1] 시즌을 알리는 듯합니다. 허수아비는 '멍청한 아우구스트'[2]로 변하고, 바보 같은 모습은 인간 존재의 상징이 됩니다. 이 그림은 '덧없는 삶'이라는 개념을 떠올리게 합니다. 이것은 중의적인 의미를 내포하고 있습니다. 한편으로는 놀이와 연극, 가면과 무대의상으로 꾸며진 인생을, 다른 한편으로는 기회를 놓쳐 버린 쓸모없어진 삶을 뜻합니다.

"육신은 모두 의복처럼 낡아진다"(집회서 14:17)라는 말씀이 있습니다. 해진 옷들은 기껏해야 추억의 옷장에 걸려 있을 뿐입니다. 그것은 허수아비나 어릿광대의 의상으로밖에 쓰지 못합니다. 반면, 사랑의 징표이며 환멸과 지나간 사랑의 상징인 장미는 비록 쌓인 눈 속에 묻혀 얼어붙은 듯 보일지라도 더 행복하고 화창한 시절을 연상시킵니다. 고트프리트 켈러의 소설《젤트빌라의 사람들》에는 "옷이 사람을 만든다"라고 쓰여 있습니다. 하지만 그 옷이 찢겨져

1 카니발(Carnival)은 'Carne'(고기)와 'val'(격리)의 합성어로, '고기와의 작별'이라는 뜻을 담고 있다. 독일 라인 강 주변 도시에서는 카니발 축제를 열어 11월 11일부터 이듬해 재의 수요일 전까지 이어 간다.

2 서커스의 어릿광대를 일컫는다. 지거 쾨더는 여러 작품에 광대, 익살꾼, 바보 등을 등장시켜 성서의 세계로 이들을 옮겨 놓았다.

없어진다면 어떻게 될까요? 십자가 형태의 뼈대와 버팀목과 구조물만이 남아 있게 될 것입니다. 이 십자가가 인간의 '본래 모습'(Pudels Kern)은 아닐까요? 스카프가 인형 모양으로 십자가에 매여 있습니다. 십자가를 통해 생명을 입고 소생케 될 인형입니다.

서리가 내려앉은 들판에는 지나간 가을과 추수한 열매의 흔적이 보입니다. 곧 씨를 뿌릴 것이고, 새로운 작물들이 자라날 것입니다. 인간이 "죽고 태어나는 것" 또한 그러합니다.[3] 육신은 썩어 없어지지만, 죽음을 통해 새 생명을 얻기 때문입니다. 사람 형상을 한 허수아비의 모습에서 이러한 진리를 밝히 보게 됩니다. 인간은 이제 육신의 옷을 벗어 버리고 새로운 물가로 떠났습니다. 그는 저 너머에 있는 피안(彼岸)의 들판에서 살아갑니다.

덧없음(vanitas)의 유리구슬을 손에 쥔 광대의 모습은 중세 미술에 자주 등장합니다. 구슬은 유한한 존재의 덧없음과 공허함을 상징적으로 보여 줍니다. 광대는 그것을 통해 죽음을 상기시키며 살아 있는 이들에게 메시지를 전합니다. "언젠가는 죽는다는 것을 기억하라." '어릿광대의 분수'[4]에는 그 의미가 적혀 있습니다.

> 기억하라, 세상의 지혜와 화려함은
> 하나님 앞에서 어리석음으로 여겨질 뿐임을.

그러나 세월의 무상함 속에도 유익함과 아름다움이 있습니다.

---

3 "인간의 죽음은 그의 일들을 드러낸다"(집회서 11:27). 독일어 성서에는 이렇게 적혀 있다. "사람이 죽으면, 자신이 어떻게 살았는지를 깨달아 알게 되리라"(und wenn der Mensch stirbt, so wird er inne, wie er gelebt hat).

4 독일 바덴뷔르템베르크 주의 에틀링엔에 있는 조형물로 '어릿광대(바보)의 분수'라 불린다. 이것은 독일의 카니발 전통과 관련이 깊다. 이 분수는 이러한 전통을 기리기 위해 세워졌으며, 어릿광대나 익살꾼의 모습을 형상화한 여러 조각상으로 분수를 장식하고 있다.

지거 쾨더가 그린 허수아비에게는 희망과 기쁨이 있습니다. 인간이 옷처럼 해어져 사라질지라도, 오래된 것으로부터 다시 새로운 것이 나옵니다.

—파울 라트게버

38

"이것이 너의 입술에 닿았으니"

_이사야 6:7

이사야가 만난 하나님은 '해를 입히지 않는'(harmless) 신이 결코 아니었습니다. 그가 전능자를 본 순간, 그분은 성전 문지방의 터를 흔들고 계셨습니다(이사야 6:4). 인간은 하나님의 사랑의 불길 앞에서 자신의 나약함과 사랑 없음, 그리고 죄에 대해 인식하게 됩니다. "화로다, 나여! 망하게 되었도다! 나는 입술이 부정한 사람이요"(이사야 6:5, 개역개정).

하나님은 '위험하지 않은'(harmless) 분이 아니라, '불과 같은' 분입니다. 그분은 불타는 떨기나무 가운데 모세에게 나타나셔서 자신의 이름을 '야웨', 즉 "나는 곧 나다"(출애굽기 3:14)라고 계시하셨습니다. 그리고 우리와 함께 있겠다고 하십니다. '야웨'라는 이름의 히브리어 자음(יהוה)이 불 가운데 빛나고 있습니다. 거기서 이사야는 하나님을 마주합니다. 이사야의 머리는 하나님을 향하여 확 꺾여 있습니다. 자기 죄악의 어두움과 백성들의 암울한 상황에서 벗어나 그분을 향해 있습니다. 하나님은 마치 불처럼, 옛것을 태우고 새로운 활력을 일으키십니다. 하나님의 보좌를 둘러싸고 있는 스랍들 가운데 하나가 뜨거운 숯불을 이사야의 입술에 댑니다. 그의 죄는 하나님의 사랑의 불로 소멸됩니다.

하나님을 경험한 사람은 더 이상 홀로 잠잠히 살아갈 수 없습니다. 하나님을 향해 젖혀진 그의 머리는 하나님 한 분만이 아니라 사람들을 바라봅니다. 하나님은 그분의 영광의 불에만 계신 분이 아닙니다. 배고프고 목마른 이들, 이방인들, 집 없는 이들, 헐벗고 가난하며 갇힌 이들 안에도 계십니다(참고. 마태복음 25:31-45). 예언자는 자신이 받은 말씀을 그들에게 전해야만 합니다. 그래서 이사야는 머리뿐만 아니라 윈팔을 뒤로 젖힙니다. 그는 종이에 적힌 이름을 전하기 위해 손을 뻗습니다. 그에게 약속된 이름은 우리와 함께 하시는 하나님, '임마누엘'(עִמָּנוּאֵל)입니다. 그는 온갖 어두운 고통 속에서도 임마누엘 하나님을 증거해야 합니다. 피로 얼룩진 붕대를 감고 있는 손이 이사야에게 도움을 청하려고 다가옵니다.

사람들이 구원과 생명과 사랑을 찾기 위해 얼마나 다양한 신체적·정신적인 필요를 구하겠습니까? 얼마나 많은 사람들이 절망적인 상황에서도 하나님의 임재를 보여 주는 징표를 기다리며 애타게 부르짖습니까? "나의 하나님, 나의 하나님, 어찌하여 나를 버리십니까?"(시편 22:1). 고난의 한복판에 있을 때는 제아무리 지혜롭고 영리하다 해도 하나님의 이름을 들먹이며 조언하는 사람은 전혀 도움이 되지 않습니다. "내가 여기 있노라" 말씀하시는 야웨 하나님을 몸소 체험하며, 불처럼 타오르는 감동을 경험한 사람만이 하나님을 증거할 수 있습니다. '우리와 함께하시는 하나님'을 진정성 있게 전달할 수 있는 사람은 하나님의 말씀을 자기 안에 철저히 체화[1]한 사람뿐입니다. 지거 쾨더는 《그림으로 보는 튀빙엔 성서》[2]에 에스겔 2장 9절에서 3장 1절의 내용을 그려 넣었습니다. 그림의 기본 형태는 이사야 6장을 그린 이 작품과 매우 유사합니다. 예언자는 하나님이 그에게 준 두루마리를 먹습니다. 예언자는 메시지를 전달하기 전

---

1 직접 경험을 통해 자기 것으로 만든 사람이란, "말씀과 삶이 일치하는 사람"을 뜻한다.

2 그림이 곁들여진 성서로, 원서 제목은 *Eine Tübinger Bibel in Bildern*(1972)이다. 지거 쾨더가 작업한 동판화 49점이 수록되어 있다.

에, 자신이 먼저 그것을 받아들이고 확신할 수 있어야 합니다. 하나님의 말씀이 살아 있는 사람, 그 마음에 하나님의 불길이 타오르는 사람은 다른 이들이 '우리와 함께하시는' 임마누엘 하나님을 만날 수 있는 처소가 될 것입니다.

—베른하르트 엘러

39

"이새의 그루터기에서 햇순이 나오고"

_이사야 11:1, 공동번역

화가는 가장 단순한 형태로
예언자 이사야의 세 가지 예언을 한 작품에 담았습니다.
"어둠 속에서 헤매던 백성이 큰 빛을 보았고,
죽음의 그림자가 드리운 땅에 사는 사람들에게 빛이 비쳤다"
(이사야 9:2).

그림의 어두운 부분은
이스라엘 백성이 이집트에서 자유를 잃고
억압당하던 때를 상기시킵니다.
우리 삶에 드리워진 어두운 면들도 떠올리게 합니다.
절망의 밤은 물러가고 새로운 소망의 빛이 옵니다.
그 빛은 위에서, 하나님으로부터 쏟아집니다.
그리스도인들은 이 빛을 예수님이라고 믿습니다.
예수께서 말씀하셨습니다.
"나를 따르는 사람은 생명의 빛을 얻을 것이다"(요한복음 8:12).

예언자의 두 번째 선포는 심판의 말씀입니다.
"성읍들이 황폐하여 주민이 없어질 때까지,
사람이 없어서 집마다 빈 집이 될 때까지,
밭마다 모두 황무지가 될 때까지, …

온통 버려질 때까지 그렇게 하겠다.

그러나 … 상수리나무가 잘릴 때에 그루터기는 남을 것이다"

(이사야 6:11-13).

하나님은 모든 사람과 모든 것에 대한 죽음만이 아니라,

돌이킬 수 없는 심판을 선포하십니다.

화가는 이런 참담한 모습을 죽은 그루터기로 표현합니다.

말라죽은 그루터기의 팔이

하늘을 향해 애원하듯이 뻗쳐 있습니다.

예언자의 세 번째 말씀은 다시 희망을 만들어 냅니다.

"이새의 그루터기에서 햇순이 나오고

그 뿌리에서 새싹이 돋아난다"(이사야 11:1).

죽은 그루터기에서 생명이 탄생합니다.

하나님은 이 새로운 생명을 창조하시어 우리에게 주십니다.

이스라엘은 다시 희망을 가질 수 있습니다.

모든 사람도 그러합니다.

"그 빛이 어둠 속에서 비치고 있다"(요한복음 1:5).

죽음이 최종적인 듯 보여도, 장미의 힘은 죽음보다 강합니다.

장미는 죽음으로부터 성장하여 죽음을 극복합니다.

장미는 황폐한 땅 한가운데에서 빛나고 있습니다.

장미는 사랑의 언어로 말합니다.

이 그림에서 하나님은 그 장미를 통하여 말씀하십니다.

그대, 인간아,

"두려워하지 말아라! … 너는 나의 것이다.

나는 주, 너의 하나님이다. … 너의 구원자다.

내가 너와 함께 있으니 두려워하지 말아라"(이사야 43:1-5).

장미는 저에게 그분이 얼마나 소중한지,

제가 얼마나 그분을 사랑하는지 보여 주는 상징입니다.

—테오 슈미트콘츠 SJ

40

"젖먹는 아이가 독사의 구멍 곁에서 장난하고"

_이사야 11:8

그림 아래쪽의 회색과 그 위로 밝은 색상이 참으로 대조적입니다! 우리의 회색빛 일상과 우리가 동경하는 화려한 꿈들 간에도 이러한 간극이 있지 않나요? 우리는 한 쌍의 비둘기처럼 사랑스럽게 서로를 바라보며 장미꽃 사이에서 살기 원합니다. 하지만 탱크와 칼, 대포와 철조망은 우리 삶을 위협하는 모든 것을 생각나게 합니다. 여기에 묘사된 무기 못지않게 위험한 것은 보이지 않는 무기들입니다. 생명을 죽이는 침묵과 조롱, 비방과 증오 말입니다. 불신과 두려움은 소통을 단절시키고 관계를 경색되게 합니다. 그림 하단의 회색 바탕 위로 해골이 히죽거리며 웃고 있습니다.

그러나 죽음의 무기고 역시 스스로 죽음의 성물이 되어 결국 역사의 쓰레기통으로 버려질 것이 확실합니다. 칼은 부러졌고 전차의 대포는 부서졌습니다. 철조망 사이로 장미가 피어나고, 대포 입구는 화분으로 변했습니다. 생명이 죽음을 이겼습니다! 사랑은 혐오보다 훨씬 강합니다!

이것이 바로 예언자가 눈을 크게 뜨고 두 손을 쳐든 채 앞을 보고 있는 이유입니다. 대립은 극복되었고, 생명을 위태롭게 하는 위협들은 제거되었습니다. 지금까지는 두려움에서 도망치거나 신경을 곤두세워 싸우는 것만이 치명적인 상처로부터 보호받을 수 있었던 곳에서, 이제는 사랑이 가득한 친밀함을 느낄 수 있습니다. "암소와 곰이 서로 벗이 되며 … 젖먹는 아이가 독사의 구멍 곁에서 장난하고, 젖뗀 아이가 살무사의 굴에 손을 넣는다"(이사야 11:7-8). 이것은 자연법칙에 반하는 이상세계를 꿈꾸는 것이 아닙니다. 동물들에 대해 성서는 명확히 말씀합니다. "서로 해치거나 파괴하는 일이 없다"(이사야 11:9). 누구도 더 이상 다른 사람들을 두려워할 필요가 없습니다. 샬롬, 곧 평화가 다스립니다! 어떻게 이 비전이 실현될 수 있을까요?

1. 예언자가 그랬던 것처럼, 자기 백성이 고난받을 때는 그 비전에 마음을 열고 그것에 관해 서로 이야기를 해야 합니다! 암울한 일상과 겉보기에는 극복하기 어려워 보이는 삶과 사랑에 대한 위협에 안주하지 않고, 많은 사람들이 더불어 함께 평화와 정의 그리고 인류애에 대한 꿈을 꾸는 곳에서 비전은 현실이 될 수 있습니다. 이전에는 어느 누구도 상상할 수 없었던 일이, 1989-90년 사이에 정말로 일어났습니다.[1] 무기들은 녹았고 '칼들이 보습'이 되었습니다!(이사야 2:4).

2. 비전은, 하나님께서 보내신 그리스도의 영으로 무장된 한 사람을 통해 현실이 됩니다! 그분은 무방비 상태인 한 아기로서 세상에 오셨습니다. 그분의 자비와 사랑의 열정은 혐오와 죽음의 냉기를 녹여 없앱니다. 그분이 죽임을 당하실 때, 죽음으로 인해 새 생명이 꽃을 피우게 될 것입니다!

3. 사람들이 성령의 권능으로 예수님의 모범을 따라 실천하며 살아가는 곳에서 비전은 현실이 됩니다. 무력한 사람들과 가난한 사람들을 위해 정의를 실천하고, 폭력이 아니라 진실의 힘을 통해 악을 이기십시오!

—베른하르트 엘러

---

1 분단된 독일이 냉전의 종식으로 말미암아 통일된 사건.

41

"내가 너를 내 손바닥에 새겼고"

_이사야 49:16, 개역개정

그림 앞부분의 장면은 심히 고통스러워 보입니다! 스카프를 머리에 두른 채 잿빛의 초췌한 얼굴을 하고 쪼그려 모여 앉아 있습니다. 희망의 전령인 젖먹이 아기에게서조차 소망을 찾을 수 없습니다. 어린 아기를 팔에 안은 엄마는 수심에 잠겨 아기를 바라봅니다. 엄마가 이런 말을 건네는 듯합니다. "네가 태어난 이 세상은 도대체 어떤 세상이냐! 내가 너를 어떻게 배불리 먹일 수 있을지 모르겠구나. 어떻게 하면 네가 따듯하게 지낼 수 있을까? 너를 고향처럼 환대해 줄 장소를 찾을 수 없구나." 여인들은 아이들을 데리고 도피하는 중입니다. 피난민 행렬은 달구지에 작은 짐을 싣고 눈길을 헤쳐 갑니다. 목적지조차 확실치 않은 피난 행렬에는 결핍과 빈곤과 근심이 늘상 따라다닙니다. 무엇이 그들을 살아 있게 할까요? 누가 그들에게 희망을 가져다줄 수 있을까요? 그들로 더 걸어갈 수 있도록 힘을 주는 것은 무엇일까요?

이 그림은 로젠베르크 교회 제단화의 일부분입니다. 고통당하는 어머니들 가운데 이스라엘의 어머니 라헬이 서 있습니다. 라헬은 이스라엘의 자녀들—바벨론 포로기에 고향을 잃어버린 아기들과 베들레헴에서 있었던 영아살해로 잔혹하게 죽임당한 아기들—때문에 울고 있습니다. 또, 오늘날 고통받는 어린이들, 난민의 자녀들, 빈민가의 아이들, 굶주림과 목마름과 사랑의 결핍으로 고통받는 아이들을 위해 웁니다. 하늘을 향한 그들의 눈빛은 애절하고, 그

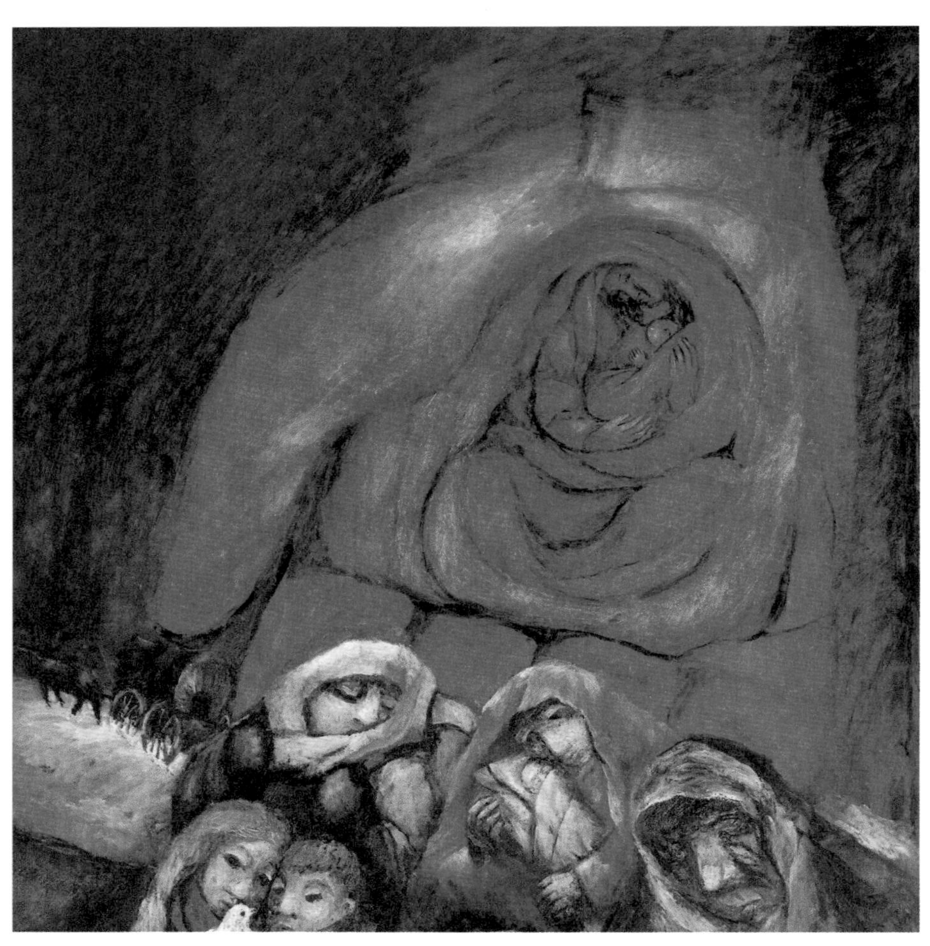

들의 입술에서는 탄식이 새어 나옵니다. '이들을 위한 도움이 어디서 올까?'

지거 쾨더는 예언자 이사야의 위대한 약속으로 그들을 지지하고 응원합니다. "내가 너를 내 손바닥에 새겼다"(이사야 49:16). 하나님의 오른손은 사람들과 그들의 필요를 정성껏 살피고 주의를 기울여 섬세하게 도우십니다. 하나님의 손금을 아이와 함께 있는 어머니로 표현하여 친밀한 유대감을 형상화합니다. 이 손은 안전하게 보호받을 수 있는 사랑의 장소입니다. 버림받고 추방된 채 살아야만 했던 사람이 하나님의 손안에서 고향을 발견합니다. 그곳은 슬퍼하는 이들에게 위로를, 울고 있는 이들에게 기쁨을, 탄식하는 이들에게 소망을, 핍박받는 이들에게 하늘나라를 베풀어 줍니다. 이사야 선지자를 통해 주신 약속은 모든 고통 위에 있으며, 모든 슬픔 뒤에 있습니다.

아이를 품에 안은 어머니는 이 구원의 약속을, 따스한 이불처럼 자신을 절망 가운데서 보호해 주고 자기 팔에 안긴 새로운 생명에게 기회를 주는 것으로 느낍니다. 우리에게 무슨 일이 일어난다 해도 하나님의 약속은 우리를 희망으로 감싸 주어 그분을 기억하게 할 것입니다. 하나님의 손안에 새겨진 사람은 더는 떨어져 나갈 수 없습니다. 이 말씀은 그때나 지금이나 하나님의 변함없는 약속입니다.

ㅡ수잔네 헤르조크

42

“[그들의 자녀들은] 그 무릎 위에서
귀여움을 받을 것이다.” _이사야 66:12

이 작품은 ‘성장’에 관한 그림입니다. 화가는 하나님의 말씀[1]인 대예언서 이사야 마지막 장에서 영감을 받아 화폭에 담았습니다. 이사야서 말씀과 쾨더의 작품은 예루살렘 성과 예루살렘의 ‘재건’에 초점을 맞추고 있습니다. 포로기 시대를 살았던 이 예언자는 “이스라엘의 남은 자들”을 일으켜 세우고 실망한 귀향자들에게 용기를 북돋워 줍니다. “내가 예루살렘에 평화가 강물처럼 넘치게 하겠다”(이사야 66:12). 주전 6세기 이래로 오늘날까지 이 성읍은 평화를 갈망하고 있습니다. “예루살렘을 사랑하는 사람들아, 그 성읍과 함께 기뻐하고 즐거워하여라. 예루살렘을 생각하며 슬퍼하던 사람들아, 너희는 모두 그 성읍과 함께 크게 기뻐하여라!”(이사야 66:10). 무관심과 냉담을 극복할 수 있는 길이 오직 하나님을 기뻐하는 데에 있음을 예언자는 알고 있습니다.

기쁨의 근거는 무엇일까요? 가옥, 성벽, 지붕, 망루, 돔 꼭대기, 그리고 죽은 암석들로부터 여인의 형상이 자라나고 있습니다. 예루살렘 성은 사랑으로 보살피는 어머니가 됩니다. “너희는 예루살렘의 젖을 빨며, 그 팔에 안기고, 그 무릎 위에서 귀여움을 받을 것이다”(이사야 66:12). 이 비전이야말로 사람들이 꿈꾸는 성읍을 담고 있

---

1 고대에는 하나님의 말씀과 모세 율법이 말이나 부분적인 문서로만 전해 내려왔는데, 이것을 독일어로 ‘Vorlage’라고 한다.

지요! 사람들은 자기의 자녀들에게 좋은 엄마가 되려는 것처럼, 서로에게 진심을 다합니다.

이후로 예루살렘 성은 하나님의 백성인 이스라엘의 상징으로 여겨지게 됩니다. 교회에 대해서도 이렇게 말할 수 있습니다. 교회는 자기 집처럼 안전함을 느끼는 곳이어야 합니다. 이해와 사랑을 경험할 수 있는 곳이어야 합니다. 사랑과 정이 넘치는 이 성읍에서는 그 누구도 소외되어서는 안 됩니다. 그래야만 비로소 교회는 '어머니 교회'(Mutter Kirche)일 수 있기 때문입니다.

이어지는 예언자의 말씀은 이 그림의 의미와 꼭 들어맞습니다. 예루살렘 성, 바로 하나님이 택하신 백성으로부터 하나님의 새로운 형상이 자라나고 있습니다. 어머니와 같은 모습을 한 예루살렘과 하나님의 백성들 뒤로 어머니와 같은 하나님께서 빛을 비추십니다. "어머니가 그 자식을 위로하듯이, 내가 너희를 위로할 것이다"(이사야 66:13). 세상의 모든 엄마가 그러하듯, 하나님은 사랑으로 우리와 함께하십니다. 그분의 팔로 우리를 끌어안아 주시고, 그 무릎에서 우리는 뛰놀 것입니다. 마음이 슬플 때에는 하나님께서 우리를 위로해 주시고, 언제나 우리를 위해 그곳에 서 계십니다. "나를 신뢰하여라! 나의 품에 안긴 너희를 내가 지켜 주리라." 하나님의 말씀입니다.

1978년, 다음과 같은 교황의 메시지가 전해졌습니다. "하나님은 우리의 아버지이시며, 우리의 어머니이십니다!" 세계가 이 말에 귀를 기울였습니다. 하지만 교황 요한 바오로 1세(1912-1978)는 즉위 후 33일 만에 눈을 감고 맙니다. 그는 오랫동안 듣지 못했던 방식으로 복음을 선포했던 것입니다. "하나님은 어머니처럼 영원히 선하신 분입니다." 이것은 인류가 항상 동경해 왔던 모습이지요. 예언자 이사야는 말합니다. "너희가 이것을 보고 마음이 기쁠 것이며 너희의 뼈들이 새로 돋는 풀잎처럼 싱싱하게 될 것이다. 하나님의 손길이 그분의 종들에게 알려질 것이다"(이사야 66:14, 옮긴이 번역). 그 손길은 사랑하는 어머니의 손입니다.

—테오 슈미트콘츠 SJ

43

"예언자 예레미야를 때리고,
그에게 차꼬를 채워서" _예레미야 20:2

무거운 차꼬에 발목이 채워진 채 폐허 위에 쪼그려 앉아 있는 한 사람이 있습니다. 좌우로는 번화가를 따라 늘어서 있었던 파괴된 건물들의 외벽이 보입니다. 창문들은 구멍이 뚫린 채 텅 비어 있습니다. 거기에는 꽃도, 나무도, 새도 없습니다. 벌거벗은 채 앉아 있는 사람에겐 '하나님'도 없습니다. 비록 초라한 인간의 모습이지만, 몸집은 대단히 큽니다. 추워서인지 무릎을 몸쪽으로 당기고, 오른팔을 굽혀 상체를 감쌉니다. 가장 낮은 곳, 밑바닥에 있는 이 사람은 몸도 마음도 얼어 있습니다. '위'를 바라보는 것 외에는 할 수 있는 일이 아무것도 없습니다. 왼손이 위를 향해 펼쳐져 있고, 얼굴도 위를 향해 있습니다. 참혹한 광경들로 가득 찬 폐허 가운데서 두 눈은 눈물조차 말라서 멀어 버리고, 벌어진 입은 소리 없는 비명만 지를 뿐입니다. 해와 달과 별들도 그를 비추지 않습니다. 천사도 하늘의 위로도 없습니다. 그의 애통마저 비참함 가운데 사라집니다.

이 사람은 예레미야입니다. 아나돗 마을의 제사장 출신 힐기야의 아들로, 주전 628년에 소명을 받고는 예루살렘에서 하나님의 말씀을 전했습니다. 그에게 예루살렘은 운명적인 장소이며, 파괴와 멸망에 관한 예언의 말씀을 선포하던 곳입니다. 예레미야에게는 아내와 자식이 없었습니다. 이것은 그에게 미래가 없음을 상징합니다. 어깨에 소의 멍에를 짊어진 예레미야의 모습은, 유배를 떠나야만 하는 자기 민족의 상황과 닮아 있습니다.

예레미야가 전한 메시지는 권력자들과 충돌을 불러일으켰습니다. 그가 하나님을 떠난 이스라엘 백성의 불순종, 권력자들의 불신과 죄악을 폭로했기 때문입니다. 제사장들, 성전 일을 맡은 성직자들, 왕궁의 예언자들과 맞서며 예레미야는 결국 그들의 적이 되고 맙니다. 그들은 예레미야를 신성모독 죄로 고발하고, 말씀 전하는 일과 성전 출입을 금지합니다.

예레미야는 지도자들에게, 막강한 군대를 이끌고 침략전쟁에 나선 바빌론 제국에 맞서 싸우지 말고 항복할 것을 요구했습니다. 이 일로 그는 군인들과 군대 장관들의 적이 되고 맙니다. 겨울 별장에 있던 왕은 예언자의 말씀을 낭독하도록 하고는 말씀이 적힌 두루마리들을 칼로 잘라 내어 불 속에 던져 넣었습니다(예레미야 36장).

예레미야는 지하 감옥에 갇혀 심문을 받고, 구타와 고문과 속박을 당합니다. 에티오피아 사람 에벳멜렉이 왕에게 예레미야를 변호하지 않았다면, 그는 물웅덩이에서 굶어 죽었을 것입니다(예레미야 38장). 근위대 뜰에 갇힌 예레미야는 의로운 선택을 한다는 것이 얼마나 고통스러울 수 있는지 몸소 경험했습니다. 일 년 반의 포위 끝에 바빌론 군대가 승리를 거두고 예루살렘에 입성합니다(주전 587년).

대제사장 바스훌의 지시로 구금되어 있었던 그 밤은, 성읍과 성전이 파괴될 것이라 예고했던 예레미야에게 현실이 되는 순간이었습니다. 그 밤은 패배와 실패의 연속 중 하나일 뿐입니다. 아나돗 출신 제사장 아들의 삶 또한 그 밤과 연관되어 있습니다. 그가 예레미야라 불리는 것은 결단코 우연이 아닙니다! '예레미야'는 '하나님께서 높이신다'라는 뜻입니다.

—엘레오노레 베크

44

"라헬이 자식을 잃고 울고 있다."

_예레미야 31:15

탄식하는 한 여인을 보십시오. 그녀의 자세와 표정, 무릎 위에 펼쳐진 빈손이 이렇게 말하는 것 같지 않나요? "나의 비참함과 괴로움을 보소서." 여인은 자신의 불행에 맞서려는 듯 고개를 들어 빛 가운데로 시선을 돌립니다. 반쯤 벌린 입과 움푹 팬 어두운 눈이 묻습니다. "도대체 무엇 때문입니까?" 오랜 세월 자기 몸을 아끼지 않고 일해야 했던 노파의 크고 무거워 보이는 손은 견딜 수 없을 만큼 고통스럽고 비참했던 삶을 보여 줍니다. 한편 그녀는 누군가를 기다리고, 무언가를 바라보며 대답과 반응을 기대하고 있습니다.

예레미야는 바빌론 포로기를 겪어야만 했던 이스라엘 백성을 위해 예레미야서를 썼습니다. 그들은 앗시리아(앗수르)에 의해 죽임을 당하거나 유배를 갔던 에브라임, 므낫세, 베냐민 지파에 속한 사람들입니다. 이스라엘 민족의 어머니 라헬이 울고 있습니다. 창세기에서 라헬은 야곱의 아내이자, 요셉과 베냐민의 어머니로 등장합니다. 예레미야는 이스라엘의 어머니 세대를 위해 선조인 라헬의 이름을 사용합니다. 예를 들어, 시편에서 야곱을 이스라엘 모든 민족의 상징으로 표현하는 것과 마찬가지입니다. 그리고 예레미야는 라헬의 탄식을 하나님의 약속과 연결합니다. "네가 수고한 보람이 있어서, 네 아들딸들이 적국에서 돌아온다. 너의 앞날에는 희망이 있다. 네 아들딸들이 고향 땅으로 돌아온다"(예레미야 31:16-17). 예언자는 완전한 절망 가운데서도 하나님의 말씀을 선포합니다. 그분이

새로운 것을 창조하시고, 악한 운명을 선으로 바꾸시며, 긍휼을 베푸사 회개와 귀환을 가능케 하실 것이라고 예언합니다.

슬피 우는 라헬 뒤로 아이들과 어머니들이 보입니다. 지거 쾨더는 1945-46년경 수용소에서 온 어머니와 아이들, 추방당한 사람들[1]을 떠올리며 그림을 그립니다. 그들은 슈바벤 지방 엘방엔 시와 그 근교 마을에 새로운 터전을 마련했습니다. 전쟁이 휩쓸고 간 비참함 속에서 여성들은 언제나 전쟁과 추방으로 고통당해야만 하는 희생양이었습니다. 인류 역사를 통해 여인들은 수 세기 동안 슬피 울며 항변해야 했던 경험을 간직하고 있습니다. 지거 쾨더는 약속된 미래, 새롭게 시작할 수 있는 삶을, 절제된 색깔과 형상으로 그려 냅니다. 어두운 고통의 색깔과 달리 희게 표현된 비둘기는 대홍수 후에 초록 가지를 물고 와 땅이 드러난 삶의 희망을 전했던 바로 그 비둘기를 생각나게 합니다. 비둘기는 평화와 샬롬의 상징으로, 비둘기를 손에 들고 있는 아이들의 얼굴을 밝혀 줍니다.

이 불행은 어디서 왔을까요? 우리는 이 질문에 대한 답을 결코 얻을 수 없을 것입니다. 사람들이 원망하며 자신들의 고통을 표현할 수 있다면, 그것은 오히려 좋은 일입니다. 그들이 당신에게 의지할 수 있다면, 그것은 유익할 것입니다. 하나님께서 예언자들의 말과 그들의 모습을 통해 새로운 시작을 하게 하시고, 생명과 구원을 향한 소망으로 살아 있게 하신다면, 희망과 새로운 시작을 하고 생명과 구원으로 깨어난다면, 그것이야말로 은혜입니다.

이 작품은 탄식을 억누르기보다 허용하고 표현하도록 초청합니다. 절망 가운데서도 오히려 하나님께 의지해야 한다는 희망의 표지로 장미를 그려 놓았습니다. 그리고 생명의 메시지를 전합니다.

—게르트루트 카젤

1 제2차 세계대전 이후 동유럽 지역에서 추방당한 독일인들.

45

"〔너는〕 벽에 구멍을 뚫고 나가거라."

_에스겔 12:5, 공동번역

"벽에 구멍을 뚫고 나가거라." 주여! 당신이 말씀하셨지요. 내가 여행 가방과 지팡이를 들고 나가야 한다고 말입니다. 그것은 당신의 명령이었습니다. 좋습니다. 보십시오. 나는 이미 기어서 벽을 통과했습니다.

벽을 뚫기란 까다롭습니다. 쏟아진 벽돌더미만 봐도 알 수 있지요. 바구니를 밧줄에 달아 벽 아래로 내리는 것이 차라리 쉬웠을 거예요. 그러나 당신은 뚫고 나가기를 원하셨습니다. 그래서 저는 틈을 내기 위해 벽을 쳤고, 바깥쪽 외벽이 저절로 무너져 내렸습니다. 하지만 남자 한 명이 통과하기에는 여전히 비좁았죠. 짐이 있는 저에게는 더욱 힘들었습니다. 그러니 길을 내고 나올 때까지 사람들이 뒤에서 조롱하며 비웃었습니다.

그런데 주님! 이제 어떻게 해야 합니까? 저와 무엇을 하시려는 겁니까? 당신이 이를 통해 뜻하시는 바를 저들에게 설명해 주십시오. 구멍 뚫린 벽돌 사이를 통과하고 있는 이 미련한 사람에 대해서 말입니다. 아직 오른쪽 다리가 벽돌 사이에 끼어 몸의 반은 안쪽에, 나머지 반은 밖에 있습니다. 사람들이 뒤에서 키득대며 소리를 지릅니다. 벽이 파손되었다고 욕을 하며, 당장 구멍을 막으라고 따집니다. 주님, 예나 지금이나 저는 항상 어리석은 사람입니다.

그렇다고 제가 기어 다니고만 있는 것은 아닙니다. 저는 이런 상황 내내 나의 하나님을 봅니다. 벽을 통해 당신이 거기에 서 계신 것을 봅니다. 벽, 그것은 돌덩이가 아니라 하나의 상징입니다. 인간과 하나님 사이의 상황이 어떠한지, 그 사람은 어떤 상태인지를 보여 주는 표지입니다. 인간은 죽음의 성벽에 갇혀 있습니다. 당신은 지금 아무것도 없는 바깥에 있습니다. 하지만 그것은 당신의 찬란한 삶의 빛 가운데 있는 것이기도 합니다. 이제 그분이 말씀하신 것을 행하는 한 사람이 옵니다. 사람들은 그분이 와서 망치로 두드리고 때려 부수는 소리를 듣습니다. 구멍은 그의 무덤이었습니다. 그러나 죄악이 죄악을 낳아 돌처럼 굳어진 죄로 세워진 세상의 벽, 인간과 인간 사이의 벽이 열립니다.

여러분! 하나님 자신도 죽음의 굴혈을 지나가셨습니다. 유대인으로 오신 하나님께서 무덤에 묻히셨지요. 그분은 우리를 사망의 그늘에서 불러내어 구원의 은총으로 이끄셨습니다. 이제 이 그림은 '부활절'이라고 불러야겠습니다.

—질야 발터

46

"이 뼈들이 살아날 수 있겠느냐?"

_에스겔 37:3

세상은 죽음으로 가득 차 있습니다. 생명을 위협하는 어둠이 모든 것을 태우는 노란 사막 모래와 함께 그림을 가득 채웁니다. 마른 뼈가 뒤섞여 널브러져 있는 모습은 공포감까지 조성합니다. 현대사에 있었던 악명 높은 수용소의 끔찍한 모습에 대한 기억이 떠오릅니다. 영혼 없는 문자가 지배할 때, 죽음의 경직성[1]은 모든 살아 있는 생명에 치명적인 영향을 미칠 수 있습니다. 라틴어로 'LEX'(법)는 생기를 잃어버린 뼈로 이루어져 있습니다. 법은 무자비한 금지조항을 대며 살아 있는 모든 것을 위협합니다. 황토색 옷을 걸친 예언자 에스겔은 깊은 절망의 수렁에 잠겨 웅크리고 있습니다. 그는 배척당하는 이들 중에서도 가장 극심한 핍박을 받았던 사람입니다.

하지만 바로 그때 역사가 일어납니다! 성령의 힘이 그를 사로잡았습니다. 성령은 넓고 어두운 물줄기를 타고 내려와, 강력한 움직임으로 모든 것을 가득 채웁니다. 예언자의 얼굴은 위를 향해 있으며, 눈은 크게 뜬 듯하지만 감겨 있습니다. 이것은 내면 깊은 곳을 응시하며 주의 깊게 경청하는 사람이라는 인상을 줍니다. 황홀경에 빠지기라도 한 듯 그는 자신이 들은 말씀을 두루마리에 적습니다. "나는 너희 안에 생명을 가져오리라…."

---

1 '죽음의 경직성'이란 죽음에 대한 불안과 공포에서 오는 비관적이고 염세적인 생각과 태도를 일컫는다.

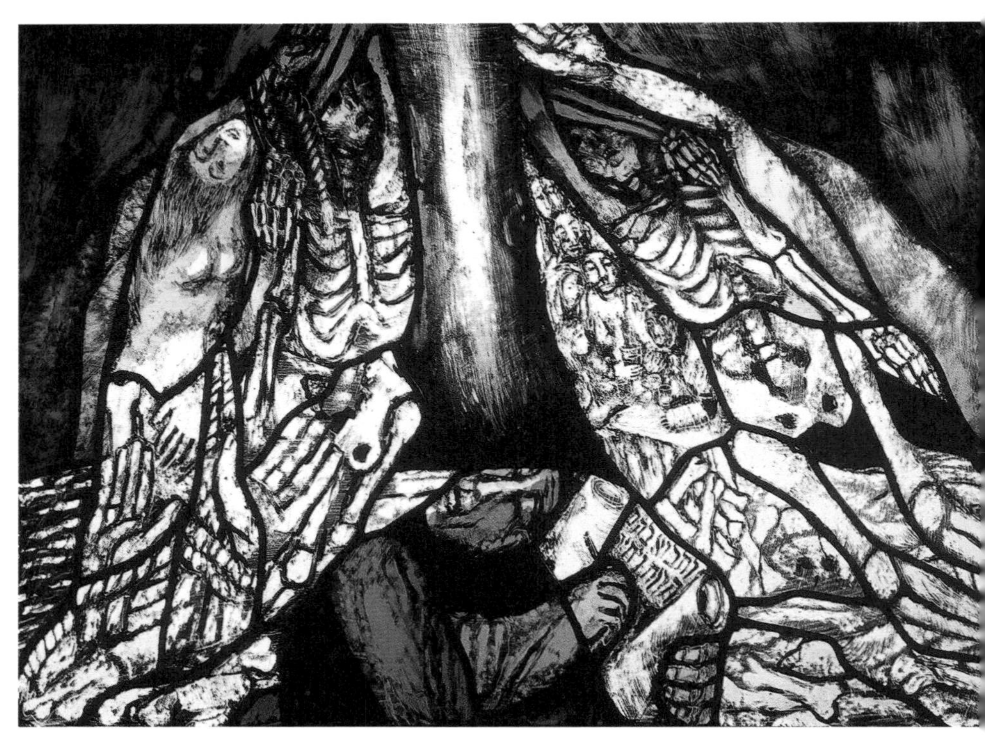

생명은 마른 뼈들을 살아 움직이게 합니다. 묶인 손들이 자유로워지며 뼈마디에 살이 붙어 몸의 윤곽을 형성합니다. 눈이 열리고 입을 가진 얼굴들로 형체를 갖추어 갑니다. 그들은 물속 깊은 곳을 잠영(潛泳)하는 수영선수와 물고기처럼 떠다닙니다. 위에서부터 무덤의 세계로 들어온 강력한 회오리바람으로 인해 쉽게 떠오릅니다.

예언자가 약속한 미래가 그 사이 갈라진 틈새로 보입니다. 거기서 그들은 채워진 잔과 떼어진 빵이 있는 식탁에 둘러앉습니다. 그들은 에스겔 당시의 사람들입니다. 동시에 우리 시대의 어린이와 노인, 건강한 사람과 아픈 사람, 가까운 이들과 멀리 있는 이들입니다. "많은 이들이 동쪽과 서쪽으로부터 나아올 것이다. 그들은 하나님 나라의 식탁에 둘러앉을 것이다!"

생명의 영은 가난한 이들의 아버지이며 버림받은 이들의 위로자입니다. 성령은 사람들을 공동체로 이끄시고, 죽음에서 건지시며 새 생명을 주십니다. 성령은 사귐의 공동체를 창조하시며 교회를 세우십니다.

—헤르베르트 레로이

47

"베들레헴 에브라다야, … 이스라엘을 다스릴 자가 네게서 내게로 나올 것이다." _미가 5:2

바서알핑엔 교회의 제단화 가운데 일부인 이 작품은 이새의 뿌리를 형상화하고 있습니다. 네 부분으로 구성된 성탄 그림 가운데 앞쪽 두 번째에 해당하는 작품으로, 321쪽의 그림과 연관성이 매우 깊습니다. 321쪽 그림에서는 이새의 옛 그루터기에서 새로운 가지가 돋아난 것을 시계풀꽃(Passionsblume)으로 묘사합니다. 그 작품 바로 오른쪽 옆에 놓여 있는 이 그림에서는 예언자 미가의 약속이 성취됩니다(미가 5:2).

이새의 뿌리로부터 새롭게 꽃이 피어나고, 잎이 무성해진 나무 한가운데에는 다윗의 아버지인 이새가 앉아 있습니다. 이새의 품속에는 오늘날 베들레헴의 실루엣이 보입니다. 목자들의 들판에서 본 도시는 비탈길을 따라 높이 뻗어 있습니다. 그 밑으로, 포대를 깔아 놓은 구유가 출산을 위해 준비되어 있고 옆에는 주인을 알아보는 소, 아래에는 당나귀가 있습니다. 당나귀는 만삭의 산모와 아이를 태우고 있으며, 마리아의 남편인 요셉은 마리아를 헌신적으로 보호하며 동행합니다. 이들에게서 예수님이 태어나셨습니다. 예수님은 육신으로는 다윗의 후손이며, 그리스도, 메시아라고 불리게 됩니다.

크리스마스로즈[1]는 가장 높은 곳에서 환한 빛을 내고 있습니다. 춥고 시린 겨울밤에 피는 이 꽃은 이새의 혈통인 예수님의 뿌리

1 'Christrose'는 추위를 품는 꽃으로, '예수꽃'이라고도 한다.

를 노래하는 성탄 찬송을 떠오르게 합니다.

이 작품을 볼 때면 다음과 같은 감정들이 올라옵니다. 따스함, 안전함, 평온함, 그리고 구원해 주시는 하나님의 뜻에 순종하고 복종하는 헌신의 마음입니다. 아울러 아브라함과 이삭에서 시작해 이새와 다윗을 거쳐 예수 그리스도께 이르는 인류의 가계도에 뿌리를 내리고 연결되어 있음을 느끼게 됩니다. 지거 쾨더는 약속이 어떻게 성취되었는지에 대한 이야기, 예수의 어린 시절, 마리아와 요셉에 관한 복음서 말씀을 성탄 그림 4부작 전면에 성공적으로 표현했습니다(참고. 321, 70쪽의 그림).

이 작품은 대림절을 위한 그림으로, 크리스마스 준비로 바쁘고 분주한 시간에도 아기 예수님의 평온함 가운데 머물기를 권하고 있습니다. 나아가 그림을 감상하는 사람들에게 질문을 던집니다. "그대여, 그대는 주님을 맞이할 준비가 되어 있나요? 그분이 묵을 숙소를 찾으며 당신 집 문을 두드릴 때 열어 줄 준비가 되어 있는지요?"

—한스 나겔

2

신약성서를 그리다

נאם
יהוה
לאדני

48

"다말 … 라합 … 룻 … 밧세바 … 마리아"

_마태복음 1장

그림을 보면, 질서 있게 배열된 줄기와 잎사귀로 여자와 남자들이 묘사되어 있습니다. 이것은 아브라함과 다윗의 자손 예수 그리스도의 계보를 보여 줍니다(마태복음 1:1). 족보는 그림 맨 아래에 있는 믿음의 조상 아브라함으로부터 시작됩니다. 아브라함 위로 성서 두루마리를 펼쳐 둔 채 수금을 연주하는 다윗 왕이 보입니다. 그의 왼편에는 얼굴을 가린 여인이 있습니다. 그녀는 가나안 여인 다말이며 인장 반지[1]를 끼고 있지요. 이것은 시아버지가 (그녀의 쌍둥이 아들 베레스와 세라의) 아버지 유다인 것을 가리킵니다. 그녀의 맞은편에 있는 여인은 정탐꾼을 숨겨 주고 성벽 아래로 밧줄을 내려 주었던 기생 라합입니다.

그들 위로는 가계도의 엄격한 체계를 명확하게 하는 두 남자의 형상이 그려져 있습니다. 왼쪽은 요셉이고 오른쪽은 여호야긴입니다. 아브라함으로부터 다윗까지 열네 세대(2×7), 다윗으로부터 바빌론 포로기까지 열네 세대가 있습니다. 여호야긴은 바빌론 포로기의 왕입니다. 성서는 그에 대해 다음과 같이 증언합니다. "그는 주 하나님께서 보시기에 악한 일을 하였다"(역대하 36:5). 그리고 포로기부터

1 유다가 다말에게 준 담보물(도장, 끈, 지팡이) 중 하나로 고대 근동 시대에는 어디를 가든지 반드시 소유해야 하는 물건이었다. 반지 형태여서 몸에 지니고 다닐 수 있었으며, 소유자의 신분과 권리를 나타내는 역할을 하였다(참고. 창세기 38:18).

예수 그리스도에 이르기까지 열네 세대가 이어집니다. "마리아로부터 예수가 태어났다"는 말씀에 따라, 그녀의 남편 요셉은 예수의 법적인 아버지로 명단 끝에 서 있습니다. 구약에서 거룩한 숫자인 '일곱'에 여섯을 곱한(7×6) 마흔두 세대는 하나님의 구원 사역을 가리킵니다. 그들 위 왼쪽에는 헷 사람 우리야(우리아)의 아내 밧세바가 있습니다. 오른쪽에는 나오미의 며느리인 모압 여인 룻이 보입니다. 그녀는 보아스[2]의 밭에서 거둔 이삭을 끌어안고 있습니다. 나무 꼭대기에는 예수, 마리아, 안나 세 사람[3]이 그려져 있습니다.

구약성서에서 족장시대 선조들의 역사는 믿음과 사랑뿐만 아니라 폭력과 불의에 관한 역사이기도 합니다. 이스라엘은 자신들이 지나온 시절을 교활함과 간교함, 이별, 도피, 불행, 죽음, 끝이 없는 고난의 여정으로 이해하고 기록했습니다. 그들은 하나님이 직접 자신을 계시하시고, 온 세상을 다스리신다고 믿었습니다. 인류의 모든 역사는 날줄과 씨줄처럼 하나님의 섭리와 구원하심으로 엮여 하나님의 뜻을 이루어 간다는 믿음이 있었던 것입니다. 무엇보다 역사의 완성을, 인간의 노력과 공로, 영웅주의의 산물이 아니라 믿음의 결실, 은총과 선물이라고 여겼습니다. 이처럼 조화롭게 배열된 가계도는 이스라엘 민족 가운데 임했던 축복과 재앙을 통해 하나님의 구원 사역을 새로운 시선으로 볼 수 있게 합니다. 이런 시각은 성

---

2 룻기에서 보아스는 "기업 무를 자"(Löser, 히브리어 고엘)로 지칭된다. '구원자'로도 번역할 수 있는 이 단어는 기업(토지)을 잃어버린 친족을 위해 대신 대가를 치르고 되찾아 주는 자를 의미한다. 이런 의미에서, 보아스는 구원자이신 예수님의 예표이다.

3 이렇게 세 사람이 묘사된 성화 양식은 '안나와 성 모자'(Anna Selbdritt) 모티프에 속한다. 야고보 복음서에 따르면, 마리아의 어머니는 안나로, 두 사람은 예수의 모계를 상징한다. 이러한 묘사는 14세기 이후 독일과 인접한 나라들의 작품에서 종종 나타난다. 일반적으로 할머니 안나를 크게 묘사하고 딸 마리아와 손자 예수를 품에 안고 있는 모습으로 표현하지만, 지거 쾨더는 안나와 마리아가 나란히 앉아 있고 아기 예수가 두 사람 사이에서 노는 모습으로 그려 낸다.

육신하신 예수 그리스도에게로 귀결됩니다. 또한 이것은 예수 그리스도 안에서 성서의 약속들이 성취되었음을 강조했던 마태복음의 주된 관심사이기도 합니다.

지거 쾨더는 그의 작품을 통해 가계도 속 여인들에게 존귀한 가치를 부여하고 있습니다. 유대-그리스도교 전통에서 많은 여성들이 겪어야만 했던 운명을 공유한 여인들을 부각시킵니다. 마리아를 제외하면 이 여성들 대부분은 그동안 눈에 잘 띄지 않았습니다. 하지만 하나님은 그들을 통해 구원 사역을 펼쳐 가셨습니다. 하나님은 여인들에게 말씀하셨고, 사명을 주어 보내셨습니다. 물론 이스라엘의 남성들, 예언자, 사사, 왕들에게도 그렇게 하셨습니다. 인류 역사 속에서 여인들의 이야기는 배제되거나 숨겨지곤 했습니다. 만약 하나님의 역사에서도 남성에 의해서만 이야기가 전개되고 전해졌다면, 그분의 구원하심도 반쪽짜리가 되었을 것입니다. 우리의 믿음의 조상에는 아버지뿐만 아니라 어머니도 있습니다.

—게르트루트 카젤

49

"우리가 동방에서 그의 별을 보고"

_마태복음 2:2

동방박사 세 사람이 아기 예수님을 경배하기 위해 길을 나섰습니다. 하지만 수많은 날을 보내고 나서야 그를 만날 수 있었습니다. 그들의 방문은 처음 별을 보았을 때부터 목적지에 도착할 때까지 한 번에 이루어진 것이 아닙니다. 아기 예수를 찾아가는 여정에는 어렴풋한 기대와 동경, 함께 묻고 찾아가야 하는 불확실성이 있었습니다. 그렇기에 때로는 막연히 기다려야 했고, 때로는 조심스럽게 흔적을 뒤따라가야 했습니다. 목적지를 찾아가는 이 여정은 혼자서는 불가능한 일이었습니다. 그래서 서로 의지하고 격려하며 함께 먼 여행길을 떠났던 것입니다. 처음 별을 본 순간의 감동만으로는 끝까지 이 길을 가기에 충분하지 않았습니다. 불확실성으로 가득한 길 위에서 인내심과 용기를 가지고 한 발 한 발 내딛어야만 했습니다.

왕의 별이 비추던 날부터 목적지에 이를 때까지 그들은 믿음, 모험, 갈망, 질문, 의심과 갈등이 뒤섞인 상황을 대면해야만 했습니다. 또한 길을 안내하는 별빛이 눈에서 멀어지지 않도록 하늘에서 눈을 뗄 수 없었습니다. 그들은 항상 함께 있어야만 했습니다. 한 사람은 옛 문헌들을 잘 알았고, 다른 사람은 길눈이 밝았으며, 또 다른 사람은 천문에 대해 잘 알았습니다. 이들은 서로에게 함께 걸어가야 할 길의 안내자이자 증인이었습니다.

옛 순례자들은 이렇게 말했습니다. "길은 곧 목적지이다." 여행을 떠나기 위해 길을 나서는 순간 이미 목적지가 정해져 있기 때문입니다. 길은 사람들의 마음과 생각, 의미와 감각을 깨우는 빛이라 할 수 있습니다. 만약 지금 내가 걷는 이 길이 목표를 향해 올바르게 가고 있는 것인지 확인하고자 한다면, 언제나 질문해야 합니다. "나는 어디에서 왔는가? 나는 어디에 서 있는가? 나는 어디로 가야 하는가?" 다른 사람에게 자신을 맡길 수 있는 사람은 복이 있습니다. 그가 아는 사람은 절대 변하지 않을 믿음의 증인이기 때문입니다. 당신과 같은 정신, 같은 희망, 같은 믿음으로 이미 찾아보고 물어보며 앞서 온 이들입니다.

이제 우리에게는 우리 자신을 위한 도전과 질문이 남아 있습니다. 처음에 내가 봤던 그 별의 인도에 따라 용기 있게 나를 내어 맡길 수 있을지, 그렇게 하지 않을지 말입니다. 이런 선택과 분별의 때를 대충 스쳐 지나가듯 다루어서는 안 됩니다. 믿음은 일회적인 성질의 것이 아니기 때문입니다. 앞서 "길이 목적이다"라고 말했는데, "목적은 곧 길"이기도 합니다. 아브라함과 모세가 이스라엘 백성과 함께 광야와 고난의 시절을 걸어갔던 것처럼, 예수 그리스도께서 인간으로 오셨던 사건 이후의 성도들, 곧 하나님의 한 백성 된 자들에게도 그러합니다.

목적지에 도달할 때까지 계속 나아가기 위해서는 휴식과 성찰, 형제애적인 돌봄과 교제를 위해 잠시 멈추어 가는 것도 필요합니다. 위로부터 오는 깨달음과 다른 사람을 통해 찾아오는 빛이 있어야 합니다. 잠시 멈추어 쉬고 성찰한 뒤에, 우리는 다시금 한 발 더 전진할 수 있습니다. 그리고 지금까지의 여정에서 이루어 주신 일에 기뻐하게 됩니다. 우리가 처음 출발할 때 보았던 그 별이 사라지지 않을 것이라는 소망을 품고 있는 한, 우리의 마음에 늘 새로운 생기가 샘솟을 것입니다.

—볼프강 트립

50

"너희는, 내가 주릴 때에 내게 먹을 것을 주었고"

_마태복음 25:35

예수님은 교훈적인 가르침을 많이 전하셨습니다. 그림 속 장면은 많은 사람들에게 널리 알려진 교훈입니다. 이것은 "자비의 일곱 가지 구체적인 실천"[1]에 대한 이야기로, 다른 복음서와 달리 마태복음은 일곱 번째 선행을 추가합니다. 바로 죽은 자를 장사하는 것입니다. 이 선한 행동은 구약 외경인 토빗서에 나타나는 자비의 모습과 같습니다. 오늘날 사람들은 이처럼 말합니다. "'일곱 번째 행위'는 그저 죽은 자를 장사하는 장례절차가 아닙니다. 세상을 떠나가는 이와 마지막 작별인사를 하고, 망자(亡者)에 대한 기억을 소중하게 간직하는 예식입니다."

이러한 선행이 옛사람들에게 삶의 일부로 전승되어 온 것은 우연이 아닙니다. 스승 예수의 이해하기 어려운 많은 가르침 가운데, 이것 한 가지는 여러분 자신이 충분히 해석할 수 있습니다. 이 말씀 속에서 예수님은 아버지에게서 멀리 떠나 계신 분이 아닙니다. 여기서 중요한 것은 주님께서 우리 가운데 현존하시고, 계속해서 함께하신다는 것입니다. 그뿐만 아니라 주님은 이 세상의 고통과 자신을 동일시하십니다.

---

1 마태복음 25장 35-36절에서 언급하고 있는 일곱 가지 선한 행동을 가리킨다. 주린 자에게 먹을 것을 주고, 목마른 자에게 물을 주는 것 등과 같은 '육체적인 자비의 일곱 가지 실천적 행위'를 말하고 있다.

KLEIDER
FÜR
DIE
DRITTE
WELT

붉은 외투를 입은 소녀는 자신의 맞은편 남자에게 물을 따라 줍니다. 그녀의 눈은 앞의 남자보다 더 큰 사람을 바라봅니다. 우리는 그 사람이 누구인지 눈으로 볼 수는 없지만, 그림에서 짐작해 볼 수 있습니다. 더 큰 한 사람이 빵을 쪼개어 흑인의 빈손에 한 조각을 떼어 줍니다. 이 알 수 없는 존재로부터 그녀는 구체적인 섬김의 임무를 받게 됩니다. 그리고 여인이 맡은 일을 수행하는 동안, 그녀를 향해 잔을 기울이는 사람은 누구든지 실제로 예수님으로 변화하는 것을 경험할 수 있습니다. 주의 가르침과 현실 사이에 일어나는 이 삼각관계는 특별한 감동을 불러일으키는, 오묘하게 겹쳐진 삼각형과 같습니다.[2]

지거 쾨더는 자비를 실천하는 방법들(마태복음 25:35-36)의 나머지를 주변에서 쉽게 경험할 수 있는 일상의 장면들로 묘사합니다. 한 수녀가 아픈 사람에게 약을 먹여 줍니다. 감옥에 갇힌 자를 감싸 안은 두 손은 죄수에게 힘과 믿음을 줍니다. 의류 기증을 요청하는 포스터가 눈에 띄게 배치되어 있습니다. 이것을 보면서 우리는 과도한 소유욕과 과잉 소비에 빠진 현대인의 모습을 반성하게 됩니다. 장애가 있는 외판원이 물건을 팔기 위해 문을 두드릴 때, 파란 옷의 부인은 그의 요청을 매몰차게 거절하지 않습니다. 무덤 위에는 사랑의 추억을 간직한 기억의 표지가 서 있습니다.

이 그림에 담긴 장면을 넘어 상상하기란 우리에게 그리 어려운 일이 아닙니다. 오늘날에도 또 다른 형태의 실존적 어려움과 곤경이 우리 주변에서 일어나고 있기 때문입니다. 자유를 위한 배고픔과 목마름, 외로움과 죄책감, 잊혀짐과 슬픔 같은 존재의 비애가 우리를 둘러싸고 있습니다. 그리고 우리는 그 중심에 있습니다.

---

2 주전자를 든 여인과 그녀를 향해 잔을 기울인 사람, 그림에서는 드러나지 않는 예수님, 이 세 사람의 관계가 마치 삼각형을 이루는 듯 보인다.

예수께서 인간의 몸으로 오신 이후, 그의 존재는 고통 속에서 더욱 분명해졌습니다. 밝게 빛나는 아침 햇살이 사람들에게 창조의 충만함을 나타내듯이, 모든 고통 속에서 주님이 우리와 연대하신다는 사실이 우리를 압도할 수 있기를 소원해 봅니다.

우리는 이웃을 돌아보는 일에 무심합니다. 그에 따른 보상이 약속되어 있지 않기 때문입니다. 이웃에 대한 애정 어린 관심 속에서 예수님과의 만남의 행위가 실현됩니다. 우리 자신의 고통을 넘어서 타인과 마주할 때, '그분'은 더욱 우리 가까이에 계십니다.

—마르타 존탁

51

"너희가 그들에게 먹을 것을 주어라."

_마태복음 14:16

이 작품은 오병이어의 기적(마태복음 14:15-21)을 그린 만화풍의 일러스트입니다. 빵을 쪼개어 다른 이들과 나누니 굶주린 사람들의 빈손에 빵이 전해집니다. 그런데 여기에 '숨은 그림'이 있습니다. 나는 어디에 있을까요? 나는 어디서 하나님을 찾을 수 있을까요?

내 삶에 정말로 필요한 빵과 옷, 돈, 건강, 안전, 사랑이 부족해서 나도 저 사람들처럼 손을 내밀고 있는 것일까요? 만약 이 그림이 그려진 종이를 집어 든다면, 내 손은 그림 아래쪽 바깥의 두 손에 포개질 것입니다. 혹시 지금의 나는 나누어 주는 쪽 사람들 편에 속해 있을까요?

받고 전달하는 과정에 얽혀 있는 두 유형의 인간이 있습니다. 먼저, "주는 것이 받는 것보다 더 복이 있다"(사도행전 20:35)라는 말씀을 기쁨으로 경험하는 사람들입니다. 반면에 자신의 손과 주변 사람들의 기대 사이에서 갈기갈기 찢긴 채 갈등하는 사람들이 있습니다. 이 사람들은 비참한 처지의 이웃들을 보고도, 이들에게조차 무언가를 얻어 내기 위해 자기의 빈손을 내밀 뿐입니다. 누군가는 바쁘게 움직이는 무리의 한가운데에 서 있음에도 무관심하게 등을 돌립니다. 소외된 그 사람의 주위로 캄캄한 어둠만이 있을 뿐입니다.

이 그림 어디에서 나를 찾을 수 있을까요? 나는 무엇을 건네 줄 수 있을까요? 일상에 꼭 필요한 생필품인 빵일까요? 그러나 사람은 "빵으로만 살 것이 아니라, 하나님의 입에서 나오는 모든 말씀으로"

삽니다(마태복음 4:4). 그래서 편지를 전하고 있는 것입니다. 그것은 다른 이에게 다가갈 수 있게 하며, 그를 진심으로 대하고 격려하며 길을 안내해 주는 "살아 있는 하나님의 말씀"입니다. 여기에 관심과 애정과 사랑의 상징인 장미가 빠질 수 없습니다.

그렇다면 이제 이 그림의 어디에서 하나님을 찾을 수 있을까요? 삶의 한복판 어딘가에 계실까요? 지거 쾨더의 작품 대부분이 그러하듯 그림 안에서 하나님은 직접적으로 보이지 않습니다! 이것은 그림에서뿐만 아니라 교회에서도 마찬가지입니다. 하나님은 모든 일의 배경이자 출발점이 됩니다. 사람들은 주로 자신이 가지고 있는 것을 나눕니다. 비록 빵 다섯 개와 물고기 두 마리(마태복음 14:17)처럼 아주 적은 것이라 할지라도, 이러한 내어 드림이 없을 때 예수님은 기적을 행하지 않으셨습니다. 하지만 오병이어의 기적이 그들의 모든 수고와 노력의 결과인 것은 아닙니다. 그들이 자신의 모든 것을 사랑으로 내어 드리고 믿음으로 맡길 때, 비로소 하나님은 부족한 것을 채워 주십니다.

하나님은 어디에 계십니까? 우리에게 은혜를 베풀어 주시는 하나님은 그분의 선물 안에 현존하십니다. 그분 스스로 생명의 '빵'이시며, 무한하고 영원한 생명을 위한 유일한 양식이십니다(참조. 요한복음 6:35, 48-51). 우리는 주님의 '말씀' 안에서 하나님을 만나게 됩니다. 예수님은 생명 있는 말씀이십니다. "그 안에 생명이 있었으니 이 생명은 사람들의 빛이라"(요한복음 1:4, 개역개정). 우리는 그분을 '사랑' 안에서 경험할 수 있습니다. 장미는 그 사랑의 표지입니다. 사랑하는 사람은 하나님을 알 수 있습니다. 하나님은 사랑이시기 때문입니다(요한일서 4:7-8). 도움을 구하는 손길을 내밀며 다가오는 고통받는 사람들 속에서 주님이 우리를 만나십니다.

예수님은 부활의 주님으로 우리에게 찾아오십니다. 우리는 지거 쾨더의 부활절 그림들에서 장미로 뒤덮인 무덤을 볼 수 있습니다. 여인들이 우리에게 '부활의 장미'를 내밀며 이렇게 전합니다. "그분은 정말로 부활하셨습니다!"

—베른하르트 엘러

52

"내 마음이 괴로워 죽을 지경이다."

_마태복음 26:38

유월절을 며칠 앞둔 어느 날 밤이었습니다. 감람나무(올리브 나무) 가지 사이로 보름달이 비치던 그곳은 제자들에게는 아주 친숙한 장소입니다. 예루살렘 맞은편 기드론 골짜기를 따라 감람나무들이 심겨 있었습니다. 그들은 예수님이 홀로 기도하기 원하신다는 것을 알았습니다. 주님은 베드로와 요한과 야고보만 데리고 가셨습니다. 그들에게 무엇을 기대하셨을까요? 가장 깊은 두려움과 고통의 순간에 그들이 곁에 있기를 원하셨을 것입니다. 하지만 세 사람은 잠들어 있습니다. 야고보는 외투를 덮은 채 웅크리고 있고, 베드로는 코를 골고, 요한은 고개를 떨군 채 잠들어 있습니다. 그나마 요한이 스승의 곤고함을 가장 깊이 공감하였을지도 모릅니다.

마태, 마가, 누가 모두 이 사건을 기록함으로써 극적인 고조를 연출합니다. 예수님이 함께 기도하고 있는 형제들을 찾으십니다. "시몬아, 자고 있느냐? 한 시간도 깨어 있을 수 없느냐?"(마가복음 14:37). 이들은 훗날 이 순간을 반추하며 부끄러움을 금치 못했을 것입니다. 죽음을 앞두고 큰 두려움 가운데 있던 예수님은 그들의 말, 그들의 존재, 그들의 포옹, 그들의 위로가 필요했습니다. 하지만 이런 인간적인 기대들은 동상이몽이었습니다. 이 제자들은 고단함과 밀려오는 피로를 견디지 못합니다. 이들에게 일어난 이 일은 역사 가운데 반복되어 온 모습입니다. 이웃이 얼마나 비참하게 고통당하고 있는지 모른 채 자신의 안녕에만 신경 쓰며 무관심하게 잠을 잡

니다. 우리는 그들의 요청에 귀 기울이면서도 여전히 거리를 둡니다. 잠자고 있는 제자들은 거울에 비친 우리 모습입니다.

복음서는 주님이 제자들과 멀지 않은 곳에 계셨던 것으로 기록합니다. 어둠은 그분을 받아들이고, 이 끝없는 쓸쓸함 가운데서 그분을 보호해 줍니다. 주님은 깊은 슬픔과 간절한 몸짓으로 땅바닥에 누워 있습니다. 돌처럼 딱딱한 땅에 몸을 붙이고 계신 예수님은 하나님과 멀리 있음을 경험합니다. 무엇이 저 멀리 계신 하나님에게 닿을 수 있는 다리가 되어 줄까요? 고개 숙인 머리 위로 두 손을 모아 드리는 기도는 어둠 속에 계신, 멀리 계신 하나님을 향한 좁은 길이자 옅은 발자국과 같습니다.

그날 밤 예수님이 기도하셨던 내용을 누가 알 수 있었습니까? 복음서 저자들이 주님의 기도를 기록할 수 있었던 것은 자신에게 무슨 일이 일어날지 알고 계셨던 예수님의 괴로운 마음에 공감했기 때문입니다. 그 앞에는 십자가 처형이라는 무시무시한 사건과 함께, 그의 사명의 끝, 굴욕의 수치, 친구들과 형제들, 무엇보다 그를 사랑했던 모든 사람의 당혹감이 놓여 있었습니다. 이제 그분이 아버지께 말을 건넨다면, 그분은 자신의 소명을 알게 될 것입니다. 요단에서 시작된 일이 여기에서 심각한 위기를 맞았습니다. 선지자의 말처럼 예수님은 정말 하나님의 종으로서 그 길을 가야만 할까요? 지금 이 순간, 하나님의 구원계획에 순종하기란 예수님께 정말 힘들고 막막한 일입니다. 하지만 그분이 이렇게 기도할 때, 그 말씀은 세상의 모든 감옥, 병상, 죽은 자들의 관, 전사자들의 무덤, 이 모든 고독한 존재들 가운데 빛처럼 서 있게 됩니다.

"아빠, 아버지! 아버지께서는 모든 일을 하실 수 있으시니, 내게서 이 잔을 거두어 주십시오. 그러나 내 뜻대로 하지 마시고, 아버지의 뜻대로 하여 주십시오"(마가복음 14:36).

—마르타 존탁

53

"나는 그 사람을 알지 못하오."

_마태복음 26:72

대제사장의 궁전 뜰에 있던 사람들을 묘사한 그림입니다. 그중 한 명인 베드로는 쓰러지듯 몸을 뒤로 젖히고 있습니다. 잔뜩 풀이 죽은 채 쪼그려 앉은 베드로의 모습은 '바위'라는 이름과 정반대로 보입니다. 베드로를 향해 삿대질하는 여종들의 손가락은 그를 꿰뚫을 것만 같지만, 실제로는 만지기를 두려워합니다. 그들이 접촉하기 꺼리던 예수님이 베드로와 함께 했었기 때문입니다. 그러나 지금 베드로는 주님과 함께 있었다는 사실을 부인합니다. 그의 마음속에서 동요가 일어납니다. 다른 한 사람, 똑바로 서 계신 예수님은 그 어떤 것에도 놀라지 않고, 누구 앞에서든 움츠러들지 않습니다. 심지어 자신을 벽처럼 에워싼 갑옷 입은 군병들 앞에서조차 물러서지 않습니다.

수년간 지속해 온 관계가 위기에 처합니다. 베드로는 인간 장벽 뒤에 숨어 애써 외면합니다. 두려움으로 가득 찬 시선! 이제 그는 결정을 내려야 합니다. 몹시 위급한 상황입니다. 예수님은 다시 눈을 마주치며 떠나고 싶은지 물으십니다. 베드로는 "주님, 우리가 누구에게로 가겠습니까? 선생님께는 영생의 말씀이 있습니다"(요한복음 6:68)라고 이제 선뜻 대답하지 못합니다. "주님과 함께 죽는 한이 있을지라도, 절대로 주님을 모른다고 하지 않겠습니다"(마태복음 26:35)라고 호언장담했던 일은 잊은 것 같습니다.

베드로는 대제사장의 궁전 뜰에 들어가 먼발치에서 재판을 지켜보면서 모든 일이 어떻게 끝나는지 관찰하려고 했습니다. 하지만 여종들의 손가락질로 인해 모든 간격이 사라집니다. 그는 갑자기 사건의 중심에 서게 됩니다. "당신도 저 갈릴리 사람 예수와 함께 다닌 사람이네요"(마태복음 26:69). 그가 몰래 도망치려 해도 사람들은 베드로를 갈릴리 예수의 추종자로 재차 알아봅니다. 부인하고, 저주하고, 맹세해 보지만 문제를 더욱 악화시킬 뿐입니다. 불처럼 타오르는 붉은 수탉은 하늘을 향해 그의 배신을 소리 높여 폭로합니다. 닭의 울음은 예언을 떠올리게 합니다. "오늘 밤에 닭이 울기 전에, 네가 세 번 나를 모른다고 할 것이다"(마태복음 26:34).

지거 쾨더는 베드로를, 몸을 숨기고 있는 모습으로 그렸습니다. 그는 두려움에 외투로 몸을 감쌉니다. 캄캄한 밤하늘에서 느껴지는 싸늘함과 한기, 불타오르는 숯불로도 쫓아낼 수 없는 추위가 찾아듭니다. 베드로와 예수님 사이를 채우는 어떤 틈이 존재합니다. 모닥불 위에 날리는 불티들이 거기 있습니다. 희망의 불꽃처럼 보입니다. 예수님이 베드로를 바라보는 표정에는 그 모든 약점과 실패에도 불구하고 형제들을 굳세게 하라고 명하신 뜻과 계획하심이 묻어 있는 듯합니다.

지거 쾨더의 작품에서 흔히 볼 수 있는 것처럼 그림과 복음서의 사건 사이에는 많은 연관성이 있습니다. 시험에 굴복하여 낙심한 베드로가 쪼그려 앉아 있습니다. 그는 예수님을 모른다고, 그의 언어로 주님을 배신했습니다. 하지만 모든 절망과 낙담에도 불구하고, 베드로에게는 말씀의 위대함과 능력, 솔직함과 용기가 있었습니다. 성령을 받은 후 그는 더 이상 어떤 두려움에도 움츠러들지 않고 담대하게 일어나 증언합니다. 베드로는 군중 앞에서 다음과 같이 말했습니다.

"기적과 놀라운 일과 표징으로 하나님의 인정을 받으신 나사렛 예수님이 십자가에 달려 죽임당하셨습니다. 그러나 하나님은 죽음의 고통으로부터 그를 자유하게 하셨고 다시 살리셨습니다”(참고. 사도행전 2:22-24).

—클라우스 고우더스

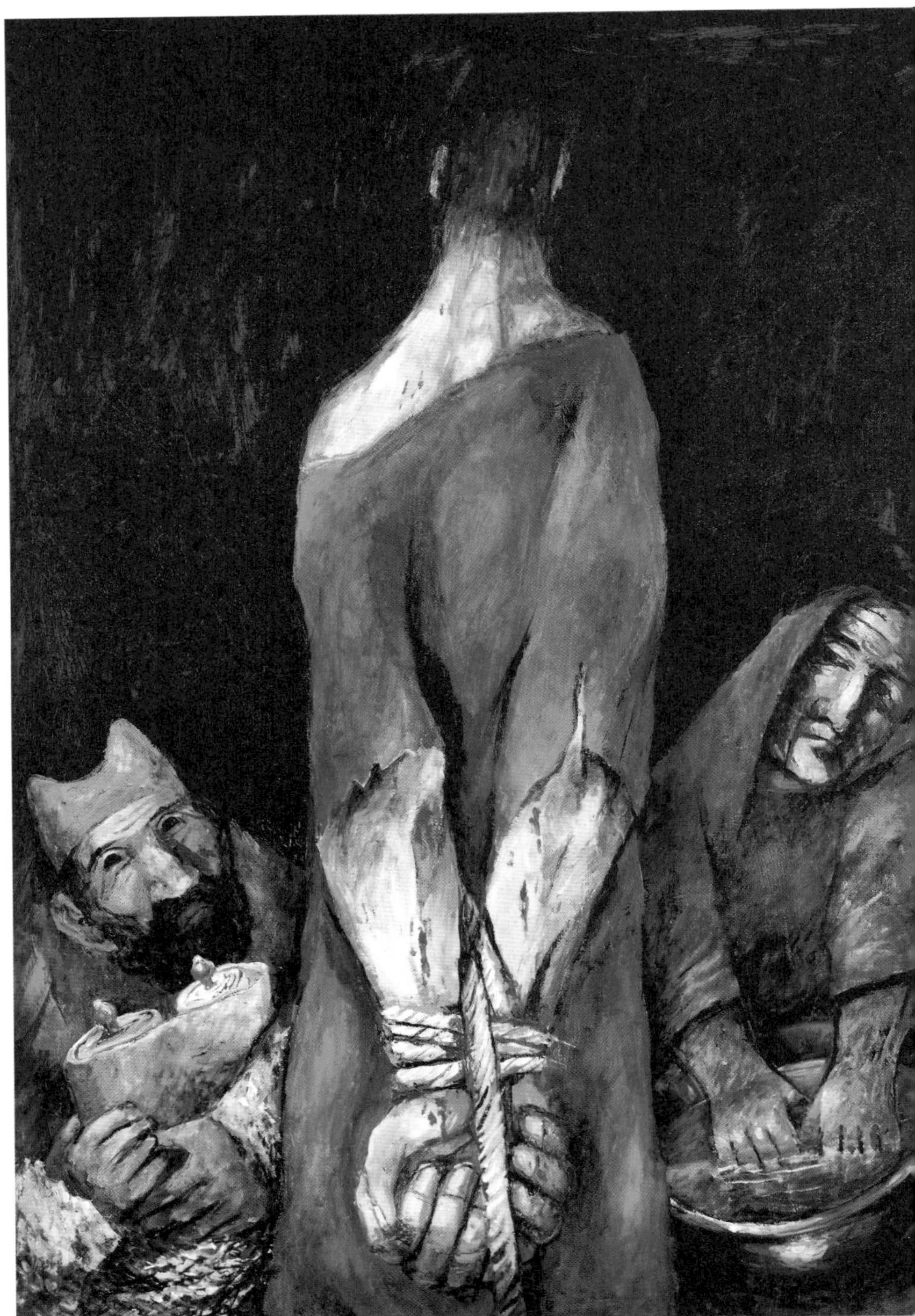

54

"이 사람의 피에 대하여 나는 무죄하니"

_마태복음 27:24, 개역개정

"에케 호모—이 사람을 보라!" 이 일이 일어나야만 했습니다. 사람의 아들이신 예수님은 신성모독과 정치적 소동을 일으킨 주동자로 체포되어 결박되었습니다. 그분은 종교와 정치 권력의 맷돌 사이에서 짓이겨진 한 알의 밀입니다. 세상 논리에 휘둘리지 않고 하나님의 이름으로 기존 사회체제에 의문을 제기하는 사람은, 그로 인해 일어나게 될 반응에 놀라지 말아야 합니다. 예수님은 놀라지도 흔들리지도 않으셨습니다. 그분은 이런 일이 발생할 것을 오래전부터 아셨기에 "눈먼 자들"의 눈을 뜨게 하시고, "저는 자들"을 자기 발로 걷게 하시고, "나병 환자들"을 일으켜 주시고, "귀신 들린 자들"을 해방시켜, 그들이 공동체에서 새로운 삶을 살아가게 하는 사명에 충실하셨습니다. 이러한 사역은 우리 인간에 대한 하나님의 사랑과 관심을 나타내기 위함이었습니다.

이제 주님은 그분의 영향력 때문에 위협을 느끼던 권력자들의 대표라 할 사람, 가야바와 빌라도 앞에 서 계십니다. 세 인물의 손이 지금의 상황을 전해 줍니다. 가야바는 하나님의 율법인 토라 두루마리에 집착하며, 모세보다 자신이 위에 있다고 선동하는 예수로부터 율법을 보호하고 싶어 합니다. 가야바는 입술을 굳게 다문 채 의심스러운 표정으로, 사람이 율법을 위해 있는 것이 아니라 율법이 사람을 위해 있다고 주장하는 예수를 바라봅니다. 가야바가 입은 로세툼 양식의 전례복은 동서방 교회의 과거를 보여 줍니다. 교회

사에서 직분자들은 '신성한 전통'과 '불변하는 가르침'에 내성이 생겨 무감각한 때가 종종 있었습니다. 이런 종교적 경직성은 예수의 정신 안에 있는 기성 종교와 전통적 신앙에 대한 비판적 태도를 가로막았습니다. 사형 선고를 받은 예수님을 빤히 지켜보는 사람은 가야바일까요, 아니면 도스토옙스키의 소설 속 대심문관일까요?

반대편에는, 세상의 권력자인 빌라도가 이해할 수 없는 심오한 종교적 갈등에 휘말려 있음을 보여 줍니다. 로마 제국의 권력을 상징하는 보라색 가운을 덮어쓴 채, "진리란 무엇인가"라는 회의적인 질문의 가면 뒤에 숨어서 자신의 "죄 없음"(결백)을 주장하며 손을 씻습니다. 진실은 빌라도가 영적 지도자와 세속적 권력이 결합해 낸 살인 음모의 공범이라는 것입니다. 사랑과 자유의 몸을 입고 사람이 되심으로 종교와 정치라는 두 통치 체계의 근간을 흔들려 한 그리스도를 제거하기 위해, 권력을 손에 쥔 자들이 협력했던 것입니다. 대야의 물이 피처럼 붉게 물든 것이 그 증거겠지요.

예수님이 재판관들 앞에 꼿꼿이 서 계십니다. 예수님의 형상은 두 사람을 압도할 만큼 우뚝 솟아 있습니다. 주님이 걸친 붉은색 긴 겉옷은 예수님을 성육신하신 사랑으로 표현하는 동시에 빌라도 앞에서 자신을 드러내신 주권자의 위엄을 상징합니다. "그렇습니다. 나는 왕입니다!" 수많은 사람을 치유하신 전능한 손을 묶고 있는 십자가 모양의 포승줄은 그분이 이 모든 일을 받아들였음을 보여 줍니다. 연약해 보이는 예수님의 이 모습은 오히려 막강한 권세라는 껍데기에 묶인 이 세상의 왕이 아님을 암시하고 있습니다. 주님은 그분의 사랑에 위협을 느끼는 세상의 어둠과 임박한 죽음의 밤으로부터 도망가지 않고 앞을 바라봅니다. 세상의 빛이신 '그분'이 아니라면, 누가 이 어둠을 깨뜨릴 수 있겠습니까?

—하인츠-페터 얀센

55

"그들은 … 강제로 예수의 십자가를 지고 가게 하였다." _마태복음 27:32

두 얼굴, 두 몸, 네 개의 손, 무거운 들보 하나. 그들은 짐을 지고 나르는 데 익숙한 듯 무거운 십자가의 들보를 목에 걸고 있습니다. 이 둘은 어떻게 버틸 수 있었을까요? 그것은 십자가를 함께 짊어지고 둘러싼 팔, 다른 이를 감싸고 있는 팔에 힘입은 것이겠지요. 이 그림을 감상하는 사람들은 직접 만져 보고 싶은 유혹을 느낍니다.

복음서는 이 그림 속 한 남자를 구레네 출신 시몬이라고 일컫습니다. 그리고 마가복음에서는 그의 두 아들의 이름을 언급합니다. 그래서 우리는 시몬을 곧장 고향에 돌아가 밭일을 해야 하는 농사꾼으로 알고 있습니다. 그는 형장으로 향하던 행렬과 우연히 마주치게 됩니다. 왜 그는 병사들에게 불려갔을까요? 시몬의 표정에서 저 십자가를 지고 있는 사람을 향한 동정심이 크게 느껴져서였을까요? 시몬이 예수님과 이미 알던 사이였기 때문일까요? 아마도 수치와 고문을 당한 죄수가 지쳐 보였기 때문일 것입니다. 시몬은 십자가를 들어 나릅니다.

이 작품에서 지거 쾨더는 복음서의 기록에 자신의 해석을 덧붙입니다. 시몬이 예수님 앞에서 십자가를 지고 가는 것이 아니라 예수님과 '함께' 십자가를 지고 가는 모습으로 표현해 우리 안에 새로운 시각을 일깨웁니다.

두 얼굴은 어쩌면 이토록 닮아 있을까요? 얼굴의 윤곽, 눈, 코, 입은 물론 콧수염마저 닮아 쌍둥이처럼 비슷합니다. 단지 파란 옷

을 입은 남자에게서는 거친 노동자의 얼굴빛이 묻어나고, 붉은 옷을 걸친 사내의 창백한 안색에는 굴욕의 흔적이 남아 있습니다. 그들은 등 뒤로 팔을 둘러 서로의 몸을 감쌉니다. 두 사람이 함께하는 이 일 가운데 살아 있는 십자가가 서로를 붙잡아 주고 있습니다.

두 쌍의 눈이 우리를 주시합니다. 시몬은 눈으로 말합니다. "십자가가 내게 강제로 지워졌습니다. 하지만 나는 두렵지 않습니다. 십자가를 기꺼이 감당할 것입니다. 나는 여기 고통받는 내 형제와 함께 있을 것입니다. 우리는 짐을 나눠 지며 서로를 지지합니다."

예수님은 이렇게 말씀하십니다. "나는 깊은 고통의 수렁으로 나 자신을 내어 주었습니다. 사랑과 정의를 위한 싸움에서 저 사람들은 나를 비난합니다. 그러나 나는 끝까지 이 수난의 길을 갈 것입니다. 그리고 시몬, 자네는 나와 함께 길을 갑시다!"

저는 예수님이 고통받는 사람, 즉 "십자가를 지고 가는 사람"과 맺은 연대를 이보다 명확히 표현한 작품을 알지 못합니다. 열광적인 환호를 받았던 스승 예수는 학대로 벌거벗겨진 몸과 굴욕적인 모습으로 죽음에 가까이 다가갑니다. 왜? 이런 표지를 남기신 것일까요?

실패한 사람들의 비참함을 아시기에, 그분은 몸소 비극적인 사랑을 체현(體現)하셨습니다. 그렇게 하심으로써 예수님은 우리 인간과 가장 깊이 연대하십니다. 우리에게 지워진 십자가를 시몬처럼 받아들여 그 무게가 어깨를 짓누를 때, 이미 그런 전조를 받아들이고 십자가에 자신을 바친 사람이 있었습니다. 주님은 우리를 붙잡아 주시며 형제인 우리와 더불어 그 짐을 짊어지십니다. 주님께서 우리의 고난을 짊어지실 때 고난의 길은 더 높은 희망의 길로 이어집니다.

—마르타 존탁

56

"나의 하나님, 나의 하나님,
어찌하여 나를 버리셨습니까?" _마태복음 27:46

십자가 아래 있던 로마 백부장의 탄성("참으로, 이분은 하나님의 아들이셨다")은 십자가에 못 박힌 모든 사람에게, "좋은 소식"이라는 복음의 혁명적인 내용을 한마디로 정리해 줍니다. 예수님은 예루살렘과 로마의 종교적·정치적 권력 때문에 죽임을 당했지만, 생명의 하나님에 의해 죽은 자 가운데서 부활하신 "하나님의 아들"이십니다. 마음 깊은 곳에서 우러나온 백부장의 복음을 담은 이 고백은 로마 황제를 하나님의 아들이라 했던 그들의 정치적 선포에 대해 일갈합니다. 비참하게 십자가에 달리신 예수님만이 하나님의 아들이시며, 가장 가난하고 버림받은 이들의 삶에도 한없는 사랑을 베풀어 주시는 분임을 선포합니다. 그분은 모든 사람을 하나님의 아들과 딸로 만드셨습니다.

예수님과 율법 사이의 대립이 매우 급진적이어서 권력자들은 예수를 제거함으로써 그분의 대의를 끝내고자 했습니다. 하지만 예수님은 결코 물리적인 폭력을 사용하지 않으셨습니다. 그럼에도 그분의 메시지와 행동이 유대와 로마 사회의 종교적·정치적 근간을 흔들었던 것입니다.

복음서는 바로 이 역사적인 대결이 예수님을 죽음으로 몰아갔다고 증언합니다. 하나님은 이에 책임이 없으십니다. 오히려 하나님을 대신해서 행동한 것이라고 주장하는 사람들에게 책임이 있는 것입니다. 예수님의 죽음은 "수고하고 무거운 짐 진 자들"의 삶을 위해 자기 자신을 전적으로 희생하심으로써 보여 준 예상 가능한 결과였습니다. 예수께서 이 계획을 굳게 붙드셨기 때문에, 그는 갈등과 그것으로 인한 결과를 피할 수 없었습니다. 그리고 예수님에 의해 선포된 하나님 역시 죽음을 불사한 사랑 없이는 그에게 피할 길을 제공할 수 없었습니다. 예수님은 하나님의 영원한 사랑을 삶으로 증언하고 마침내 죽음의 고리를 끊기 위해 죽음을 받아들이십니다.

신약성서의 본문은 이 모든 일이 '성경 말씀을 이루기 위함'이거나 하나님께서 예수님을 보내셨다는 것에 대해 신학적으로 설명하고 해석해야 함을 강조하고 싶어 합니다. 하지만 예수님의 죽음을 "많은 이를 위한 속죄물" 또는 "선물과 희생"으로 해석하더라도, 인류를 화해시키기 위해 하나님께서 이런 대가를 요구하신다는 어떤 근거도 될 수 없습니다. 피에 굶주린 신의 끔찍한 이미지는 인간의 희생을 정당화하려는 사람들에 의해 만들어진 것입니다. 이러한 신의 모습은 "내가 바라는 것은 자비요, 희생제물이 아니다"(마태복음 9:13) 하시는 하나님과 아무 상관이 없습니다.

"그리스도는 율법의 끝마침"(로마서 10:4)이 되셨습니다. 그분의 죽으심으로 성소의 휘장이 찢어졌습니다. 하나님의 아들과 딸들을 배제하고, 독생자를 죽이는 제도의 중심에서는 하나님을 찾을 수 없습니다. 예수님의 죽음은 율법을 준수하기 위해 인간의 희생을 요구했던 모든 법(로마법, 시장경제 법칙, 하나님의 법인 시내 산 율법)을 무너뜨립니다. 왜냐하면, 안식일이 사람을 위하여 있는 것이지, 사람이 안식일을 위하여 있는 것이 아니기 때문입니다(마가복음 2:27).

십자가에 못 박히신 사건은 율법을 추종하는 자들에게는 불쾌한 걸림돌이요 세상 사람들에게는 어리석음으로 남게 됩니다.

—노르베르트 아른츠

57

“이레의 첫날 동틀 무렵에”

_마태복음 28:1

첫날 아침, 동터 오는 시간. 고통으로 가득 찬 길 위에 두 여인이 있습니다. 얼마나 마음 깊이 공감하고 있는지! 얼굴을 마주하고 서 있는 두 사람은 말없이 서로를 이해하고 위로합니다. 예수님의 어머니 마리아와 또 다른 마리아가 무덤을 보기 위해 가는 길입니다. 향유가 담긴 작은 병을 조심스럽게 들고 있습니다. 애지중지했던 기름뿐만 아니라 자신들이 소중하게 간직하고 있던 사랑과 슬픔과 고통 또한 옷으로 감싸 안고 있습니다. 마치 귀중한 기억을 마음속에 간직하려는 듯 말입니다. 여인들은 예수님께 마지막 예의를 표하기 위해 가는 길입니다. 예수님의 어머니와 함께한 이는 막달라 마리아입니다. 그들은 예수님과 작별인사를 나누며 시신에 향유를 바르고 무덤을 영원히 봉인하고자 했습니다. 두 여인의 여정이 도대체 어떠했기에 이런 놀라운 결말을 가져왔을까요?

여인들은 ‘예수님이 더 이상 여기 계시지 않다’라는 소식을 가장 먼저 알게 됩니다. 예수님은 부활하셨습니다! 기쁨과 슬픔, 인생의 고비를 가로질러, 고통으로 가득 찬 길을 마지막까지 함께하며 예수님의 곁을 지킨 여인들은 새 생명의 전령이 되었습니다. 여인들이 비통함으로 걷던 길이 사람들에게는 기쁨의 길이 되었습니다.

오늘날까지도 수많은 여성들이 고통스러운 길을 걷고 있습니다. 그들은 전쟁 중에 전사한 아들을 위해 울부짖는 여인들이며, 아이들을 먹여 살리기 위해 생필품을 구걸하는 어머니들입니다. 또한

베오그라드 의회에서 내전 종식을 촉구하며 눈물 흘리는 크로아티아와 세르비아의 여성들입니다. 지구 파괴로 고통당하며 생명에 대한 사랑으로 창조세계를 보존하고자 하는 여인들입니다. 이들은 죽음을 가져오는 것이 무엇인지 인식하고 함께 슬퍼하며 애도한다는 공통점이 있습니다. 바로 여기에서 희망과 새로운 삶을 찾을 수 있습니다.

무덤으로 가는 여인들은 우리에게 고통과 슬픔을 회피하지 않도록 용기를 줍니다. 그녀들이 두른 예복은 붉은색과 파란색으로 칠해져 있습니다. 파랑은 영혼과 하늘을 표현하는 색깔이며, 빨강은 사랑의 색입니다. 마치 사랑이 그들을 감싸고 하나님의 영이 그들을 보호하는 듯합니다. 또한 사랑으로 충만하고 성령에 사로잡혀 있는 것처럼 보입니다. 여인들은 고난의 길을 가기 위해 사랑과 성령으로 축복받은 사람들입니다. 어느덧 동쪽에서 아침 해가 떠오르고, 밤은 낮으로 변모합니다. 부활의 기쁜 소식은 죽음의 밤 너머에 이미 빛을 비춥니다. 우리 또한 슬픔의 길 위에서 이것을 느낄 수 있지 않을까요?

–수잔네 헤르조크

58

"너희는 주님의 길을 예비하고,
그의 길을 곧게 하여라!" _마가복음 1:3

세례자 요한. 그는 광야에서 온 사람입니다. 얼마나 오랫동안 광야[1]에서 살았는지는 알 수 없습니다. 어느 날, 그는 광야에 인접해 있던 요단 강에서 회개를 선포하는 설교자로 부름받습니다. 그는 제사장 사가랴의 아들로 태어났기에, 아버지의 직무를 이어받아 성직자 사회의 위계질서 안에서 안정된 지위를 차지할 수 있었습니다. 하지만 요한은 자신의 경력을 염두에 두지 않았습니다. 그는 하나님을 생각했고, 사람들을 마음에 품었습니다. 그는 광야에 머물며 자신에게 주어진 사명, 바로 사람들이 하나님과 친밀한 관계를 맺는 꿈을 꾸었던 것입니다. 그 꿈을 이루기 위해 그는 요단 강으로 향합니다. 요단에 머무는 동안 자신의 소임을 다합니다. 회당 안에서, 전례복을 입고, 정해진 의식에 따라 찬송하고 기도문을 낭독하고 토라와 예언서를 읽으며, 전통적인 방식으로 계명을 해석하는 사람들 사이에서 그처럼 행동했다면 말문이 막혔을 것입니다. 회당에서의 예배에 익숙해진 사람들은 전통을 벗어나는 가르침을 용납하지 않습니다.

요한은 분노하시는 하나님, 심판과 징벌을 내리시는 하나님에 대해 설교합니다. "도끼를 이미 나무 뿌리에 갖다 놓았다"(마태복음 3:10; 누가복음 3:9)라고 선포하는 요한에게 하나님의 징계는, 훗날 어느 때가 아니라 벌써, 지금 일어난 사건입니다. 이것을 들은 사람은

1 요한이 광야의 쿰란 공동체에서 살았을 것이라고 주장하는 신학자들도 있다.

눈을 떠서 자신을 돌아보아 삶을 바꾸고 회개해야 합니다. 그 자신이 하나님이 오실 수 있는 "길"의 일부가 되도록 말입니다. 요한은 요단 강에서 죄 사함의 세례를 베풀면서 확실한 결단을 요구했습니다. 사람들이 행하는 선한 행실이 헛되지 않다고 믿었기에, 요한은 세례받은 사람들을 일상으로 돌아가도록 했습니다. 그는 회심이 예배를 포함한 모든 사람의 삶을 내면에서부터 변화시킬 수 있고, 또한 반드시 바뀌게 할 수 있다는 사실에 기대를 걸었지요.

많은 이들이 요단 강에 와서, 이 설교자가 누구인지를 묻습니다. 요한은 답하기를 거부하지 않았습니다. 호기심과 의구심을 담아 "당신은 누구입니까"라고 질문하며 답을 듣고 싶어 하는 사람들에게 요한은 "그는 내 뒤에 오시는 분이지만, [나는] 그분의 신발 끈을 풀 만한 자격도 없다"(요한복음 1:27)고 말합니다. 아브라함의 자손으로 구원이 보장되어 있어서 회개가 필요 없다고 생각하는 사람들에게 요한은, "하나님께서는 이 돌들로도 아브라함의 자손을 만드실 수 있다"(마태복음 3:9)고 상기시켜 줍니다. 그리고 "우리가 무엇을 할 것인가?"라고 단순하고 직설적으로 묻는 사람들에게 요한은 그동안 지켜 온 '경건의 행위'를 언급하지 않습니다. 오히려 각 개인이 세상 속 자신의 자리에서 누구도 찾지 않는 이웃들에 대한 책임을 다할 것을 가르칩니다.

첫 번째 언약(구약)의 마지막 선지자를 우리는 보고 있습니다. 그는 물에 잠긴 채 서 있습니다. 그의 눈과 우리의 눈이 마주칩니다. 그의 오른손은 고단한 삶의 짐을 짊어진 한 사람의 머리를 끌어안고 있습니다. 높이 들어 올린 그의 왼팔은 '위'를 가리키고 있습니다. 빛이 '위'로부터 '아래'로 길을 내는 곳, 바로 거기에서 모든 살아 있는 자들, 여성과 남성, 노예와 자유인, 노인과 젊은이들이 하나님께서 우리를 어떻게 구원하시는지 경험하게 될 것입니다.

—엘레오노레 베크

59

"〔어찌하여〕 저 사람은 세리들과 죄인들과 어울려서 음식을 먹습니까?" _마가복음 2:16

"나는 의인을 부르러 온 것이 아니라, 죄인을 불러서 회개시키러 왔다"라는 누가복음 말씀은 1973년에 그린 이 작품의 기초가 됩니다. 아울러 그림이 그려진 장소와 시기를 참고한다면 창작 의도를 이해하는 데 도움이 될 것입니다. 로마에서 남쪽으로 30킬로미터 떨어진 곳, 팔레스트리나로 이어지는 고대 로마 도로인 프레네스티나 길가에 게르마니쿰[1] 소유의 저택인 산 파스토레(Villa San Pastore)가 자리하고 있습니다. 지거 쾨더는 이 건물 식당에 이 작품을 그려 넣었습니다. 학생들과 방문자들이 이곳에서 식사할 때마다, 이 작품이 전하는 메시지는 간과해서는 안 될 도전 과제가 됩니다.

누가 이 식탁에 둘러앉아 있을까요?

- 제3세계 출신의 아프리카인 동료가 있습니다. 자기 부족의 생존권을 위해 전쟁터에서 싸우다가 팔을 다쳐 붕대를 감고 있습니다.
- 신분이 높아 보이는 한 여인이 있습니다. 그녀는 로마 귀족의 일원으로서 자신의 지위와 전통을 중시하는 여성이었을 것입니다.

---

1 게르마니쿰(Germanicum)은 로마에서 공부하는 독일어권 출신 신학생들의 공동체이다.

죄인들과 함께 하는 식사

– 연구자처럼 보이는 젊은 지식인이 있습니다. 그는 익숙한 것에 의문을 제기함으로써 논란의 대상이자 골칫거리가 되었을 것입니다.

– 중앙에는 어릿광대가 있습니다. 그는 풍자와 해학으로 팍팍한 현실을 견딜 수 있게 해줍니다. 웃음과 눈물 사이에 있는 우리 실존의 거울과도 같습니다.

– 눈먼 노파가 있습니다. 그녀는 사람들의 왕래가 빈번한 성전에서 구걸하다가 쫓겨나, 집주인을 바라보지도 못하고 고개를 푹 숙이고 있습니다.

– 한 매춘부가 있습니다. 그녀는 압비아 가도[2]와 산 파스토레로 향하는 길목에 늘어선 수많은 창녀 가운데 한 명입니다.

– 기도숄을 두른 유대교 랍비가 있습니다. 그는 메시아를 기다리며, 집주인이 여기서 말하는 바를 신중히 생각합니다.

현실에서는 한 식탁에 둘러앉아 식사할 일이 거의 없을 듯한 이 모임은 무척 기묘해 보입니다. 그러나 각각의 인물은 우리의 일부를 보여 줍니다. 각 사람의 두려움과 필요, 그들의 고통과 열정 중 어느 쪽에 더 많이 공감하느냐는 우리에게 달려 있습니다.

여덟 번째 자리, 그것은 집주인을 위한 자리입니다. 그가 손을 내밀자 그의 빛이 손님들의 얼굴에 비칩니다. 이 그림의 여덟 번째 자리에 우리를 놓는다면 어떨까요? 그럴 때 우리는 소외되고 불편한 사람들을 맞이하는 집주인이 되어야 합니다. 그들에게 우리의 애정과 사랑의 빵을 주고, 이해와 관심의 포도주를 나눈다면, 그들과 한 상에 둘러앉게 될 것입니다. 우리는 상하 관계의 질서만을 중시하는 봉건적 집주인이 아닙니다. 의례적인 예식을 집례하는 제사

2 사도 바울이 로마로 압송될 때에 지나간 길이다.

장도 아닙니다. 본심을 감추고 교묘하게 권력을 행사하는 역할극 배우 또한 아닙니다. 우리는 그들의 운명에, 저들의 절망에, 이들의 자포자기에, 화해와 보호에 관한 그들의 요구에 참여해야 합니다. 그 일은 예수님이 누가복음에서 말씀하신 것처럼 우리의 회개가 있어야만 가능합니다.

식탁 뒤의 벽 그림은 '잃어버린 아들'의 비유(탕자 이야기)를 떠올리게 합니다. 이 작품은 사랑의 아버지께서 우리를 부르시는 모습이 아닐까요?

—마르타 존탁

60

“아직도 믿음이 없느냐?”

_마가복음 4:40

역동성이 충만한 그림입니다. 이 장면의 드라마틱한 상황을 온전히 이해하려면, 시각적인 판단과 해석 외에도 풍랑 이는 바다 위의 굉음을 들어야만 합니다. 이 소리는 이 장면의 극적인 성격을 생생히 보여 줍니다. 우레와 같이 포효하는 폭풍우와 파도에 배가 부서지는 소리, 판자가 갈라지며 나는 파열음, 두려움으로 우왕좌왕하는 남자들의 외침과 비명이 들립니다.

그들은 해안에서 멀리 떨어진 곳으로 항해하고 있었습니다. 예수님을 괴롭히던 사람들로부터 멀리 떨어져 호수 반대편으로 가려 했던 것입니다. 이 여정은 복음서에 자주 등장합니다. 제자들은 이 지역에 익숙한 사람들이어서 게네사렛 호수에서 회오리바람이 얼마나 쉽게 일어나는지 알고 있었습니다. 그런데 왜 폭풍이 일 조짐을 눈치채지 못했던 걸까요? 그들은 이미 해안에서 너무 멀리 떨어져 구조를 기대할 수 없었습니다. 긴장이 최고조에 달한 순간, 돛이 접히고 돛대가 부러졌습니다. 배 안에 물이 차오르자 한 사람이 양동이로 물을 퍼냅니다. 노는 부서졌습니다. 배를 저을 도구가 사라져 버린 것입니다.

그렇다면 예수님은? 정말 저기 뱃머리 끝에서 주무시고 계신 건가요? 주님은 이 상황에 전혀 관여하지 않으십니다. 예수님이 제자들을 시험하시는 걸까요? 예수님이 그들과 함께 침몰하려 한다는 것은 가당치 않은 말입니다! 한 제자가 두 손으로 그분을 붙잡고 흔들어 깨우며 소리칩니다. "일어나서 뭐라도 좀 해주세요!" 이에 예수님이 일어나서 바람에게 명하십니다. 곧바로 고요한 침묵이 이어집니다. 이렇게 해서 위험으로부터 해방되었지만 주님의 질책이 거친 파도처럼 울려 퍼집니다. "왜들 무서워하느냐? 아직도 믿음이 없느냐?"

마가, 마태, 누가가 이 구원의 이야기를 기록하고 있습니다. 정말 그런 일이 일어났던 걸까요? 성서가 단순히 역사를 나열한 책(Historienbuch)이 아님을 우리는 오래전부터 알고 있었습니다. 그러나 증인들은 이런 방식으로만 전승될 수밖에 없었던 무언가를 예수님과 함께 경험했던 것입니다. 제자들은 예수님을 따라다니며 육체적·정신적 질병을 치유하시는 주님의 능력을 자주 체험했습니다. 이번에는 자연이 사납게 작용해, 물살이 배를 덮치고 폭풍의 힘이 죽음에 대한 두려움을 일깨웠습니다. 거기에 주님의 말씀이 역사했습니다. 이에 제자들은 놀라움과 큰 두려움에 사로잡히게 됩니다. "이분이 누구이기에, 바람과 바다까지도 그에게 복종하는가?"

이것이 그들이 예수님을 경험한 방식이며 그분이야말로 온 우주의 권세보다 강하시다는 것을, 이 그림은 표현하고 있습니다. 제자들에게 예수님과의 만남은 믿음에 대한 도전이 되었습니다.

우리에게도 절망의 파도가 덮쳐 올 때가 많지 않습니까? 방향을 바꾸려고 돛을 돌려 봐도 별 소용이 없습니다. 방향키를 돌리려는 우리의 시도는 번번이 실패합니다. 주님께 소리를 쳐보지만 아무런 대답도 듣지 못합니다. 그림은 우리를 여기 잠시 멈추어 서게 합니다. 지거 쾨더는 주무시는 예수님과 함께 임박한 침몰의 극적인 순간을 그려 내고 있습니다. 우리가 자주 경험하는 바로 그 순간 말입니다.

이 침몰의 상황 속에서 주님이 우리를 부르십니다. "너희의 믿음이 어디에 있느냐?" 우리 삶을 위협하는 것에 대하여 가르치시는 스승 예수의 방식이 여기서 드러납니다. 주님은 우리의 믿음을 요청하고 계십니다. 믿음은 주님과 만날 수 있는 바탕이 되며, 수많은 위협 속에서 변화를 이루어 낼 희망의 근거입니다. 이제 우리 안에 있는 이 믿음을 흔들어 깨워야만 하지 않을까요? 그렇다면 이 그림도 우리의 믿음을 일깨우는 구원의 이야기가 될 수 있을 것입니다.

—마르타 존탁

61

"그들이 보는 앞에서, 그의 모습이 변하였다."

_마가복음 9:2

성서에는 말로 표현할 수 없는 장면들이 계속해서 등장합니다. 빛의 형상, 하나님의 임재의 상징인 구름, 그 안에서 들려오는 음성 등은 우리를 향해 말씀하시는 하나님의 표징입니다. 이에 대한 마태, 마가, 누가의 메시지는 일치합니다. 핵심은 부활신앙으로, 스승 예수가 실제로 선지자들과 율법의 전통에 서 있으며 하나님의 음성이 그를 '기다려 온 메시아'로 확신케 한다는 것입니다.

이 그림의 열쇠는 예수님이 다가오셔서 그들을 안으며 "일어나라. 그리고 두려워하지 마라!"라고 말씀하신 마지막 부분에 있습니다. 주님의 말씀은 제자들을 현실로 돌아오게 합니다. 예수님은 영적 체험의 감격과 환상으로부터 본래 삶의 자리로 돌아오도록 하십니다. 예수님은 그분과 가장 가까운 세 사람을 데리고 산을 오르셨습니다. 그들은 바로 부활 사건 이후에 교회 공동체의 기둥이 된 베드로, 야고보, 요한입니다.

이 그림은 두 부분으로 나뉘어 있습니다. '지금-여기'의 단계와 환상의 단계입니다. 화가는 아래쪽 어두운 부분을 동행한 제자들에게, 위쪽 밝은 부분을 제자들의 상상력에 할당했습니다. 세 사람이 자고 있습니다. 지친 나그네가 잠든 모습은 아닙니다. 그들의 감긴 눈이 무언가를 바라보는 듯합니다. 눈꺼풀 위로 비추는 빛이 잠자고 있는 제자들의 마음을 사로잡고 있는 것처럼 보입니다.

그렇다면 이 부분이 표현하고자 하는 것은 무엇일까요? 그들의 동반자이신 예수님은 한없이 아름다운 빛으로 변모하십니다. 그리고 주님은 혼자 계시지 않습니다. 모세와 엘리야, 두 사람이 예수님과 함께 있습니다. 왜 두 사람일까요? 모세는 율법(이스라엘 민족에게 주어진 삶의 지침)을 상징하고, 엘리야는 비틀거리며 걷고 있는 백성들에게 회개할 것을 거듭 촉구했던 선지자들을 대표합니다. 그들 가운데 계신 예수님께, 마치 저 사람들이 뭔가 말씀드리기 원하는 듯합니다. "당신은 우리가 기다려 온 그 사람, 곧 우리 민족을 구원하러 오실 메시아이십니다!"

이 그림의 예수님은 전해져 내려오는 전통과 연결됩니다. 그분 안에서 약속이 성취됩니다. 구름과 음성이 그 성취를 증언하며, 일어난 사건이 참되다는 것을 증명합니다. 베드로는 이 상상력 안에서 능동적인 역할을 담당합니다. 이스라엘 민족은 모세와 엘리야가 다시 오기를 기대합니다. 베드로는 이 성서적·신앙적 전통을 알고 있었습니다. 그리고 이 두 인물과 함께 계신 예수님은 약속의 성취를 의미할 뿐입니다. 수 세기에 걸쳐 이스라엘 민족이 바라던 기대가 성취되는 순간, 베드로는 주목할 만한 가치가 있는 실제적인 제안을 합니다. "여기에서 지낸다면 얼마나 좋을까요! 예수님, 다시 돌아온 이 위대한 분들과 함께 당신이 여기 계시기를 원합니다. 거룩하고 형언할 수 없는 존재가 우리 인간들 곁에 함께 있고, 장막에서 보호받으며 거할 것입니다."

그들은 눈을 감은 채 이 장엄한 광경에 빠져듭니다. 그러나 상상은 끝이 납니다. 남자들의 충격은 여전합니다. 현실로 돌아올 수 있도록, 예수님이 그들의 몸에 손을 대고 직접 깨우셔야만 합니다. 깨어난 그들은 주님의 존재 앞에서 두려움이 사라집니다. 그들이 집으로 돌아갑니다. 예수님은 그들에게 이 체험에 대해 함구하라고 명령하십니다.

—마르타 존탁

62

"이 사람은 진실로 하나님의 아들이었다."

_마가복음 15:39, 개역개정

칠흑같이 어두운 밤입니다. 이곳이 어디인지 알 수 없습니다. 시간이 멈춘 것만 같습니다. 십자가에서 내려져 무덤에 장사되기까지 고통으로 가득 찬 순간이 묘사되어 있습니다. 적막한 침묵이 흐릅니다. 마리아는, 십자가 아래에서 고통스러운 순간을 보낸 기억과 이제는 그를 영원히 자신의 손에서 내려놔야 한다는 사실 사이에 끼어 있습니다. 절망과 슬픔에 굴복하지 않고 오히려 그에게로 더 가까이 나아갑니다. 그녀의 한 손은 예수님을 일으켜 버틸 수 있도록 지지해 줍니다. 마치 어렸을 때 아기 예수를 품에 꼭 끌어안았던 것처럼 말입니다. 그러나 그의 떨궈진 고개를 더는 들 수 없습니다. 피투성이가 된 무거운 몸이 마리아의 품에 기댄 채 있습니다. 감긴 그의 눈은 더 이상 그녀를 볼 수 없습니다. 그녀의 눈 또한 이미 그에게서 멀어져 있습니다. 마치 먼 산을 바라보는 듯 말이지요. 아마도 그것은 고통으로 가득 찬 영혼이 공허함에 눈 둘 곳 없어 바라보는 어머니의 지친 시선일 것입니다. 그녀의 오른손이 우물처럼 깊고 어두운 그의 오른손과 만납니다. 오묘하게 어우러진 손놀림이 주의를 환기시키고 상처로 시선을 모아들입니다. 마리아는 피로 얼룩진 시신을 부드럽고 섬세하게 어루만집니다.

그녀의 널찍하고 푸른 외투는 동굴과 같습니다. 고통을 끌어안은 채 찾은 피난처입니다. 이 동굴에서 그분은 죽은 몸을 감쌀 덮개와 안식의 장소를 발견합니다. 외투의 파란색은 물처럼 그를 에워

싸고 흘러내려 상처를 식혀 줍니다. 이 강렬한 색은 새로운 공간을 암시합니다. 곧 허물어진 경계와 안전함을 상징합니다. 에른스트 윙어에 따르면, 이는 가장 바깥쪽에 있는 색으로, 생명의 마지막 단계를 표현하는 색깔입니다.

십자가는 더 이상 그림 속 어디에도 자리하지 못하고, 두 개의 나무 기둥만 뒷배경에 보입니다. 붉은 얼룩은 예수님의 상처에서 흘러나온 핏자국일 것입니다. 죽은 나무줄기에서 자라는 작은 장미는 새 생명에 대한 희망을 일깨웁니다. 이 섬세한 색깔들은 밤의 어둠 속에서 자신을 드러내기 어렵습니다. 그러나 생명은 죽은 나무 막대기보다 강합니다. 장미가 꼿꼿하게 거기 서 있습니다.

두 해골의 검은 눈동자가 두 사람을 바라봅니다. 바위의 틈새에서 호기심 어린 눈빛으로 우리를 대놓고 바라봅니다. 고초당한 이 사람의 죽음으로 인해 마침내 죽음이 극복되었다는 것을 감지한 듯 말입니다. "한 사람으로 말미암아 죽음이 들어왔으니, 또한 한 사람으로 말미암아 죽은 사람의 부활도 옵니다. 아담 안에서 모든 사람이 죽는 것과 같이, 그리스도 안에서 모든 사람이 살아나게 될 것입니다"(고린도전서 15:21-22). 이 연관성은 두 개의 해골을 통해 나타납니다. 교부들의 전승에 따르면, 해골의 장소(골고다)가 아담이 묻힌 무덤이라고도 하기 때문입니다. 바위와 무덤이 열립니다. 그들의 조상 아담과 하와가 묻혀 있는 열린 무덤은 부활의 상징이 됩니다. 따라서 밤, 곧 죽음의 고통으로 음습한 이 어두운 장면에서 나오는 빛이 어둠보다 더 강렬하고 매혹적인 빛을 내는 것입니다.

십자가에서의 죽으심과 무덤에 묻히시기 전의 이별의 순간으로 인해 고통이 사라지진 않습니다. 하지만 그 순간은 새로운 무언가를 향해 열리게 됩니다.

—앙겔리카 다이커

63

"큰 돌을 굴려 무덤 입구를 막아 놓았다."

_마가복음 15:46, 공동번역

네 복음서 모두 이 사건을 기록하고 있습니다. 그러나 니고데모가 향료를 가져와 아리마대 사람 요셉을 도와서 장례를 치렀다는 내용은 오직 요한복음에만 적혀 있습니다. 안식일에 이러한 일을 행하는 것은 율법으로 금지하고 있었기에 안식일 전날의 사건임을 분명하게 기록합니다. 유대 전통에서는 이러한 사건의 경과를 자세히 설명하는 것을 중요하게 여겼기 때문입니다. 처형이 끝나면 누가 장례를 맡을지에 대해 확실히 해야만 했습니다. 명백한 사실은 깊은 충격에 당혹스러워하던 사람들 옆에 분명하게 행동할 수 있는 남자와 안식일 후 죽은 자를 어떻게 돌볼 수 있을지 생각했던 여인들이 있었다는 것입니다. 스승에 대한 신뢰, 고통 속에서도 분별을 잃지 않는 신중함, 죽은 스승을 공경하는 마음이 이 본문에서 분명하게 느껴집니다. 곧이어 일어날 일은 누구도 경험할 수 없는 것이었기에 더욱 엄격하고 정확하게 실현되었을 것입니다.

장례를 그려 낸 미술 작품 중에 무덤 내부를 바라보게 하는 대담한 시도를 한 그림은 제가 아는 한 없습니다. 우리는 어두운 바위 무덤 안으로 들어갑니다. 천으로 둘러싸인 예수님, 붕대를 적신 상처의 피는 몇 시간 전에 처형당한 사람이라는 표시입니다. 그런데 왜 이 시신은 빛 없는 어둠 속에서도 빛나고 있는 것일까요? 죽은 자의 머리 위로 유월절 비밀(파스카 신비)의 빛이 더욱 강렬하게 발하며, 부활의 경이로움을 조심스럽게 표식화해 보여 줍니다. 도서관에 빼곡하게 꽂혀 있는 나사렛 예수의 부활에 관한 신학 서적은 이 한 가지 상징 앞에서 무용지물이 됩니다. 빈 무덤을 둘러싼 모든 논쟁은 검증 가능한 현실과 무관한 변화의 빛 앞에서 우스꽝스럽게 보이지 않을까요? 물론 역사는 말로 표현할 수 없는 것을 전달하기 위해 거기에 필요한 언어를 만들어 왔습니다. 그리고 수 세기 동안 이러한 언어를 그림 속에 담아 내려는 예술가들의 노력에 우리 모두 영향받지 않았을까요? 또한 사도신경은 이미 우리에게 깊은 인상을 남겼습니다. "저승(죽음의 나라)에 내려가시어, 사흘 만에 죽은 자들 가운데서 부활하시고"라는 축약된 고백이 그것입니다.

남녀 제자들의 증언은 부활절 이후의 만남에 관해 이야기합니다. 나아가 아리마대 사람 요셉을 통한 장례와 안식일 다음 날 아침 사이에는 한 가지 비밀이 숨겨져 있습니다. 화가가 죽은 자의 빛나는 모습을 통해 이토록 조심스럽게 암시하는 비밀을 왜 우리는 있는 그대로 남겨 둘 수 없을까요?

굴려진 바위 위의 희미한 빛이 무덤 안으로 스며듭니다. 은은하게 밝아 오는 빛은 떠오르는 태양의 전조입니다. 이것은 날이 밝았음을 알려 주는 시간의 표시 그 이상입니다. 죽음은 더 이상 삶의 끝이 아닙니다. 믿는 자들에게 죽음은 새로운 날의 시작이요 출발입니다. 부활절 아침의 선포는 모든 무덤을 가로질러, 우리가 눕게 될 무덤 너머까지 가리킵니다.

—마르타 존탁

64

"그대의 태중의 아이도 복을 받았습니다."
_누가복음 1:42

우리는 이 한 작품 안에서 두 개의 그림을 봅니다. 그 둘은 각기 다른 색감을 사용해 영역을 구분 짓습니다. 아래쪽 절반에는 모든 생명을 낳는 흙빛 대지, 그리고 하나로 결합된 갈색 빛깔의 두 여인이 있습니다. 그중 한 사람의 얼굴에서 세월의 흔적이 묻어납니다. 그녀가 어린 여인 앞에 몸을 굽히고 조심스럽게 몸을 기울여 포옹함으로써 둘은 하나가 됩니다. 여인들 위로 파란 하늘 속에 두 남성이 서로를 마주 보고 있습니다. 두 명의 어머니와 그들의 아들, 곧 마리아와 엘리사벳 그리고 예수님과 요한입니다. 이 만남으로 본인들의 삶이 위태로워질 수 있다는 것을 이 네 사람은 알고 있습니다.

엘리사벳은 출산이 가능한 나이가 이미 지났지만, 아들을 임신합니다. 처녀 마리아는 성령으로 잉태하게 됩니다. 두 여인은 "하나님께는 능치 못하실 일이 없음"을 생명을 통해 증언했습니다. 나이 많은 사람이 "내 주님의 어머니"인 젊은 여인 앞에 몸을 굽힙니다. 마리아는 그녀 위로 몸을 숙여, 여인을 붙잡고 보호해 줍니다. 예수의 어머니는 모든 어머니와 자매입니다.

하나님의 뜻대로 두 여인은 위대한 아들의 어머니가 되었습니다. 하나님과 인간을 멸시하는 왕의 명령으로 한 여인의 아들은 감옥에서 참수형을 당했고, 다른 한 여인의 아들은 한낮의 태양 아래 예루살렘 성벽 앞에서 치욕스러운 십자가에 매달렸습니다. 그때까지 두 여인은 얼마나 많은 꿈을 땅에 묻어야 했을까요?

그림 상단을 보면, 두 아들이 어머니를 보호하듯 몸을 구부리고 있습니다. 그들은 서로의 몸을 만지지 않고 시선도 마주치지 않습니다. 하지만 이 만남이 각자에게 인생 전환점이 될 것을 그들은 알고 있습니다.

'더 크신 분'이신 예수님이 고개를 숙여 상대방이 하는 말에 귀를 기울이십니다. 하나님을 경외하는 요한은 눈을 크게 뜨고—기대가 어떻게 성취되는지 경험한 자들이 믿음의 시험을 감당하듯—긴 손가락으로 예수님을 가리킵니다. 그는 많은 사람들의 눈을 들여다보며 고난과 슬픔, 욕망과 죄, 실망과 실패, 사랑받고 인정받고 싶은 소망이 남긴 흔적을 읽어 내는 법을 배웠습니다. 요한은 예수를 알아봅니다. 그는 죄인들 가운데서 요한에게 나아오셨습니다. 요한이 자신에게 물로 세례를 베풀도록 하기 위해서입니다. 요단 강에서 세례를 주는 요한, 곧 '앞서가서 그의 길을 예비하는 사람'과의 만남은 불과 성령으로 세례를 베푸실 예수님에게는 삶의 전환점이었습니다. 주님이 물에서 올라오셨을 때 하늘이 열리고 성령이 그 위에 임했습니다. 아버지께서는 그를 그분의 사랑하는 독생자라 인정하십니다. 예수님은 더 이상 나사렛으로 돌아가지 않으십니다.

"예수께서 활동을 시작하실 때에, 그는 서른 살쯤이었다"(누가복음 3:23).

—엘레오노레 베크

65

"유대에 있는 베들레헴이라는
다윗의 동네로 … 올라갔다." _누가복음 2:4-5

거대한 비둘기가 그림 전체를 압도합니다. 태초에 하나님의 영이 운행했던 것처럼, 창조의 영으로 세계가 생겨나게 됩니다. 창세기 1장의 "빛이 있으라!"는 창조 명령은, 이스라엘 여인의 태로부터 성령의 힘으로 한 사람을 낳게 될 것이라는 강력한 말씀입니다. 미리암은 이스라엘의 메시아를 기다립니다. 그분은 구주, 곧 "그리스도 주님"(누가복음 2:11)이십니다.

젊은 엄마와 뱃속의 아기는 보호가 필요합니다. 요셉이 그녀의 곁을 지켜 줍니다. 이것은 당연한 일이 아닙니다. 요셉 역시 아기 엄마의 평생 동반자이자 아들의 아비가 되어야 한다는 말씀을 들었기에 가능했습니다. 요셉은 언제나 경청하는 사람으로 있어야만 합니다. 그에게 순종의 믿음이 요구되었던 것입니다.

그래서 요셉은 베들레헴을 가든 나사렛을 가든, 먼 이집트를 가든, 아내와 아들을 품에 꼭 안고 갑니다. 보호자이지만 그 역시 보호가 필요한 사람입니다. 모든 사람에게는 하나님의 보살핌이 있어야 합니다. 비둘기가 그것을 보증해 줍니다. "주님이 그의 깃으로 너를 덮어 주시고 너도 그의 날개 아래로 피할 것이다"(시편 91:4).

보호는 "내가 거기 있으며, 내가 너와 함께 있을 것"이라는 하나님의 현존하심을 의미합니다. 이스라엘은 역사 전반에 걸쳐 다양한 방식으로 하나님의 임재를 경험했습니다. "낮에는 구름기둥 밤에는 불기둥이 그 백성 앞을 떠나지 않았다"(출애굽기 13:22)는 것을,

광야 세대는 경험했습니다. 그들은 약속의 땅에 이르렀고, 예루살렘은 하나님 임재의 중심이 됩니다. 백성들은 성전 지성소에 있는 언약궤에 의해 자신들이 보호받고 있다는 사실을 알았습니다. 이 토라(율법)는 빛이고 길입니다. 요셉과 마리아는 토라에 적혀 있는 대로 나귀를 타고 다윗의 동네로 들어갑니다. 훗날 거기에서 이렇게 말할 사람이 태어날 것입니다. "보아라, 내가 세상 끝 날까지 항상 너희와 함께 있을 것이다"(마태복음 28:20). 예수님은 이 시대에 하나님의 임재에 대한 새롭고 결정적인 방식을 선포하십니다. "그러나 보혜사, 곧 아버지께서 내 이름으로 보내실 성령께서, 너희에게 모든 것을 가르쳐 주실 것이며, 또 내가 너희에게 말한 모든 것을 생각나게 하실 것이다"(요한복음 14:26).

—헤리베르트 파이펠

66

"마리아가 첫아들을 낳았다."

_누가복음 2:7

이 목가적인 성탄 그림은 어찌나 평화로운지요! 밝은 파랑 망토를 걸친 마리아가 포대기에 싸인 아기를 다정하게 어루만집니다. 기쁨으로 가득 찬 이 아이는 그림을 바라보는 사람들을 향해 얼굴을 돌립니다. 마리아 뒤에서 요셉은 축복받은 마리아에 대한 꿈을 꿉니다. 양치기 소녀가 경건하게 두 손을 모아 기도합니다. 그녀 뒤로 베들레헴의 별이 빛나고 있습니다.

사실 이 전원적인 모습은 우리 시대 낭만주의적인 크리스마스 분위기처럼 모순적입니다. 지거 쾨더는 이 성탄화 안에 하나님 아들의 출생과 함께 십자가의 길 또한 시작되었다는 몇 가지 힌트를 그려 넣었습니다. 아래쪽 가장자리 흰색 크리스마스로즈 다섯 송이로 장식된 "이새의 뿌리"에서 이스라엘의 왕 다윗이 자라고 있습니다. 그는 왕실 가문 사람답게 보라색 옷을 입었으며, 머리에는 기도할 때 쓰는 천을 두르고 하나님께서 그 왕좌가 영원할 것이라고 약속하신 자신의 혈통에서 태어날 후손을 바라봅니다. 그는 나사렛 예수가 누워 있는 구유를 받치고 있습니다. 거기에는 새로 태어나신 유대인의 왕이 누워 계십니다. 구유 옆면에 적혀 있는 그의 칭호는 이렇습니다. "INRI"(IESUS NAZARENUS REX IUDAEORUM, "나사렛 예수, 유대인의 왕"). 이것은 본디오 빌라도가 십자가에 달았던 명패입니다. 이로 인해 다섯 송이 크리스마스로즈는 더는 성탄 장식이 아니라, 십자가에 달리신 주님의 다섯 가지 상처를 떠오르게 합니다. 그리고 베들레헴

마구간 지붕을 떠받친 대들보에서 우리는 골고다 언덕에 세워질 세 개의 십자가를 볼 수 있습니다. 구유는 이미 십자가 그늘 아래 있습니다. 아기를 사랑스럽게 안고 있는 어머니의 품에는 처형당한 아들의 시신이 놓일 것입니다. 그녀 뒤에 있는 요셉은 달콤한 꿈만 꾸고 있는 것이 아닙니다. 그의 부자연스럽게 틀어진 머리는 성령으로 잉태된 이 아이가 "예수"라는 이름으로 불릴 것이라 계시하신 하나님께로 향하고 있습니다. 왜냐하면 이 아기가 자기 백성을 죄에서 구원할 것이기 때문입니다. 또한 사람들이 그를 죽이려 한다는 사실도 꿈으로 알려 주십니다. 예수님이 태어나시기 전에 마리아와 요셉이 묵을 방이 없었던 것처럼, 하나님은 이 세상에서 예수님의 탄생부터 죽음까지 '유토피아'[1]로서 존재하십니다. 그렇게 정치·종교 지도자들은 예수님을 제거하기 위해 전력을 다합니다.

하지만 그분은 자신의 자리를 찾습니다. 부자와 권력자, 유식하고 의로운 자들이 아니라, 그분이 복되다고 부르는 이들인 가난한 자, 굶주린 자, 우는 자, 박해받는 자들에게서 자기의 자리를 발견합니다. 그들을 둘러싼 환경과 그들 속의 영혼이 아무리 어두울지라도, 그들 위에는 약속의 별이 빛나고, 그들 안에는 빛 되신 주님께서 신실함으로 임재하십니다. 거룩하신 아기 예수는 우리에게 팔을 뻗어, 마리아처럼 그분의 사랑을 경험하고 하나님께 나아오도록 초청하십니다. 우리가 양치기 소녀처럼 구유 옆으로, 십자가 아래로 더 가까이 나아와 무릎 꿇고 기도하도록 말입니다. 그 자리에서 하나님은 영광을 받으셨고, 이 땅에 평화가 임했습니다!

—베른하르트 엘러

1 '유토피아'는 그리스어 'οὐ'(아니다)와 'τόπος'(장소)의 합성어에서 유래한 단어로, 문자 그대로 풀어 쓰면 '존재하지 않는 장소'를 가리킨다. 누가복음 2장 7절에서 '여관'으로 번역된 'καταλύματι'를 유토피아의 본래 뜻과 연결 지어 설명하고 있다.

67

"모든 사람이 하나님의 구원을 보게 될 것이다."

_누가복음 3:6

나무줄기가 신앙의 가계도가 되었습니다.[1] 그리스도의 족보를 자유롭게 묘사한 이 작품은 우리의 믿음과 인간이 세운 전통이 저절로 생겨난 것이 아님을 깨닫게 합니다. 우리는 수백 년 혹은 수천 년 전에 우리보다 앞서 산 사람들의 삶과 믿음에 깊이 뿌리를 내리고 있습니다. 거기에는 유대인, 그리스도교인, 무슬림의 조상인 아브라함이 있습니다. 이 그림은 많은 이들에게 믿음의 본이자 축복의 통로가 되었던 한 사람을 보여 줍니다. 아브라함 위에는 그의 손자인 야곱(이스라엘)이 있습니다. 그에게는 늘 희망의 사다리가 있어서, 그 사다리를 통해 하늘의 한 조각이 우리의 눈물 골짜기로 내려올 것이라는 꿈을 꿉니다.

궁정 악사로 수금을 타며 시편을 노래했던 다윗은 감사의 노래와 하나님께 올려 드리는 찬송을 결코 그쳐서는 안 된다고 고백합니다. 그리고 그림 중앙에 있는 모세는 하나님이 우리에게 말씀을 주시는 분이심을 확신하게 합니다. 우리는 그의 말씀을 받았습니다. 우리가 해야 할 일은 모세처럼 하나님의 말씀을 굳게 붙잡고 의지하는 것입니다. 이 말씀은 "때를 얻든지 못 얻든지" 전해져야 합니다. 그러나 세례 요한처럼 하나님과 그의 말씀을 큰 소리로 증언

1 '나무줄기'를 뜻하는 단어 'Baumstamm'이 믿음의 족보 'Stammbaum'으로 변했다는 언어유희를 담은 문장이다.

하는 사람들은 적잖이 침묵을 강요당하곤 합니다. 이 그림에서 가장 조용한 사람은 마리아의 남편 요셉입니다. 그는 하나님의 말씀에 온전히 귀를 기울입니다. 그야말로 말씀을 의심 없이 '행하는' 사람이었습니다. 세상 역사에서는 아주 '미미한' 존재일 수 있지만, 하나님의 역사에서는 누구보다 '위대한' 사람입니다.

그림 아래쪽에는 유대의 산맥과 어둠 가운데 놓인 이스라엘 땅이 있습니다. 짙은 파란색과 녹색 톤이 하늘을 밝게 비추는 파란색으로 변해 갑니다. 저기 나무 꼭대기에 한 여인이 있습니다. 그림의 배경처럼 자리하고 있는 그녀는 바로 그리스도의 어머니, 마리아입니다. 마리아가 배경에 놓인 것은 그녀에게 중요한 것이 단 하나뿐이기 때문입니다. "너희에게 무슨 말씀을 하시든지 그대로 하라"(요한복음 2:5, 개역개정). 사람이 되신 영원한 말씀으로 자신을 우리에게 보여 주신 예수님이 마리아의 손에 들려 있습니다. 아기 예수님의 자세가 십자가처럼 보입니다. 우리는 그분을 영접할 수 있을까요?

성서에 나오는 그리스도의 족보는 번번이 우리를 놀라게 합니다. 예수님의 조상들 가운데 많은 이들이 결코 본받을 만한 인물이나 성인들이 아니기 때문입니다. 그들도 우리와 마찬가지로 평범한 인간이자 죄인이었습니다. 그런데도 이러한 인간의 혈통에서 구원이 비롯되고, 교회 또한 성장했던 것입니다. 바울이 로마의 그리스도인들에게 쓴 편지 내용은 특별한 방식으로 교회에 적용되었습니다. "그대는 본래의 가지들을 향하여 우쭐대지 말아야 합니다. 비록 그대가 우쭐댈지라도, 그대가 뿌리를 지탱하는 것이 아니라, 뿌리가 그대를 지탱한다는 것을 명심해야 합니다"(로마서 11:18). 이 그림은 우리의 뿌리를 새로운 관점으로 바라보도록 돕습니다.

—테오 슈미트콘츠 SJ

68

"너의 이 아우는 죽었다가 살아났다."

_누가복음 15:32

아버지의 다가오심, 어루만지심에 대한 모든 두려움을 뒤로한 만남, 사랑스러운 포옹과 다정한 손길은 삶에 활력을 불어넣습니다. 따듯한 환대와 진심 어린 공감은 절망적인 상황에서 벗어날 수 있게 하며, 새로운 삶의 가능성을 느끼게 합니다. 아버지의 심장박동이 안정감과 따듯함을 주기 때문입니다. 오랫동안 술에 의존해 쇠약해진 모습, 부잣집 아들이라고 보기 어려운 누추한 옷차림, 걸인들에게서 풍기는 역겨운 냄새, 타락한 인간의 지친 얼굴, 당혹감에 아버지의 팔을 움켜쥔 채 떨리는 손. 그는 완전히 망가진 사람이자 실패한 존재의 대명사라고 할 수 있습니다.

이런 모든 불행과 불안정함으로 생기를 잃어버린 아들이 새 숨을 불어넣으며 입을 맞추고 지그시 바라보는 아버지의 두 팔과 가슴에 기대어 있습니다. 여기 아버지의 품 안에서는 그가 무슨 죄를 얼마나 많이 지었는지 따지거나 셈하는 일이 없습니다. 아버지의 집에서는 쫓겨날 일도 없고, 문이 닫혀 있지도 않습니다. 마음을 열고 살 수 있는 유일한 가능성인 고향 집을 제공하며, '너는 내 아들이고 앞으로도 그렇다'라는 약속을 지키며 살아가는 것이 무엇인지 그 본보기를 보여 줍니다. 화해는 사람을 다시 살립니다. 존중받는 사람은 스스로 존귀한 사람으로 여기게 됩니다. 누군가에게 지지를 받게 된 사람은 든든한 버팀목이 있음을 경험합니다. 누군가 자신의 편에 서 있다는 것을 알게 된 사람은 스스로 일어날 수 있습니다.

이러한 개방과 환대와 애정은 이 순간 다른 아들과 형제들에게는 매우 지나쳐 보이는 일입니다. 이것이 공정하다는 것을 이해하고 받아들이기가 쉽지 않습니다. 이들은 좋은 사람이 제대로 대접을 받아야 한다고 생각합니다. 착하고 열심히 일하는 사람이 항상 바보가 되는 것 같다고 느끼기 때문입니다. 그는 멀찍이 떨어져 서 있습니다. 수년 동안 그가 없었다면 아버지는 어땠을까요! '잃어버린 자'에 대한 넘치는 온정에 비해, 충성을 다했던 그의 의지는 어떤 보상을 받았습니까? 이처럼 평가하며 비교하고, 판단하며 비판하고, 심판하며 정죄하는 행위는 사람을 힘들게 할 뿐만 아니라, 스스로 긴장하게 만들어 더는 인사하거나 끌어안거나 만질 수 없게 합니다.

또한 두 아들의 옷이 똑같은 천으로 만들어졌고 같은 색감을 띠고 있습니다. 하지만 한 아버지에게서 온, 다시 말해 같은 핏줄이라 하더라도 두 사람의 방식과 태도, 변화된 모습에는 차이가 존재했고 계속 그러할 것입니다. 여기에는 아무것도 꾸며 낼 만한 것이 없습니다. 맏아들이 '이 모든 것이 아버지의 것'이라는 점과 이미 보상을 받았다는 사실을 잊지 않았다면, 진작부터 집에 있었거나 항상 거기에 있었던 사람들을 포함한 모든 사람에게 이것이 적용될 것입니다.

마음을 열고 사랑과 공의로움에 붙들린 바 되도록 하십시오. 무엇보다 탕자처럼 길을 잃고 상실감에 누군가를 애타게 찾는 사람들에게 자비를 베풀어 주시길 바랍니다. 우리는 우리를 아들 삼아 주시는 분의 심장박동으로 살아가기 때문입니다.

—볼프강 트립

69

> **“기뻐해 주십시오. 잃었던 내 양을 찾았습니다.”**
> **_누가복음 15:6**

감정 표현이 많이 들어 있어서 어린이를 위한 그림이라고 생각할 수 있습니다. 저는 이 그림을 보면서, 예수님이 우리를 치유 가운데로 초대하시는 것처럼 느껴졌습니다. 여러분 삶의 과거와 현재 모습을 한번 떠올려 보시기 바랍니다. 저는 작품 속 사람들의 표정에서 마음 깊은 곳의 기쁨과 두려움, 소망과 질문을 발견했습니다. 아주 어린 시절부터 우리는 많은 사람들과 만나며 살아갑니다. 길을 잃고, 다치고, ‘완전히 몰락했다’고 생각했던 시간들도 가끔 생각납니다. 또한 나비처럼 날아오르던 시절, 그리고 축제와 공동체의 경험들도 기억합니다. 저는 그리움과 약간의 슬픔을 함께 느낍니다. 교회는 원래 그런 곳일 겁니다! 무엇보다 슬픔과 기쁨을 함께 나누었던 첫 친구와 나중에 만나게 된 친구들이 그곳에 있습니다. 그리고 제 인생을 결정했던 장면들이 떠오릅니다. 이 장면들이 바뀌면서, 그리스도와 하나님에 대한 이미지 또한 변해 왔습니다.

화가가 그린 성서 이야기는 우리를 어딘가로 안내합니다. 자세히 들여다보면, 그것은 여행길이 아니라 사막을 가로지르는 광야길입니다. 우리는 먼저 지나간 누군가의 흔적을 보며 그 사실을 알 수 있습니다. 놀랍게도 누군가가 항상 우리를 따라다니고 있으며 눈에 띄지 않게 동행하고 있다는 사실을 깨닫게 됩니다.

한때는 혈기왕성했지만, 지금은 덤불에 걸려 옴짝달싹 못 하는 낙오자를 찾아 나선 한 사람이 있습니다. 길 잃은 사람을 찾고 계신 그분은 인생의 모든 길에 함께하십니다. 지금 서 있는 곳이 매우 험난하거나 멀리 떨어져 있다고 해도 그분은 개의치 않으십니다. 그분은 다른 누구와도 비교할 수 없는 치료자이십니다. 그분이 나를 찾을 때까지, 더 정확히 말하자면 내가 나 자신을 발견할 때까지 나와 동행하십니다. 온갖 상처, 지침과 피곤함에도 불구하고 마침내 내가 받아들여지고, 사랑받고 안전하다고 느낄 때까지 말입니다. 몸과 마음이 상한 이에게도 지지와 긍정을 보내는 사람들은 실패와 상실의 의미를 알고, 사랑에 이끌려 살아가는 존재입니다. 그 또한 완전히 모든 것을 잃었었지만, 그 과정에서 모든 것을 얻은 위대한 패배자 중 한 명이기 때문입니다. 저에게 "그렇구나"라고 말하는 사람들은 이처럼 상실의 의미를 아는 사랑에 이끌려 삽니다.

그분은 저의 길을 아십니다. 그분은 저의 이야기를 알고 계십니다. 그분은 저를 사랑하시기 때문에 저에 대해 속속들이 알고 계십니다. 오늘 저는 그분이 저를 위해 목숨을 바치셨다는 사실을 압니다. 그분과 눈을 마주치면 부끄러워할 필요가 없습니다. 그분이 계신 곳에서 해가 뜨고, 저는 그분의 사랑의 빛 안에 들어가게 됩니다. "나와 함께 기뻐해 주십시오!"라고 그분은 말씀하십니다. 왜냐하면 길을 잃고, 자신마저 잃어버렸던 낙오자를 되찾았기 때문입니다. "나와 함께 기뻐해 주십시오! 당신들의 하나님인 나는 여러분이 여러분 자신을 찾을 때에, 그 존재를 기뻐할 수밖에 없습니다. 나는 여러분을 사랑합니다. 그리고 여러분을 향한 나의 기쁨은 다함이 없습니다."

그림 속 성서 이야기는 "세리들과 죄인들이 모두 예수의 말씀을 들으려고 그에게 가까이 몰려들었다"(누가복음 15:1)는 구절로 시작됩니다. 그러나 바리새인들과 율법학자들은 이에 분개하며 "이 사람이 죄인들을 맞아들이고, 그들과 함께 음식을 먹는구나"(누가복음 15:2)라고 말합니다. 저는 그분이 거기 계시어 "이 사람"으로 불리며 함께하셔서 참 좋습니다. 그분이 없었다면, 저는 여전히 패배자들 가운데 머물렀을 것입니다. 하지만 저는 그분과 더불어 나 자신과 그분, 곧 모든 것을 얻었습니다.

—테오 슈미트콘츠 SJ

70

“오늘 구원이 이 집에 이르렀다.”

_누가복음 19:9

예수님의 어깨에 겨우 닿을 듯한 작은 남자의 집 앞이 얼마나 소란스러운지요! 그는 자기 집 문턱까지 들어온 손님을 포옹으로 맞이합니다. 예수님이 그의 집을 방문하겠다고 먼저 말씀하셨습니다. 집주인은 그분께서 오신다는 말에 너무 놀라고 기뻐서 자리를 떴습니다. 손님이 오기 전에 식사를 준비해야 했기 때문입니다.

집 앞에 모인 군중은 흥분하여 들떠 있습니다. 그들의 표정과 손짓은 그 집 앞에서 소란스럽게 떠드는 사람들이 어떠했는지 보여줍니다. “이미 다 들었지요? 그가 선지자라는 소문은 믿을 수가 없습니다! 많고많은 곳 가운데 하필 여기서 식사를 하고 싶어 하다니. 그야말로 무법한 자입니다! 이런 사람은 우리 민족에 속한 자가 아닙니다! 저 사람에게서 멀리 떨어지십시오!” 성서에 이렇게 기록되어 있지는 않지만, 모인 사람들은 이렇게 수군댔을 것입니다.

한 사람이 깜짝 놀라 목소리가 새어 나가지 않도록 입을 손으로 막습니다. 아마도 그는 어깨를 맞댄 채 소곤대는 둘의 대화를 듣고 있었을 것입니다. 바로 그 순간, 그는 놀랍고도 위대한 말씀을 듣습니다.

집주인 삭개오는 로마제국이 점령지를 통치하는 방식에 따라 세관장이 되었습니다. 그는 여러 종류의 세금을 징수하는 일을 맡고 있었습니다. 이런 세관 업무를 하는 사람들에게는 세금을 거두기 위해 보낼 인력이 필요했습니다. 삭개오는 로마제국에게서 직접

봉급을 받는 이가 아니었습니다. 그렇기 때문에 삭개오와 그를 보조하는 사람들은 세금에 수수료를 붙여 그것을 급여로 삼아야만 했습니다. 아마도 그는 자기 재산을 늘리는 데 관심이 많았을 것입니다. 성서는 삭개오가 부자였다고 증언합니다. 그러나 삭개오의 사회적 지위는 무너져 내렸고, 율법을 따르는 경건한 이들에게는 눈엣가시가 되었습니다. 율법을 어기면서 이방인과 결탁해 '더러운' 돈벌이로 이익을 얻었기 때문입니다. 그렇게 삭개오는 이스라엘 민족의 눈 밖에 난 이방인이자 죄인으로 낙인찍혔습니다.

그럼에도 키 작은 삭개오는 놀라운 일을 행하셨던 랍비 예수님을 만나고 싶어 했습니다. 오늘 예수님은 그의 동네인 여리고에 계십니다. 삭개오는 키가 큰 사람들의 어깨너머로 예수님을 볼 수 없어서, 뽕나무에 올라 높은 곳에 자리를 잡습니다. 예수님은 삭개오를 보시고 "어서 내려오너라!"(누가복음 19:5) 하고 말씀하십니다. 집으로 돌아가는 길에 삭개오는 무슨 생각을 했을까요? 아마도 이런 생각을 하지 않았을까요? '예수님이 정말로 나를 찾아오시면 내게 영광이 될 텐데. 유대인들 틈바구니에서 철저히 소외된 나를 그분이 부끄러워하지 않으신다면 나는 내 인생의 무언가를 바꾸고 싶다!'

예수님의 품에 안긴 그의 표정은 희망으로 가득 차 있습니다. "사람들에게 해를 끼친 것을 보상하고 싶습니다. 만약 제가 당신께서 말씀하신 사랑의 가르침을 어긴 것이 있다면, 저는 많은 재물을 기부하길 원합니다. 저는 이제 착취하는 자가 아니라 섬기는 사람이 되고 싶습니다!" 예수님은 그를 믿어 주십니다. 그래서 삭개오에게 이렇게 말씀하십니다. "당신도 아브라함의 자손이고, 이스라엘에 속한 사람입니다. 열광적인 율법주의자들의 모습과는 다르게 그대는 이제 참된 믿음의 길을 찾게 되었습니다. 그러므로 당신과 당신의 가정에 구원이 이르렀습니다!"

예수님은 삭개오를 가까이에 앉히십니다. 그러고는 회개하는 삭개오를 받아 주셨습니다. 애초부터 주님은 그를 정죄할 마음이 없으셨습니다. 하나님 나라가 현실이 될 이 사내와의 만남의 힘을 믿었기 때문입니다.

—마르타 존탁

71

"이것은 … 내 몸이다."

_누가복음 22:19

주님은 보이지 않고, 빵을 나눠 주는 커다란 두 손만 보입니다. 테이블에 둘러앉은 이들이 함께 마실 포도주 잔에 그분의 얼굴이 비칩니다.

이 사건을 목격한 사람들의 기억이 담긴 다양한 기록이 많이 남아 있습니다. 지거 쾨더의 이 작품도 마지막 만찬이라는 '과거'의 사건을 증언하는 여러 기록 가운데 하나입니다. 특히 이 작품은 현재의 사건을 단서 삼아 식탁 공동체의 '미래'를 엿보게 합니다.

스승 되신 예수님으로부터 빛이 제자들에게 내려옵니다. 예수님이 언급했던 배신자가 방금 그 방을 나갔고 이미 어둠에 완전히 가려진 상태이기에 불안은 점차 사그라듭니다. 누군가는 여전히 그에 대해 알고 싶어 합니다. 예수님이 말씀하신 사람이 정말 가룟 유다였을까요? 어둠 속에 있던 사람이 빵 한 조각을 가져갑니다. 그는 더 이상 잔은 들지 않습니다. 이처럼 신의를 저버린 사람이 드라마의 다음 장면에서 어떤 역할을 하게 될지 우리는 알 수 없습니다.

식탁 위에는 배고픈 이들을 먹이기 위한 빵이 놓여 있습니다. 이 순간, 제자들은 빛난 광채를 발하시는 예수님을 바라봅니다. 신비를(또한 성례전을) 상징하는 빛이 비칠 때, 십자가 그림자가 식탁 위에 드리워지면서 빵조각들이 헌신의 상징으로 변하게 됩니다. 십자가의 표징으로 빵을 먹고 포도주를 마시는 일은 이 놀라운 신비와 가장 깊은 관계를 맺게 합니다.

주님께서 말씀하셨기에 그들은 그렇게 합니다. 그들은 조상들의 전례에 따른 식사를 알고 있었기 때문에 이 일을 행합니다. 이러한 예식에 대한 성찰이 유월절(파스카) 식사에서 성찬식으로 전례의 변화를 가져오게 된 것은 훨씬 나중에야 이루어졌습니다.

그들은 빵을 떼기 위해 한자리에 모였습니다. 초기 그리스도교 공동체는 빵을 떼는 행위가 예배의 중심이라는 사실을 이미 알고 있었습니다. 이 행위는 예수님의 가르침을 전하고 그분의 삶을 배우는 것일 뿐만 아니라, 그분의 함께하심을 나누는 것입니다. 그래서 그들은 "이것을 행하여 나를 기념하라!"라는 주님의 가르침을 따랐습니다. 모든 그리스도교 공동체는 주의 식탁을 성례전으로 지키고 있습니다.

그러나 이 그림은 우리를 고통스럽게 만듭니다. 믿음 없는 한 사람에 의해 스승 되신 예수님과의 관계는 비극적인 역사를 맞이합니다. 그로 인해 열두 명으로 이루어진 제자공동체가 깨졌고, 주님은 결국 정치 권력에 넘겨지십니다. 배신자는 이 일에 앞잡이로 이용됩니다. 이러한 일은 역사 속에서 계속되고 있습니다. 이탈자들이 항상 생기기 마련이고, 남은 자들의 믿음에 의문을 제기하는 사람들도 있습니다. 그리고 그들은 고통의 흔적을 남깁니다.

저 사람이 앉았던 빈자리는 좁혀지고, 잔이 식탁을 한 바퀴 돕니다. 잔에 비친 주님의 형상이 현실에서는 더 이상 보이지 않습니다. 우리 내면의 눈으로만 전해집니다. 믿음은 주님의 말씀이 진실하다는 것을 신뢰하게 합니다. 진리는 자연과학이나 증거를 찾아 입증하려는 까다로운 태도와 아무 상관이 없습니다. 비판적인 질문들에 대해 우리는 오직 믿음이 곧 증거라는 답을 할 따름입니다.

"주님이 우리 가운데 계십니다!"라고 고백하는 믿음은 체험으로 알게 되는 진실입니다.

—마르타 존탁

72

**"여자들은 예수를 생각하여
가슴을 치며 통곡하였다."** _누가복음 23:27

베로니카는 성서에 나오지 않습니다. 그러나 '십자가의 길'[1]을 통해 우리에게 친숙한 인물입니다. 교회의 전승에 따르면, 4세기 즈음 경건한 사람들은 예수님의 수난을 되짚어 보기 시작했다고 합니다. 바로 이때 예수님의 죽음을 이해하는 데 중요한 열쇠가 된 여인 베로니카가 등장합니다. 베로니카는 라틴어 베라(*Vera*)와 그리스어 이코나(*Ikona*)가 합쳐진 말로 '참된 형상'이라는 뜻입니다. 전설에 따르면, 여인이 가지고 있던 수건에는 수난당하신 분의 얼굴 자국이 있었고 치유의 능력이 있었다고 합니다. 티베리우스 황제가 이 수건 덕분에 회복되었다는 일화도 전해집니다.

붉은 겉옷 차림의 여성은 누가가 우리에게 이야기하는 예루살렘의 딸들 가운데 한 명일지도 모릅니다. 그녀는 형장으로 향하는 길가에 서 있습니다. 이 광경을 군중들이 지켜보고 있으며, 그중에는 예수님의 친구라 불리는 사람들도 있습니다. 여인들은 이 판결에 큰 충격을 받았습니다. 자신들이 알았고, 존경했으며, 사랑했던 사람에 대한 연민으로 가득 차 있습니다. 희망의 끝에서 완전히 절망했으며, 죽임당한 사랑으로 인해 슬픔을 가눌 수 없습니다. 그렇게 무력한 상황 속에서 그들은 죽은 자를 애도하며 통곡하고 조가(弔歌)를 부릅니다.

---

1 예수님의 수난을 묵상하는 기도길로 14처로 이루어져 있다.

군인들이 사형수가 지나갈 길을 비워 줘야 했음을 우리는 짐작할 수 있습니다. 땀과 피로 범벅이 된 예수님의 모습을 본 한 여인이 그분의 얼굴을 닦아 주는 일을 하지 않았을까요? 그리하여 여인의 수건에는 마치 얼마 전에 카메라에 찍혀 음화(Negativ)된 사진처럼 예수님의 얼굴 형상이 남아 있습니다. 많은 이들이 모인 상황이니 이런 우발적 사건이 일어날 개연성도 충분하지 않을까요?

예수님이 애통하는 여인들과 함께 잠시 머물렀다는 누가의 증언이 간략한 단서처럼 쓰여 있습니다. "예루살렘의 딸들아, 나를 두고 울지 말고, 너희와 너희 자녀를 두고 울어라"(누가복음 23:28). 주님은 무엇을 말씀하시려 했으며, 누가는 무엇을 전하려 했던 것일까요? 아마도 "여러분이 나를 보고 운다면, 이 운명 속에서 인류를 위한 나의 사랑이 실현된다는 것을 이해하지 못해서일 것입니다. 여러분은 나중에야 비로소 그 의미를 이해하게 될 것입니다. 이제 남은 길은 사랑의 길이며, 이 세상의 고통과 함께하는 길입니다. 여러분이 이 고통의 길을 계속 간다면, 또한 여러분과 또 자녀들에게 굶주림, 노숙, 외로움, 질병, 죽음, 이별과 같은 나쁜 일들이 일어난다면, 더 이상 이전과 같지 않을 것입니다. 나는 여러분에게 계속해서 작동하는 사랑의 표시를 주었습니다. 여러분 자신의 고통 속에서, 앞으로 만나게 될 고통당하는 모든 사람 속에서, 여러분은 나의 운명이 계속되는 것을 보게 될 것입니다. 그러나 불행이 구원으로 바뀔 수 있다는 위로를 가지십시오! 그러니 나를 위해 울지 말고, 오히려 이 사실을 깨닫지 못하는 저 모든 사람을 위해 울기 바랍니다!"

그림은 우리에게 임무를 부여합니다. 베일 뒤의 여인의 눈은 이미 끌려가신 예수가 아니라 구걸하는 흑인 한 사람을 향해 있습니다. 그는 베로니카 앞에 무릎을 꿇고 텅 빈 사발을 든 채 양식을 구합니다. 양식은 그가 살아가기 위해 꼭 필요한 것입니다.

구체적인 도움이 실제로 요청되는 곳에서 그리스도이신 예수님의 고난이 계속됩니다. 그리고 그의 가르침을 전하는 것은 주님께서 본래 하셨던 말씀을 따르는 것입니다. "너희가 여기 내 형제들 가운데, 지극히 보잘것없는 사람 하나에게 한 것이 곧 내게 한 것이다"(마태복음 25:40).

—마르타 존탁

73

"거기서 예수를 십자가에 못 박고"

_누가복음 23:33, 개역개정

십자가에 못 박히신 예수님. 이 얼마나 독특한 관점입니까! 골고다 언덕에 내던져진 채 십자가에 못 박히신 예수님은 대체 어디에 계신 걸까요? 이 작품은 관습적인 시각에서 벗어나도록 우리 시선의 방향을 바꿔 십자가의 길로 이끕니다.

예수께서 십자가에 누워 계십니다. 그 위로 까맣게 타들어 가는 태양이 떠 있습니다. 이 그림은 회색 하늘을 올려다보는 예수님의 시선을 담고 있습니다. 수술대 위에 누워 계신 예수님 주위에는 그를 곧 해부하려는 듯이 내려다보는 사람들이 둘러서 있습니다. 이름 모를 살인 기계에 넘겨진 희생자가 사지를 쭉 뻗은 채 누워 있습니다. 얼굴이 보이지 않는 갑옷 입은 로마 군병이 팔을 들어 사형 집행인의 임무를 수행합니다. 그는 연거푸 망치를 휘둘렀습니다. 그리고 군중들의 함성 가운데서 또 다른 못을 박으려 합니다. 모두가 시끄럽게 환호성을 지르는 것은 아닙니다. 즐거워하며 히죽거리는 비웃음 사이에 상념, 실망, 괴로움, 슬픔도 느껴집니다. 한 사람은 더 이상 그 광경을 보지 못하고 두 손으로 얼굴을 감쌉니다. 또 다른 이는 머리 위 두루마리를 펼쳐 그에게 지금 무슨 일이 일어나고 앞으로 어떤 일이 벌어질지 말씀을 확인합니다. "그러면 그들은, 나 곧 그들이 찔러 죽인 그를 바라보고서 … 슬퍼할 것이다"(스가랴 12:10).

화가는 수난당하신 예수님과 자신을 동일시하고, '못 박혔던'

자기의 경험을 이 그림에서 찾아보라고 우리를 초대합니다. 질병과 장애, 일해야만 하는 삶의 무게, 가족을 위해 짊어진 짐, 타인에 대한 편견처럼 자유를 옭아매고 빼앗아 가는 것은 없습니다. 얼마나 많은 사람들이 가난하고, 고통스럽고, 비참한 상황 속에 갇혀 무력하게 누군가의 자비를 기대하고 있는지 아십니까? 사람들은 세계 어디에서든 폭력의 희생자가 나올 수 있음을 지켜보고 있습니다. 국제사회 또한 그것을 주시합니다. 예수님은 사람들의 이러한 고통을 알고 계셨습니다. 그것을 직접 경험하셨기 때문입니다.

이곳에는 검은 태양으로부터 나오는 또 다른 것이 있습니다. 아마도 더 깊은 고통일 것입니다. 작가 장 폴은 그의 작품 〈지벤케스〉[1] 속에 "신은 없다고 주장하는 세상의 논리로 인해 죽임당하신 그리스도의 독백"을 포함시켰습니다. "나는 한길 물속조차 모를 사람들이 사는 이 세상을 하나님의 눈으로 바라봅니다. 그때 세상은 뻥 뚫린 공허한 눈동자로 나를 바라봅니다. 그리고 당혹스럽고 혼란스러운 상태가 영원할 것처럼 긴 시간 동안 되풀이됩니다. 시끄러운 불협화음이 쟁쟁거리며 울리고, 그림자는 비명을 지르는 것 같습니다. '그분'이 존재하지 않기 때문입니다."

하나님이 멀리 계시고 하나님으로부터 버림받았다는 악몽이, 바로 이 장면에서 보여 주는 진짜 공포입니다. 사경을 헤매며 고통당하는 사람은 자신이 지지와 위로를 받고 있다는 사실을 일깨워 줄 구원의 닻을 발견할 수 없습니다. "별들의 장막 위에 계신 선하신 아버지"는 거기에 없었습니다! 마치 십자가에서 울부짖으며 터져 나오는 고통이 여기에 다 모여 비명을 지르는 듯합니다. "나의 하나

1 1796년에서 1797년 사이에 세 권으로 출간된 장 폴의 독일 낭만주의 작품으로, 닮은 사람을 '도플갱어'로 묘사한 최초의 소설이다. '도플갱어'는 장 폴이 직접 고안한 단어이다.

님, 나의 하나님, 어찌하여 나를 버리셨습니까?" 자신이 당하는 시련에 강하게 항변하는 입장을 예수님도 몸소 경험하셨습니다. 이 '공허하고 뻥 뚫린 눈동자를' 들여다본 사람이라면 누구라도 자신 또한 예수님의 입장이 되어 누워 있다는 사실을 알 수 있습니다.

—하인츠-페터 얀센

74

"엠마오라는 마을로 가고 있었다."

_누가복음 24:13

〈엠마오로 가는 길〉이라는 이 그림은 '경이로운 만남'을 보여 주는 흥미로운 작품입니다. 새로운 시각에서 이 사건을 경험할 수 있도록, 대형 제단화의 중앙에 그려져 있습니다. 그림은 어둠과 밝음, 검은 태양과 빛나는 그림자, 의구심을 가진 얼굴과 원하는 답을 찾기 위해 펼쳐진 책 등 대조적인 요소들로 구성되어 있습니다.

무슨 일이 있었던 것일까요? 무엇이 그림 전면에 있는 두 남자를 혼란스럽게 했을까요? 하늘뿐만 아니라 그들의 마음까지도 어두운 밤이 되었습니다. 나사렛 예수께 기대했던 그들의 희망은 산산조각이 났습니다. 그분을 통해 새롭게 타오르던 구원의 빛이 꺼져 버린 것입니다. 멀리 골고다 언덕 위의 십자가는 핏빛 하늘을 향해 여전히 우뚝 솟아 있습니다. 잔혹한 일이 있었던 그 자리에는 사다리가 드리워져 있고, 시신은 이미 옮겨져 보이지 않습니다. 그곳에서 하나님이 보낸 한 사람이 왔습니다. 그분은 하늘과 땅을 잇는 사다리처럼 자신을 희생했습니다. 몸소 죽음을 선택하심으로 인류의 구원을 가져왔습니다. 그 길은 그분과 함께 새로운 미래를 향해 나아가는 것처럼 보였지만, 이제는 명백히 '끝나고' 말았습니다.

그러니 예루살렘과 골고다의 끔찍한 사건을 외면하고 도망칠 수밖에 없었던 것입니다. 자신을 부르시고 이끌어 주었던 분이 더는 거기에 계시지 않고 죽임을 당하셨다면, 이제 누구를 따라야 합니까? 미래에 대한 확신과 안전함과 도전이 사라졌을 때, 어떻게 해

야 할까요?

그렇게 그들은 다시금 떠납니다. 길을 나서며 그들은 서로 속마음을 터놓고, 질문하고, 답을 찾습니다. 그러나 불평과 후회와 실망은 커져만 갑니다. 낯선 사람이 그들에게 다가오지만 알아보지 못한 채 함께 길을 걷습니다. 그 사람은 관심을 보이며 질문하고 모세와 선지자들 같은 증인들과 옛 언약에 대해 언급합니다.

우리는 그림자를 보며 그가 누구인지 알 수 있습니다. 태양이 그들 뒤에 있지만, 길 한복판에서 대화에 몰두하고 있는 두 사람 뒤로 드리워진 그림자는 세 개입니다. 세 번째 사람이 그곳에 있습니다. 그는 깊은 생각에 잠긴 두 사람에게 빛과 깨달음을 선사합니다. 기억의 파편들이 머릿속에 떠오르지만 이내 그들의 마음에서 사라져 버립니다. 왜냐하면 또 한 번 헛된 희망에 기대고 싶지 않기 때문입니다.

하지만 손가락으로 가리키고 있는 하나님의 말씀은 길 위에 빛이 되고 수많은 물음에 답을 줍니다. "그 말씀은 육신이 되어 우리 가운데 사셨다. 우리는 그의 영광을 보았다"(요한복음 1:14). 엠마오로 가는 제자의 손에 들린 책은 인생 순례의 길을 걸어가는 사람들을 위한 것입니다. 이 책은 고통과 죽음, 무의미한 삶을 살아가는 이들을 위한 길잡이입니다.

우리가 눈을 열어 보고 있는지, 새롭게 보는 법을 배우는지, 우리 마음이 타오르기 시작하는지 여부는 삶의 고난(성 금요일)에 어떻게 대처하는지에 달려 있습니다. 어둠 속에서 어떻게 대화를 나누고 있는지, 낯선 그분의 말씀을 어떻게 받아들이는지에 달려 있습니다.

—파울린 링크

mußte nicht der Christus alles das erleiden
und dann so in seine Herrlichkeit eingehen

75

**"그제서야 그들의 눈이 열려서, 예수를 알아보았다.
그러나 한순간에 예수께서는
그들에게서 사라지셨다."** _누가복음 24:31

예루살렘에서 출발한 두 제자가 엠마오에 이르렀습니다. 그들은 무사히 도착한 것을 기뻐합니다. 그들 앞에는 여행 중에 만났던 길동무를 통해 그 의미를 밝히 깨닫게 된 경전이 펼쳐져 있습니다. 이 그림은 성서 속 모세와 모든 선지자를 배경 삼아 메시아의 고난을 설명해 줍니다. 그리고 플라톤의 〈대화편〉 한 구절을 인용한 두루마리가 이사야서 옆에 그려져 있습니다. 이 구절을 근거로 교부들은 플라톤을 그리스도에 대해 예언한 사람 가운데 한 명으로 여겼습니다.

지거 쾨더 역시 같은 생각입니다. 무엇보다 이 구절이 메시아의 길을 조명하고 있기 때문입니다. "…의로운 자가 묶이고, 채찍에 맞으며, 고문당하고, 두 눈이 멀게 되고, 결국 그는 일어날 수 있는 모든 불행을 당한 뒤에 십자가에 못 박힐 것이다"(플라톤, 《국가》, 361e-362a). 마찬가지로 예언자 이사야는 '하나님의 종의 노래'가 적힌 두루마리를 통해 우리 인간을 위한 예수님의 고난과 죽음에 대하여 알려 줍니다. "그가 찔린 것은 우리의 허물 때문이고, 그가 상처를 받은 것은 우리의 악함 때문이다"(이사야 53:5). 이것은 예수님을 새로운 시선으로 보게 하고, 질문에 답할 수 있게 하는 핵심 구절입니다. "그리스도가 마땅히 이런 고난을 겪고서, 자기 영광에 들어가야 하지 않겠습니까?"(누가복음 24:26).

두 제자가 막 도착했습니다. 그들은 자신들이 찾던 빵과 포도주가 놓인 식탁과 이스라엘의 구원에 대한 불안한 질문에 답을 주는 성서를 발견합니다. 그 순간, 눈이 열려 빛을 바라보던 제자들의 마음이 붉게 타오릅니다. 성서의 깊은 뜻이 영혼의 창을 열어 줍니다. 꺼져 가는 마음, 낙담과 무너진 희망을 안고 떠나온 여행이 이제 끝이 납니다. 물론 예루살렘에서 엠마오로 가는 길 내내 그들은 어둠을 견뎌야만 했습니다. 둘은 서로를 의지하며 걸으면서 이스라엘을 구속하실 메시아가 치욕스러운 십자가에 달리신 이해할 수 없는 현실에 대해 말했습니다. 그들은 대화하며 빵을 떼는 동안 "예수님은 고난받으셔야 했고, 십자가에 달리신 구세주는 다시 살아야만 했다"는 것을 깨닫게 됩니다.

식탁 위에 빵이 여전히 놓여 있고, 초대받은 손님을 위한 포도주 잔도 그 자리에 그대로 있습니다. 제자들이 그분을 알아보자 주님은 그들에게서 사라지셨습니다. 두 사람에게는 일주일의 첫날(일요일)이 시작됩니다. 그들은 주일(부활의 날인 일요일)을 앞둔 안식일(토요일) 밤을 지새우며 거룩하게 지킵니다. 그들은 기도할 수 있었습니다. "포도나무에 열매를 맺게 하시고, 땅의 소산을 양식으로 주시는, 온 세상을 다스리시는 주 우리 하나님이여, 찬미받으소서."

참회하듯 깊은 생각에 잠긴 한 제자는 자기 손에 들린 빵을 가지고, 이 땅에 오셔서 인류를 위해 자신의 생명을 내어 주신 분을 확신합니다. 그에게 빵은 이제 영생을 보증하는 약속입니다. 다른 한 사람은 포도주 잔을 움켜쥐고 손을 들어 축복합니다. 이 몸짓과 표징은 예수님의 고별 만찬과 주일에 행해지는 성찬식을 가리킵니다. 잔에 담긴 포도주는 많은 사람을 위해 흘리신 예수님의 피, 즉 언약의 피(마가복음 14:24)입니다. 엠마오는 진리를 찾아서 손으로 짚어 가며 질문하는 도상을 의미합니다. 이 장소는 새로운 만남을 위해 열려 있는 곳, 바로 죽음에서 생명을 얻는 곳입니다.

—클라우스 고우더스

76

> **"그 말씀은 육신이 되어 우리 가운데 사셨다."**
> **_요한복음 1:14**

목가적인 성탄화가 한 번 더 등장합니다. 베들레헴의 마구간과 반짝이는 별들이 친숙한 방식으로 그려져 있습니다. 한 가정이 아이들과 함께 구유를 찾아왔습니다. 하지만 구유에는 아기가 아닌, 요한복음이 펼쳐진 성서가 놓여 있습니다. "말씀은 육신이 되어 우리 가운데 사셨다"(요한복음 1:14)라는 요한복음 서문의 핵심 구절이 쓰여 있습니다. 요한복음에는 예수님의 탄생 이야기가 상세하게 적혀 있지 않습니다. 쾨더의 이 작품에서도 마찬가지입니다. 우리에게 익숙한 크리스마스 전통에 다른 상상이나 환상을 가미하지 않았습니다. 이 작품은 예수님이 태어날 때 무슨 일이 일어났는지를 묘사하려는 것이 아닙니다. 하나님의 아들이 인간이 되셨다는 사실이 우리에게 의미하는 바가 무엇인지를 보여 주고자 함입니다!

그 중심에는 말씀이 있습니다. "태초에 '말씀'이 계셨다. 그 '말씀'은 하나님과 함께 계셨다. 그 '말씀'은 하나님이셨다. … 모든 것이 그로 말미암아 창조되었으니, … 그에게서 생명을 얻었다"(요한복음 1:1-4). 이 말씀은 무엇을 말하려는 것일까요? "나는 당신을 사랑합니다"라는 뜻입니다. 왜냐하면 "하나님은 사랑"(요한일서 4:8)이시기 때문입니다. 하나님의 사랑은 그의 선택된 백성인 이스라엘 역사에서 반복적으로 선포됩니다.

구유 옆에 펼쳐진 이사야 선지자의 책에는 이새의 그루터기에서 새순이 자라는 모습이 그려져 있습니다(이사야 11:1). 이것은 모든

Und das Wort ist Fleisch geworden
und hat unter uns gewohnt und wir

재앙을 넘어서서 생명을 창조하시는 하나님의 신실하심을 상징하는 이미지입니다. 하나님은 모든 사람에게 '조건 없는, 돌이킬 수 없는' 사랑을 선언하십니다.

하나님은 나사렛 예수 안에서 유일하고도 결정적인 방식으로 이 일을 행하셨습니다. 하나님은 사랑에 관한 말씀을 단지 몇몇 단어로만 설명하지 않으십니다. 그분의 말씀은 육신이 되었습니다. 그분은 이 세상에 오셔서 살과 피를 입으시고, 사람들 가운데 몸소 사시며 자신을 드러내셨습니다. 그분이 인간으로서 사람들 속에 거하셨기 때문에, 사람들은 하나님을 경험하고, 만지고, 만날 수 있었던 것입니다.

하나님께서 이처럼 가까이 계시다는 사실이 놀랍기만 합니다. 하지만 이것은 성육신하신 하나님을 대수롭지 않게 지나쳐 버릴 수 있음을 의미합니다. 만약 전능하신 하나님이 모든 영광 가운데 나타나셨다면, 사람들은 무릎 꿇고 경배할 수밖에 없었을 것입니다. 그러나 주님은 우리의 사랑이 자유로움 속에서 반응할 수 있기를 원하셨습니다. "세상이 그로 말미암아 생겨났는데도, 세상은 그를 알아보지 못하였고", 그분이 "자기 땅에 오셨으나, 그의 백성은 그를 맞아들이지 않았습니다"(요한복음 1:10-11).

펼쳐진 성서 구절은 "그리고 우리는"(und wir)으로 끝이 납니다. 그렇다면 지금 우리는 어떠합니까? 우리는 예수님과 동시대의 사람들이 만났던 것처럼 하나님의 아들을 만날 수는 없습니다. 우리는 구유에 계신 아기를 보는 것이 아니라, 성서를 통해 우리에게 전해진 그분의 말씀을 봅니다. 우리는 매일 듣는 수많은 말의 향연 속에서 주님의 말씀을 식별하여 들을 수 있을까요? 그분의 말씀에 자신을 내어 줄 수 있는 사람은 그 말씀이 어떻게 육신이 되어 주님 안에 거하시는지를 경험할 수 있습니다. 이로써 우리는 다음 문장을 완성할 수 있는 것입니다. "우리는 그의 영광을 보았다. 그것은 아버지께서 주신, 외아들의 영광이었다. 그는 은혜와 진리가 충만하였다"(요한복음 1:14).

―베른하르트 엘러

77

"너와 말하고 있는 내가 바로 그 사람이다."

_요한복음 4:26, 공동번역

이 작품은 요한이 전하고 있는 이야기의 깊은 진실을 담아내고 있습니다. 매일 정오가 되면 수가 마을의 우물가로 한 젊은 여인이 물을 길으러 왔습니다. 사람뿐만 아니라 동물과 식물의 생존을 위해서도 물이 꼭 필요했기 때문입니다. 그런데 오늘, 갈릴리에서 온 한 낯선 남자와의 만남으로 인해 그 일상이 중단됩니다. "나에게 마실 것을 좀 주세요"(요한복음 4:7, 새한글성경). 여인은 목이 마른 나그네에게 먼저 물 한 잔을 건넸을 수 있습니다. 그렇지만 서로를 엄격하게 분리하는 전통의 경계를 넘어선 그의 행동에 여인은 매우 당황했을 것입니다. 어색함이 가시자 나그네가 영생의 물에 관해 이야기합니다.

처음에 그녀는 순진한 생각을 했습니다. '내게 그런 마법이 있다면, 고생스럽게 우물까지 올 필요가 없을 텐데.' 그러나 이야기가 진행되는 동안 주님은 완전히 다른 무언가를 말씀하십니다. 거기에는 한 가지 복선이 들어 있습니다. 여인의 삶을 속속들이 알고 있는 주님은 영생에 이르게 하는 샘물에 관해 대화를 시작하십니다. 그분은 여인을 진심으로 대하면서 마침내 자신의 정체를 드러내십니다. 그 여인은 주님을 믿게 됩니다.

화가는 이 순간을 포착한 것입니다. 젊은 여인은 맞은편에 서 있는 남자를 보고 있지 않습니다. 자신에게 가르침을 준 스승의 발치에 앉아 있지도 않습니다. 그 여인은 우물 깊숙한 곳에 비친 자신의 모습을 바라봅니다.

깊은 자아의 상징인 우물은 놀라운 경험을 하게 합니다. 예수라 불리던 이 남자는 빛의 장벽으로 그녀와 분리되어 있지만 새로운 차원의 사랑을 알려 주십니다. 가부장사회의 극심한 차별 가운데 지친 그녀를 홀로 남겨 두지 않을 분입니다. 이 그림에는 여인을 억압하며 자기 소유처럼 여기는 사람은 등장하지 않습니다. 이해심 깊은 그분이 사랑이 닿을 만큼의 사이를 두고 그녀 가까이에 머물러 계실 뿐입니다. 이제 육신의 목마름은 더 이상 중요하지 않습니다. 그분이 주시고자 한 것은 살아 있는 물이기 때문입니다. 그리고 이 물을 마시는 사람 또한 생명의 물을 전해 줄 수 있게 됩니다. 더는 홀로 남겨지지 않고 받은 것을 나누어 주는 복음에 매인 사람이 되는 것입니다.

그분이 누구인지 인식하게 된 순간, 이 여인은 변화를 경험합니다. 긴 탐색의 여정이 여기서, 곧 참 생명이신 예수님께로 돌아가는 순간, 목적지를 발견하게 된 것입니다. 그러나 이 그림에서 보는 것과 보이는 것은 단지 둘 사이에 있었던 인간적인 경험을 초월합니다. 젊은 여인은 자신과 예수님 사이를 경계 짓는 빛줄기를 봅니다. 그녀와 분리되어 계신 주님은 새로운 차원의 사랑을 깨닫게 하십니다. 새 창조라 할 수 있는 이 사건은 여인의 마음을 사로잡고 믿음을 고백하게 합니다. 그것에 힘입어 여인은 마을로 돌아갑니다.

수가 여인은 동그랗게 열린 우물 입구로 자신의 모습을 드러냅니다. 위에서 비추는 빛이 우물 안에서 자기의 참된 자아를 발견한 그녀를 감싸고 있습니다. 이 상징은 우리에게 말을 건넵니다. "자신의 내면 깊숙이 들어가야만 비로소 주님을 발견할 수 있습니다. 우리는 이 만남의 신비로부터 '살아 있는 물'을 길어 올릴 수 있습니다."

—마르타 존탁

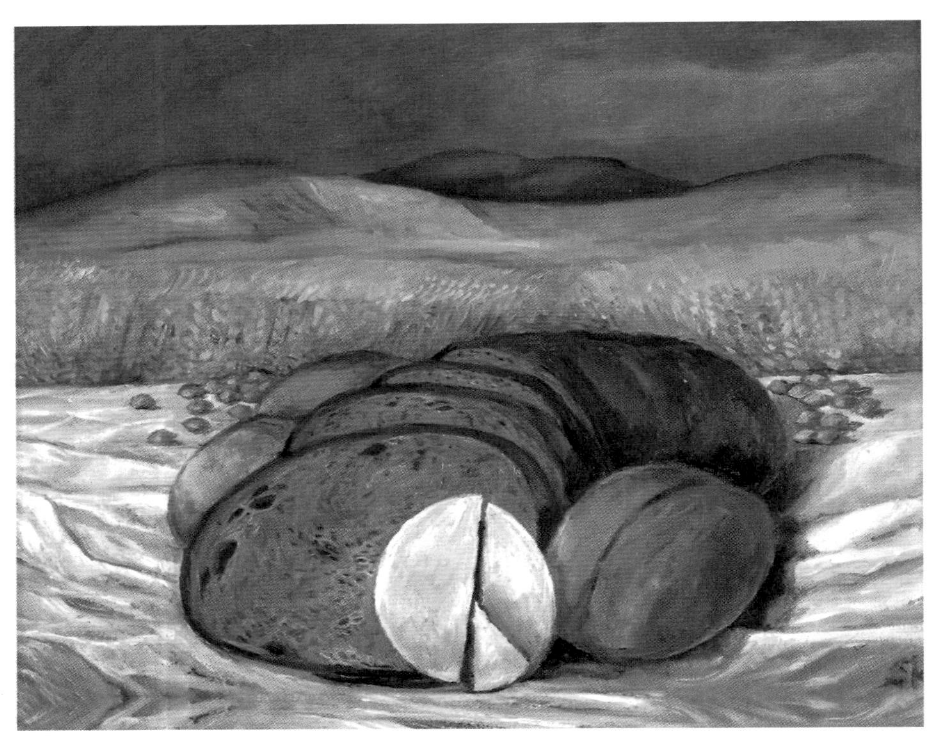

78

"나는 생명의 빵이다."

_요한복음 6:48

요한복음에 나오는 빵에 관한 담론은 난해합니다. 빵에 대한 말씀을 '빵이 있는 풍경'으로 옮겨 낸 이 그림 또한 마찬가지입니다. 푸른 하늘 아래에서 추수를 기다리는 들판의 곡식들이 영글어 넘실댑니다. 인간의 노동과 땅의 소산인 곡식이 자랐습니다. 이것을 타작하여 갈고 구우면 빵이 됩니다. 대지는 하얀 식탁보로 덮여 있습니다. 그 위에는 조각난 성찬용 빵과 잘라 놓은 빵, 그리고 곡식 낟알이 놓여 있습니다. '빵이 있는 풍경'은 지평선 너머 에스파냐 메세타 고원의 광활한 들판을 떠올리게 합니다. 또한 메클렌부르크와 포메른의 끝없이 펼쳐진 곡창지대와 캐나다의 한없이 드리워진 밀밭을 생각나게 합니다. 대지와 하늘이 서로 어우러져 있습니다. 만나, 빵, 충만함. 그것은 모두를 만족하게 하는 하늘의 선물입니다.

잘 구워진 빵은 단단해 보입니다. 그러나 그 속에는 감추어진 현실적 과정이 들어 있습니다. 곡물이 맷돌에서 갈려져 가루가 되고 발효되어 화덕에서 구워진 뒤에야 비로소 대지, 태양, 아침이슬, 한낮의 열기, 밤의 서늘함, 그리고 수고한 사람들의 땀방울로부터 온 맛을 우리가 느끼게 됩니다.

그림 속 빵은 성서의 오병이어 이야기에 주목시킵니다. 예수님은 빵 다섯 개와 생선 두 마리를 놓고 축사한 뒤 떼어 사람들에게 나누어 주셨습니다. '빵이 있는 풍경'에는 사람들에게 자비를 베푸시는 예수님이 계십니다. 그분은 그들의 삶을 아시기에, 그들과 더불어 양식을 나눕니다. 예수님은 사람들이 찾고 구하는 것들을, 그분이 찾고 구하는 것이 되게 하십니다. 그분의 말씀은 빵과 같습니다. 그 말씀은 능력이 있고, 오래도록 지속됩니다. 빵을 나누고 먹음으로써 사람들은 나사렛 예수님이 어떤 분인지 깨닫습니다. 그분은 신학자들의 정교한 교리 구조를 무너뜨리고, 무미건조한 교리적 진실을 전하지 않으십니다. 오히려 먹을 수 있는 빵을 나눠 주어 배를 채우게 하시는 동시에 더 많은 것, 더 깊은 의미, 미래, 영원한 생명에 대한 배고픔을 채워 주십니다.

'빵이 있는 풍경'은 빵이 성례전으로 변화되어 온 길고도 오랜 역사를 들려줍니다. 이야기는 아브라함이 세 나그네에게 샬롬(평화)의 표지로 대접한 빵 조각에서 시작됩니다. 낯선 땅의 한 이방인이 나그네들과 함께 빵을 나누면서 천사들과 하나님이 함께 있음을 경험합니다. 유월절(파스카) 밤에 서둘러 무교병을 구웠습니다. 그것은 노예의 빵이자 자유를 향한 출애굽의 빵입니다. 아침이슬과 함께 내리는 만나는 하늘의 선물이자 광야 시절을 견딜 수 있게 한 양식이었습니다. 축제와 기쁨의 빵이고, 고난의 빵이기도 합니다. 예수님의 삶은 빵과 같았습니다. 그는 살아 있는 빵으로서 세상을 구원하기 위해 자신을 생명의 양식으로 내어 주셨습니다. 쪼개져 나뉜 빵은 죽음에 넘겨진 몸입니다. 예수님은 최후의 만찬, 십자가, 그리고 성찬식 때마다 말씀하셨습니다. "빵은 나의 몸이니 나는 곧 빵이다. 나는 전적으로 너희를 위해 존재하는 빵이다." 예수께서 주신 이 빵을 먹는 이는 누구나 다시는 굶주리지 않을 것입니다. 주님은 진리의 양식인 생명의 빵을 주십니다. 영생의 약속으로 우리에게 주신 이 빵은 하나님과 인류와 세상을 위한 예수님의 생명입니다.

—클라우스 고우더스

79

"너희 가운데서 죄가 없는 사람이"

_요한복음 8:7

"선생님, 이 여자가 간음을 하다가, 현장에서 잡혔습니다." 이런 이유를 대며 남자들이 한 여자를 예수님 앞에 끌고 옵니다. 그런데 간음한 여인의 상대 남자는 그 어디에도 보이지 않고, 오직 여자에게만 책임을 돌리고 있습니다. 건장한 남성들을 대항할 어떤 기회도 그 여자에게는 없습니다. 율법은 간음한 여인은 돌로 쳐 죽이라고 할 뿐입니다.

배경이 된 어두운 그림자와 함께 이 남자들은 난공불락의 벽을 형성합니다. 그림 왼쪽 가장자리에 한 사람이 발을 벌린 채 서 있습니다. 그는 검지손가락으로 옆 사람을 가리키며 여인을 정죄하듯 속삭입니다. 무관심한 표정을 짓고 있는 옆 사람은 들은 체 만 체합니다. 그는 구경꾼으로 있고 싶을 뿐, 이 일에 엮이기를 원치 않습니다. 한 사람은 놀란 듯 손으로 입을 가립니다. 자신의 행동과 말에 충격을 받아서일까요? 그 옆에는 표정이 어두운 사람이 서 있습니다. 그 옆 사람은 여기 모인 사람들 가운데 가장 키가 큽니다. 무뚝뚝하고 거만한 얼굴을 하고 있고, 여자를 강제로 굴복시키려는 듯 손은 아래를 가리키고 있습니다. 오른쪽 끝의 두 사람은 손으로 입을 가리고 서로 속삭입니다. 거기에 있던 모든 남자는 똘똘 뭉쳐 자기 의(義)와 자만심으로 철옹성을 쌓고 있습니다.

그림 중앙에 그려진 여인은 마치 자기 뒤에 아무런 위협이 존재하지 않는 것처럼 앉아 있습니다. 그녀는 여리디여려 보입니다.

자신을 지키려는 듯 오른손으로 옷을 단단히 여밉니다. 그러면서도 마음을 열고 고개를 들어 상대에게 다가갈 모양새입니다. 그녀는 모래 위에 커다란 손으로 글씨를 쓰고 있는 사람을 눈을 크게 뜨고 조심스럽게 바라봅니다. 작은 손 위에 돌 하나를 준비해 놓은 사람보다 훨씬 강력해 보이는 손입니다. 여인은 고개를 들어 예수님을 바라봅니다. 그분에게서 비치는 빛이 여인을 감쌉니다. 남자들은 그녀를 굴복시키지 못했습니다.

사실 이 사건의 문제는 여자에게 있지 않습니다. 이 남자들은 예수님을 시험하려 했지 조언을 얻으려 한 것이 아닙니다. 그들은 예수님을 고발할 이유를 찾고 있었습니다. 예수님은 이 무리가 자신을 함정에 빠뜨리려 한다는 사실을 아셨습니다. 주님이 몸을 굽혀 손가락으로 땅에 무언가를 쓰십니다.

"샬롬." 이것은 그들의 물음에 대한 응답이자 하나의 제안입니다. 예수님은 고발한 남자들이나 고발당한 여자에게 직접적인 언급을 하지 않고도 자신의 입장을 밝히십니다. 샬롬 속에는 회복이 포함됩니다. 여기서 중요한 사실은 잘못한 행위에 대해 대가를 치르는 것입니다. 이것은 계산적인 행동을 의미하지 않습니다. "너희 가운데서 죄가 없는 사람이 먼저 이 여자에게 돌을 던져라." 예수님은 남자들의 고발을 그들의 삶에 대한 질문으로 되돌려 줍니다. 그것만으로도 충분했습니다. 예수님의 뜻을 이해한 그들은 장로를 시작으로 한 명씩 그 자리를 떠납니다. 그러자 예수님은 다시 몸을 굽혀 바닥에 적으십니다. 그분이 모래 위에 조용히 쓴 말씀은 우리 영혼과 삶에 온전한 평화를 더해 줍니다. 비록 죄를 지었을지라도 이러한 참된 평안 속에서 새롭게 시작할 수 있습니다. "나도 너를 정죄하지 않는다. 가서, 이제부터 다시는 죄를 짓지 말아라."

—앙겔리카 다이커

80

"너희도 이렇게 하라고, 내가 본을 보여 준 것이다."

_요한복음 13:15

이 본문은 요한복음에서만 볼 수 있습니다. 복음서가 기록되던 시기에 이미 공동체의 위계질서가 형성되어 있어서 지위고하의 신분 격차가 존재했습니다. 화가는 마지막 유월절 식사 자리에서의 이 인상적인 장면을 매우 세심하게 포착해 냅니다.

스승은 겉옷을 벗어 놓고 대야에 물을 채워 제자들의 발을 씻기기 시작합니다. 근동 지역의 전통에서 흔히 볼 수 있는 장면입니다. 그곳에서는 먼지 묻은 발을 식사 전에 깨끗이 씻어야 합니다. 발을 씻기는 일은 응당 하인들의 몫이었습니다. 그들은 샌들의 끈을 풀고 손님의 발을 씻겨 주었습니다.

그런데 예수님은 이 일을 직접 하십니다. 이 사역을 위임할 종이 없어서 주님께서 친히 이 일을 행하시는 것입니다. 작품을 보면, 시몬 베드로가 스승의 섬김을 받아들일 수 없다고 거부합니다. 예수님의 등에 오른손을 올리고 있는 베드로의 몸짓에서 강한 거절의 마음이 느껴집니다. 베드로의 왼손은 간청하듯이 그림 중앙에 있습니다. "주님, 당신께서 이렇게 허리를 굽히시면 안 됩니다. 저를 위해 종들처럼 일하시면 안 됩니다. 이럴 수는 없는 것입니다. 주님께서 종이 되시다니요!"

예수님은 베드로에게 말씀하십니다. "내가 너를 씻기지 아니하면, 너는 나와 상관이 없다." 그 순간 베드로는 예수님의 이 말씀을 이해했을까요? 그는 아는 척하며 더 많은 것을 원했습니다. 오늘 우리는 이 상황을 더 명확히 볼 수 있습니다. 스승이신 예수께서 사명의 또 다른 측면을 보여 주셨기 때문입니다. 즉 다른 사람을 위해 겸손히 섬기고, 그분의 발 앞에 무릎을 꿇으며 몸을 낮추는 것입니다.

베드로의 몰이해로부터 비롯된 항변에 예수님은 이렇게 대답하셨습니다. "내가 너희에게 한 것과 같이, 너희도 이렇게 하라!" 그분의 얼굴이 베드로의 발에 정확히 비칩니다. 베드로의 미래를 보여 주는 상징입니다. "시몬! 네가 반석(베드로)으로서의 역할을 맡으려면, 내 발자취를 따라오렴. 네 발걸음이 사람들에 대한 사랑과 겸손을 좇음으로 가능하단다. 네게 맡겨진 사명은 지배하는 권세가 아니라 종의 섬김이다. 복음은 사람들을 위해 가장 낮은 곳으로 내려가는 것을 전제로 하기 때문이지."

로마 교회의 초대 감독(bishop)이었던 베드로는 이 뜻을 이해했을까요? 물에 비친 예수님의 슬픈 모습은 우리가 역사로부터 배운 현실이 무엇인지를 말해 주는 것 같습니다. 예수님의 말씀이 전해진 이래로 지난 수 세기 동안 얼마나 많은 폭력적 제국과 권력이 생겨났는지 모릅니다. 그분의 사랑에서 시작된 비극은 예수님의 죽음 이후에도 계속되었습니다.

그래서인지 배경은 어두운 채로 남아 있습니다. 어두운 배경은 그리스도교 공동체를 이끌어 가는 지도자들의 교권 위에 자비로운 장막을 덮어 두는 역할을 합니다. 네 조각으로 나뉜 빵 위로 희미하게 비치는 빛은, 이것이 단지 로마의 비극이 아니라 예수님의 이름으로 권력을 행사하는 모든 사람에게 해당된다는 사실을 상기시켜 줍니다.

—마르타 존탁

81

"예수께서 자기의 십자가를 지시고"

_요한복음 19:17, 개역개정

이제 재판은 끝나고 판결이 내려졌습니다. 지연이나 연기 없이 사형이 집행됩니다. 채찍으로 맞아 피를 흘리는 그분의 손이 십자가를 붙듭니다. 기둥을 움켜쥔 두 손이 "이 참혹함에 나를 맡깁니다"라고 말하는 듯합니다. 이 순간 예수님은 "도살장으로 끌려가는 어린 양처럼"이라는 이사야 말씀을 의지했을 것입니다. 감람산(올리브 산)에서처럼 예수님은 이제 아버지의 뜻대로 행할 확신이 필요합니다.

우리는 예수께서 판결과 재판의 결과를 어떻게 받아들였는지 알기 위해 성서 말씀을 찾아봅니다. 십자가의 사건을 받아들이기가 우리에게도 무척 힘든 일이기 때문입니다. 물론 이 사건이 교리적 의미를 부여받아 말씀을 이루기 위한 것이었음을 인정한다고 해도, 우리에게는 여전히 깊은 분노를 일으킵니다. 어두운 세상에 빛이 되고 구원을 선포했던 스승 예수의 실패가 잔인한 죽음으로 끝났기 때문입니다. 우리를 움직이게 한 것은 단순히 연민이 아닙니다. 화해를 이루기 위한 다른 해결책이 없었음에 대한 부르짖음입니다. 이를 받아들이기 위해서는 아들을 십자가 죽음으로 내몬 하나님에 대한 믿음이 전제되어야 합니다. 즉, 인류에 대한 사랑 때문에 죽음이라는 환멸의 순간까지 자신을 내어 주신 것을 믿는 것입니다. 그렇게 함으로써 멀리 계신 하나님과 우리 사이에 하나의 징표가 세워집니다.

화가는 '십자가의 길' 외에도 또 다른 강조점을 이 그림에 둡니

다. 십자가 대들보에는 무거운 철제 갈고리가 걸려 있습니다. 그리고 가로막과 평행하게 철길이 보입니다. 그것은 사형 집행 장소로 향하는 플뢰첸제 교도소[1]의 레일을 연상시킵니다. 1944년 7월 그곳에서, 불의와 증오의 독재를 끝내기 위해 결사 항전한 사람들이 불의한 권력의 하수인들에게 처형당했습니다. 그들의 계획은 실패했고 즉결 심판을 피할 수 없었습니다.

저는 플뢰첸제의 철길이 정의와 인권, 억압받는 이들의 자유를 위해 항거하다가 고문과 처형을 당한 많은 사람을 상징하는 하나의 기념물이라 생각합니다. 인류 역사 속에서 힘과 무력, 속박과 자유, 억압과 절규의 대립관계는 혈연관계처럼 늘 얽혀 있었고, 둘 사이에 싸움은 필연적으로 일어납니다. 그리고 이러한 일이 일어나는 곳을 볼 때마다 사랑 때문에 십자가에 못 박힌 나사렛 예수를 떠올리게 됩니다.

예수님은 인간성이 말살되는 최악의 파멸 속으로 스스로 들어가셨습니다. 두려움과 의심을 가진, 파괴적인 권력의 형벌을 피할 수 없었던 사람들의 마지막 순간에 예수님은 친히 인간의 몸을 입고 함께하셨던 것입니다.

예수께서 함께하신다는 것이 그들에게 위로가 되었을까요? 그들은 더 이상 우리에게 직접 말해 줄 수 없지만, 여러 사람의 증언이 남아 있습니다. 우리는 오직 예수님과 함께한 역사적 경험의 끝에서 말할 수 있습니다. 여기, 파괴와 죽음의 폭력에 새로운 의미를 부여해 주는 십자가가 있다는 것을 말입니다.

—마르타 존탁

---

1 베를린에 있으며 나치에 항거한 인물들이 이 교도소에 투옥·처형되었다.

82

"그들이 나의 겉옷을 서로 나누어 가지고"

_요한복음 19:24

다채로운 색감과 명확한 구조가 돋보이는 이 작품의 중앙에는 요한복음에서 언급하고 있는 "이음새 없이 위에서 아래까지 통째로 짠"(요한복음 19:23) 예수님의 빛나는 백의(白衣)[1]가 있습니다. 군인들이 제비 뽑아 나누었던, 통으로 짠 예수님의 속옷은 초대교회 때부터 이미 불가분하게 교회 일치의 상징으로 여겨졌습니다. 트리어에 전시되어 있는 이 옷은 지금 우리 시대에도 성의를 순례하는 축제[2] 때마다 많은 이들에게 인간의 몸을 입고 사신 예수님을 감명 깊게 추억하게 합니다.

지거 쾨더의 묘사 역시 이러한 해석을 배경으로 하고 있습니다. 이 그림은 우리의 시선과 생각을 어디로 이끌고 무엇을 일깨우려 하는 것일까요?

예수님의 옷 주위에는 그리스도교회의 세 주요 교파를 대표하는 사람들이 모여 있습니다. 한쪽에는 황금빛 예복을 입은 정교회의 총대주교가, 그 옆에는 검은 탈라[3]를 입은 개신교 목사가 있습니다.

---

1 여기서 사용된 독일어 단어 'Leibrock'는 가톨릭 성직자가 입는 예복을 가리키기도 한다.

2 그리스도교를 공인한 콘스탄티누스 황제의 어머니 헬레나는 이스라엘 땅에서 예수님과 관련된 유품을 즐겨 수집했는데, 이 가운데 하나인 예수님이 처형되실 때 입으셨던 옷을 성의(Heilig-Rock)로 지칭한다. 독일 트리어에 보관되어 있다.

3 독일 개신교 목사가 입는 집례 가운.

맞은편에는 짙은 붉은색 미트라[4]와 예복을 입은 로마 가톨릭 주교가 보입니다. 세 사람 모두 예수님의 옷을 한 자락씩 잡고 경배하고 있습니다. 이것은 예수님께 상속받은 '각자의' 몫을 의미합니다.

그런데 피투성이 깃발을 든 검은 피부의 한 남성이 이처럼 경건하고 평화로운 순간을 방해하려는 것 같습니다. 그렇게 보이지 않나요? 또한 '거룩한 옷' 위로 부서져 어긋난 십자가가 보이지 않습니까? 마치 경건한 복음이 서로 나뉘어 있는 교파들 사이에서 '그리스도의 몸'도 찢길 수밖에 없다는 의미로 읽히지 않습니까? 그렇습니다. 각자 자기들이 가진 몫이 예수님의 유업이라 스스로 만족하며 본래의 유산과 정신을 망각해 버린 것입니다. 그림자 속에 감추어진 십자가가 그것을 말해 주고 있는 것 아닐까요? (우리는 그림 상단에서 십자가의 밑동만 볼 수 있을 뿐입니다.) 이렇게 볼 때 쉽게 간과해 온 십자가의 검은 그림자가 향하고 있는 붉은 깃발을 든 흑인이 교회와 우리 그리스도인들에게 도전하며 질문하고 있음을 직시하게 됩니다.

제2차 바티칸 공의회의 표현대로 "오늘날 사람들의, 특히 모든 종류의 가난과 억압 아래에 있는 사람들의 기쁨과 희망, 슬픔과 두려움"과 그들의 인권과 인간다운 삶을 위한 투쟁이 주님에게서 구현된 것이라면, 이 그림은 예수님의 과업을 확실하게 상기시켜 줍니다. "성육신하신 완전한 사람, 육체와 영혼, 마음과 양심, 이성과 의지를 가진 주님"만이 교회의 구원 사역의 중심에 있어야 합니다 (참고. 《기쁨과 희망》 1항과 3항). 예수님의 옷에서 자라나 흰색과 조화를 이룬 붉은 깃발은 그래서 예수님의 십자가와 대립하지 않습니다. 이는 우리 시대에도 마찬가지일 것입니다. 동시대 사람들의 필요와

---

4 '미트라'라 불리는 주교관(主教冠)은 주교의 특별한 품위를 드러내는 상징으로, 주교가 전례를 거행하며 썼던 두건을 가리킨다.

현실에 늘 새롭게 다가서지 않는다면, 십자가는 세상을 구원하고 해방하는 그 어떤 능력도 발휘하지 못할 것입니다.

—롤프 바우만

IES
NAZARE

83

"예수께서 '마리아야!' 하고 부르셨다."

_요한복음 20:16

요한복음의 부활 이야기에는 눈에 띄는 한 여인이 등장합니다. 바로 막달라 마리아입니다. 이 그림에서 붉은 옷을 입고 긴 머리카락을 늘어뜨린 여인은 누구일까요? 분명 스승 예수의 가까운 제자 중 한 명일 것입니다. 예수께서 일곱 귀신을 쫓아내 주었던 사람일 수도 있습니다. 아니면, 예수님의 발을 씻겨서 사람들을 분노하게 했던 그 여인일지도 모릅니다. 그녀가 이 중 누구이든 막달라 마리아는 아주 특별한 방식으로 회심을 경험했음이 분명합니다. 예수님을 특별하게 사랑하여 행한 순종에서 그녀는 확실하게 구원을 체험합니다. 이런 점에서 막달라 마리아가 요한복음에서 부활의 첫 번째 증인이라는 점은 그리 놀라운 일이 아닙니다.

안식일 다음 날 아침, 우리는 죽은 자의 무덤을 통해 지금껏 보지 못했던 여명을 봅니다. 이러한 신비로운 광경을 이 작품이 설명해 줍니다. 요한은 천사들의 출현을 통해 부활이 하나님의 비밀이자 천사들의 메시지임을 강조합니다. 그러나 마리아는 여전히 슬픔에 잠겨 있으며, 돌아가신 예수님을 보려고 했던 모든 시도가 헛수고였다는 생각에 온통 갇혀 있습니다. 이 작품은 슬픔에서 깨어나 인식의 변화가 일어나는 순간을 정확히 포착합니다. 무덤지기라고 생각했던 남자가 그녀의 이름을 부르며 말을 걸며 다가옵니다. "마리아야!" 자신을 부르는 소리에 여인이 대답합니다. "랍오니!"(선생님). 예수님일지 모른다는 그녀의 마음이 얼굴과 손에 빛으로 놓여 있습니다. 그녀는 자신의 마음을 믿지 못하게 하는 어떤 충동에 이끌려 눈과 귀가 반응하는 대로 손으로 무언가를 잡으려 합니다. 그러나 새롭게 되신 스승 예수님은 분명하게 선을 긋습니다. 인간 예수로서의 재회가 아니라 신비로 가득한 전혀 다른 만남이 시작된 것입니다. 당황한 여인에게 예수님은 한 가지 임무를 주십니다. "내 형제들에게도 가서 일러라!" 이에 막달라 마리아는 슬픔에서 벗어나 일어섭니다. 그리고 자신의 체험을 빛과 같이 퍼져 나가게 할 것입니다.

이 빛은 희망이 됩니다. 지거 쾨더는 부활 사건으로 인해 쓰러진 묘비 두 개를 그려 넣었습니다. 히브리어로 적혀 있는 아담(첫 번째 아담)과 하와(살아 있는 자들의 어머니)라는 단어는 하나님과 멀어진 인류의 대명사입니다.[1] 분리의 장벽이 무너짐으로써 사람들은 자유를 누리게 되었으며, 하나님은 독생자 예수 그리스도의 사랑으로 그들을 돌보십니다.

그리스도의 부활하심에는 장래의 모든 무덤이 포함되어 있습니다. 묘비, 무덤의 십자가, 전사자들의 무덤, 공동묘지의 벽 위로 희망의 싹이 자라납니다. 장미꽃이 피어나고, 아침노을이 유한한 죽음의 끝을 벗어 내고 동터옵니다.

—마르타 존탁

1 그림 오른편 비석에 아담(אדם)이, 그림 왼편 비석에 하와(חוה)가 히브리어로 적혀 있다.

84

"그들에게 숨을 불어넣으시고 말씀하셨다. '성령을 받아라.'" _요한복음 20:22

성령강림을 그린 이 작품을 보면서 교회는 인간이 만든 조직의 위험한 진실을 기억해야 합니다. 모든 사람이 성직자입니다(참고. 고전 12:13). 이 진리는 교회 일치의 근간이 됩니다. 오순절 성령강림을 그려 낸 이 작품은 교회의 경직된 위계 구조에 반대합니다. 교회는 공식적인 선언에 의해서만 움직이는 획일적인 꼭두각시 집단이 아닙니다. 교회는 맹목적으로 지도자들에게 복종하고 따르는 신하들의 무리도 아닙니다. 교회는 살아 계셔서 현존하시며, 십자가에 못 박혔지만 부활하신 예수님을 중심으로 모인 거룩한 성직자들의 모임입니다.

제자들에게 성령을 베풀어 주신 예수님은 십자가에서 잔혹한 죽임을 당하신 바로 그분이십니다. 손과 옆구리의 상처는 사형을 집행하는 자들이 희생자들 위에 군림하는 것을 허락하지 않겠다는 하나님의 상징이기도 합니다. 예수님은 자신이 보냄을 받은 것처럼 그들을 보내사 이 땅에 천국이 임하기를 꿈꾸며, 이 땅에서 지옥이 극복될 수 있다고 믿게 하십니다.

요한이 사용하고 있는 '숨을 불어넣다'라는 동사는 창세기 2장 7절에 쓰인 단어와 동일합니다. 하나님께서 생명의 숨을 불어넣으심으로써 인간은 비로소 살아 있는 존재가 됩니다. 여기서 예수님은 제자들에게 손을 얹으시고 생명의 숨결, 바로 그분의 영을 불어넣어 세상의 죄, 지배와 불의의 사슬에서 벗어나게 하십니다. 다리

저는 사람들이 걷고, 못 듣는 이가 듣게 되며, 눈먼 이들이 보고, 죽은 자들이 일어납니다. 잠자코 있던 사람들이 행동하기 시작합니다. 하나님이 창조하실 때 그들의 마음속에 심어 주신 다양한 은사들이 이 과정에서 성령에 의해 펼쳐집니다. 어떤 이는 사람들을 모아 새로운 공동체로 세우는 은사로 섬깁니다(사도). 다른 이는 복음을 전하며 사람들이 예수님을 따를 수 있도록 확신을 줍니다(복음전도자). 또 다른 이는 각각의 사회적 상황에서 예수님의 말씀으로 세상을 변혁하는 역할을 합니다(예언자). 다양한 은사가 있지만, 성령은 하나입니다. 따라서 어떤 은사도 다른 은사를 지배하려고 해서는 안 됩니다.

교회는 목사, 주교(감독), 교황의 의지나 권위로 세워진 것이 아닙니다. 교회는 오직 성령이 그 안에 내려오셔서 임재하시는 방법으로 존재합니다. 이러한 신비로운 방식으로 교회가 세워졌습니다. 이 땅에 하나님 나라가 임하기를 꿈꾸며 지옥을 극복할 수 있다고 믿는 사람들을 성령은 찾으십니다.

"하늘에서 내려오신"(요한복음 1:32) 성령으로부터 온전한 하나님이요 온전한 사람인 분이 태어나셨습니다. 그분은 하나님 아버지의 유일하신 아들입니다. 예수께서 선물로 주신 성령님으로 인해 유대인, 헬라인, 로마인들로 구성된 새로운 공동체가 탄생합니다. 그들은 모든 사람이 생명 얻기를 원하시는 하나님의 아들과 딸들입니다. 하나님 나라는 그들과 함께 시작됩니다. 성령으로 거듭나면 모든 지배로부터 자유를 얻게 됩니다. "주님의 영이 계신 곳에는 자유가 있습니다"(고린도후서 3:17).

—노르베르트 아른츠

85

"저분은 주님이시다."

_요한복음 21:7

요한복음 21장 앞에는 주석이 붙어 있습니다. 우리는 이 구절을 지나쳐서는 안 됩니다. 이 장을 이해하는 데 중요한 열쇠이기 때문입니다. "예수께서 제자들 앞에서 이 책에 기록되지 아니한 다른 표적도 많이 행하셨으나 오직 이것을 기록함은 너희로 예수께서 하나님의 아들 그리스도이심을 믿게 하려 함이요 또 너희로 믿고 그 이름을 힘입어 생명을 얻게 하려 함이니라"(요한복음 20:30-31, 개역개정).

이 그림에는 일곱 명의 목격자가 등장합니다. 그들 대부분 이름이 알려져 있습니다. 해가 뜨기 전에 고기를 잡는 것으로 이야기가 시작됩니다. 밤새 수고했지만, 그들은 아무것도 잡지 못했습니다. 그때 누군가 그들을 부릅니다. 요한이 그 목소리를 알아차린 듯합니다. "그물을 다시 한번 던져라!" 그분의 말씀에서 권세가 느껴졌습니다. 그래서 실제로 그렇게 했습니다. 제자들이 그물을 던지자 끌어 올리지 못할 만큼 고기가 잡혔습니다.

예수님의 말씀에 능력이 있다는 증거는 원래의 그림을 위한 하나의 틀에 불과합니다. 지거 쾨더는 제자들이 경험하고 있는 것을 그들에게 비치는 환하고 붉은빛으로 묘사합니다. 한 사람은 거기에서 무슨 일이 일어나는지 확인하고 싶어 배에서 내립니다. 그는 베드로입니다. 타오르는 빛에 넋을 잃고 서 있습니다. 어떻게 이런 현상이 일어나게 되었는지 누구도 묻지 않습니다. 불 위에 구워진 생선과 모두를 위한 빵이 있는 식사로의 초대는, 그것들이 의미하는 상징을 해석해야만 이해할 수 있는 부활절 이야기 중 하나입니다. 함께 식사하며 식탁 교제를 하는 것은 예나 지금이나 우정 어린 만남의 모습입니다. 예수님은 의심하고, 이해하려 노력하는 친구들에게 이러한 자신을 알아보게 하는 표지를 주십니다. 그래서 언어로 다 표현할 수 없는 만남의 순간이 성서에 담겨 우리에게 전해집니다. "우리는 그분을 보았고, 그분과 함께 먹었습니다."

화가는 그림의 앞부분을 강조하고 있습니다. 커다랗게 터진 밀 이삭이 열매를 내어 줍니다. 그리고 예수님이 자신의 죽음을 암시하며 하신 말씀이 자연스레 떠오릅니다. "밀알 하나가 땅에 떨어져서 죽지 않으면 한 알 그대로 있고, 죽으면 열매를 많이 맺는다"(요한복음 12:24).

제자들에게서 말씀이 이루어졌습니다. 죽음을 이기신 주님과의 만남을 통해 그들은 새로운 삶의 길로 나아갑니다.

우리가 사는 세상은 기적과 표징을 보기 어렵습니다. 그것은 우리 믿음에 대한 큰 시험입니다. 그토록 많은 사랑의 표징에서 주님을 친밀하게 알아보지 못한다면 더욱 그러할 것입니다. 부활은 우리가 믿고, 사랑하고, 소망하고, 살아가는 그곳에서 일어납니다.

—마르타 존탁

86

"남들이 … 너를 묶어서 네가 바라지 않는 곳으로
너를 끌고 갈 것이다." _요한복음 21:18

많은 사람들이 이 그림 뒤에 숨겨진 전설을 알고 있습니다. 베드로는 주님처럼 똑바로 십자가에 달려 죽지 않고 머리를 아래로 해서 거꾸로 십자가에 못 박히기를 원했습니다. 베드로가 정말 그렇게 죽었을까요? 우리는 알지 못합니다. 하지만 그는 순교자로서 죽음을 맞이했을 것입니다. 많은 그리스도인들이 다른 사람들을 위해 목숨을 바친 곳인 로마의 거대한 콜로세움 경기장에서 그 역시 십자가형을 받았을 가능성이 큽니다. 군중이 그의 죽음을 지켜보았을 테지만, 그의 죽음을 특별하게 여겼을까요? 추측건대 다른 순교자들도 베드로처럼 십자가에 못 박혔을 것입니다.

그의 십자가가 언덕 위에 있지 않고 가장 낮은 곳에 세워져 있기 때문에 구경꾼들은 이 잔인한 장면을 내려다봅니다. 하지만 그들이 예수님을 보려면 올려다봐야 했겠지요. 베드로는 경기장의 붉은 모래 속 더 깊은 곳을 내려다봅니다. 모래는 서로 할퀴고 물어뜯던 동물들의 피로 붉게 물들어 있습니다. 또한 똑바로 십자가에 못 박히신 주님을 위해, 황제와 세상 앞에서 죽음을 불사하며 그분을 부인하지 않았던 사람들의 피로 붉게 물들었습니다. 베네딕토 14세는 이 건물을 그리스도의 수난을 기념하며 봉헌했습니다. 매년 성금요일 저녁마다 교황은 베드로를 계승하여 그곳에서 '십자가의 길' 기도를 바칩니다.

그의 십자가에는 명패가 걸려 있습니다. 예수님의 십자가와 마

PETRUS
VICARIUS

찬가지로 그의 명패에서 그가 못 박힌 이유를 알 수 있습니다. "베드로 비카리우스"(PETRUS VICARIUS), 즉 '대리자 베드로'라고 적혀 있습니다. 부활하신 예수님은 디베랴 호수에서 자신을 사도들에게 보이셨고, 거기에서 베드로에게 말씀하셨습니다. "내 양 떼를 먹여라." "내 양 떼를 쳐라." 그곳에서 주님은 베드로를 자신의 대리자로 삼으셨습니다. 그리고 예수님처럼 베드로 역시 십자가의 죽음을 맞아야 했습니다.

십자가 아래에는 두 개의 열쇠가 있습니다. 예로부터 베드로는 이 열쇠를 가지고 있는 모습으로 그려졌습니다. 열쇠는 지상의 대리인에게 부여된 묶고 풀어 주는 힘을 상징합니다. "네가 무엇이든지 땅에서 매면 하늘에서도 매일 것이요, 땅에서 풀면 하늘에서도 풀릴 것이다"(마태복음 16:19). 대리자에게 큰 권한이 주어졌지만, 그 권한은 그를 짓누릅니다. 베드로의 얼굴이 거의 땅에 닿아 있습니다.

이 작품에서 베드로의 십자가는 콜로세움 모래 위에 서 있습니다. 건물의 단면이 보입니다. 브라만테는 오늘날의 성 베드로 성당을 설계했고, 미켈란젤로는 베드로의 무덤 위에 거대한 돔을 건설했습니다. 그리스도교의 중심은 피에 젖은 모래에서 시작되었습니다. 그곳의 책임자, 곧 자신의 교회가 그리스도교의 중심에 있다고 주장하는 책임자들은 그 시작을 기억하고 있을까요?

—헤르만 조르크

SCHALOM
pacem
in terri
εὐαγγέλιον

87

“내가 내 영을 … 부어 주리니”

_사도행전 2:18, 개역개정

오순절을 그려 낸 이 작품은 범상치 않아 보입니다. 건물 한 채가 세워져 있습니다. 화가는 모래시계처럼 상반된 두 개의 구조물을 그려 놓았습니다. 아래로부터 최초로 지어진 거대한 건축물입니다. 사람들은 바벨탑을 쌓기 위해 설치해 둔 나무 사이 어두운 곳에 앉아 있습니다. 그들은 하나님과 무관하게 건축을 했고, 곧바로 서로에 대한 신뢰를 잃어버리고 맙니다. 위로부터 상반된 건물이 지어집니다. 그 중심에는 예수님의 제자 공동체가 있습니다. “그들은 여자들과 예수님의 어머니 마리아와 더불어 기도에 힘쓰며 온전히 하나가 됩니다”(사도행전 1:14). 그들은 성령님의 임재를 구했고, 성령님은 불과 같이 그들 위에 내려오십니다.

그림 전면에 크게 묘사되어 있는 베드로의 모습이 의미심장해 보입니다. 그는 거기 서서 목소리를 높여 외칩니다. “하나님께서 이렇게 말씀하신다. 마지막 날에 나는 내 영을 모든 사람에게 부어 주겠다”(사도행전 2:17-18). 베드로는 자기 자신과 지위를 내세우지 않고, 오직 하나님의 말씀 즉 복음만을 앞세웁니다. 분명히 그는 그리스도께서 세우신 “반석”입니다. 하지만 그 집의 “기초”는 “그리스도 예수”(고린도전서 3:11)이십니다.

‘보편적’(katholisch)이라는 단어의 본래 의미처럼 위로 올라갈수록 집은 모든 이에게 열려 있게 됩니다. 20세기에 활동한 세 명의 증인이 예언자적인 메시지를 선포합니다. 개신교 목사이자 순교자인 디트리히 본회퍼는 성서를 손에 들고 "그리스도인은 말씀으로 산다"고 말했습니다. 그는 이 말씀의 힘으로 살다가 죽었습니다. 교회 일치를 위해서라면 용감하게 투쟁을 마다하지 않았던 총대주교 아테나고라스[1]는 부활절 초를 들고 '부활의 주님'을 전합니다. 그는 그의 '형제 바오로 6세'와 함께 '다양성을 통한 일치'에 대해 여러 번 논의했습니다. 세 번째 인물은 교황 요한 23세[2]입니다. 그는 모든 사람에게 진심 어린 애정과 관심을 갖는 것을 상징하고 있습니다. 하나님의 영이 그들에게로 들어올 수 있도록 세상을 향해 교회의 창을 활짝 열었습니다. 예수님은 "내 아버지의 집에는 있을 곳이 많다"(요한복음 14:2)라고 말씀하십니다. "한 분이신 같은 성령"(고린도전서 12:11)께서 이 집의 모든 사람을 하나 되게 합니다.

오순절 사건은 우리 시대에도 여전히 일어납니다. 그림의 위층은 용기를 줍니다. 하나님은 특히 젊은이들을 통해 말씀하십니다! 그들은 공개적으로 그리스도를 고백하고, 평화와 정의를 위해 행동하며, 교회의 집을 계속 지어 갑니다. 그들은 외국인에 대한 편견과 인종차별을 극복합니다. 여기에 교회에서 참된 기쁨을 누리는 한 사람이 있습니다. 그는 향로를 피워 하나님의 영이 '풍겨 나지' 않는 집에 항상 연기를 냅니다. 그러나 화가에게 가장 중요한 창은 맨 위에 아직 비어 있는 창문입니다. 여기서 화가의 그림은 멈춰지고 미래가 시작됩니다. 다음에는 누가 '교회를 지킬 수문장'이 될까요? 요한 23세와 더불어 다음과 같이 기도한다면 두려움이 없을 것입니다. "오소서, 성령님! 오늘날에도 오순절의 기적으로 새롭게 하소서!"

—테오 슈미트콘츠 SJ

1 제267대 콘스탄티노폴리스 총대주교로, 교황 바오로 6세와 함께 가톨릭-정교회 공동 선언을 발표하였다.

2 제2차 바티칸 공의회를 통해 가톨릭 내에 대변혁을 가져온 인물이다.

88

"사울아, 사울아, 네가 어찌하여 나를 핍박하느냐?"
_사도행전 22:7

이 작품은 바서알핑엔 교회 제단 앞, 중앙에 걸려 있는 부활절 그림의 일부입니다. 작품의 전체 구성에서 부활절과 성령강림절은 하나의 연결된 사건으로 표현됩니다. 성령의 붉은빛으로 완전히 물든 로마의 사도궁[1]을 볼 수 있습니다. 교황의 집무실 창문이 활짝 열려 있습니다. 교황 요한 23세는 제2차 바티칸 공의회(1962-1965)라는 세기의 사건을 기념하기 위한 상징으로 창문을 개방했습니다. 신선한 바람이 교회의 오래된 성벽 안으로 들어와야 합니다! 오늘날 교회는 세상으로부터 단절되지 않고 하나님께서 말씀하시는 역사의 변화에 기꺼이 열려 있어야 합니다. "오늘을 살아가는 사람들, 특별히 가난하고 억눌린 사람들의 기쁨과 희망, 슬픔과 두려움은 그리스도의 제자들에게도 기쁨과 희망이 되고 슬픔과 두려움이 되어야 합니다"(《기쁨과 희망》 1항).

제2차 바티칸 공의회는 당시 신학생 시기(1965-1970)를 보낸 지거 쾨더에게 큰 영향을 주었습니다. 그 시절의 시대정신이었던 교황의 '새로운 성령강림절'은 튀빙엔의 빌헬름슈티프트[2] 학생들에게 영감을 불어넣었습니다. 학생들은 신학교 교수들을 통해 공의회

1 성 베드로 성당의 오른쪽에 있는 건물로 교황이 머무는 곳이다.
2 빌헬름슈티프트는 튀빙엔 구시가지에 위치한 가톨릭 신학 공동체로, 학생들은 여기서 기숙사 생활을 하며 신학을 공부한다.

와 직접 연결되었습니다.

우리가 보고 있는 그림에서 두 번째 성령강림 사건은 다메섹으로 가는 길에서 일어난 사울의 회심입니다. 높은 곳에서 온 빛이 번개처럼 그를 세게 내리칩니다. 말에서 떨어진 사울은 눈이 멉니다. "사울아, 사울아, 네가 어찌하여 나를 핍박하느냐?"라는 음성을 들었을 때, 비늘과 같은 무언가가 사울의 눈에서 떨어졌습니다. 사울이 "주님, 누구십니까?" 하고 묻자 응답이 들립니다. "나는 네가 핍박하는 나사렛 예수이다"(사도행전 22:4-8).

그림에서 위쪽 세상을 향해 시선을 두고 있는 말은 세상이 어떤 곳인지 인식하지 못합니다. 사울은 땅에 엎드려 위를 봅니다. 바로 이 넘어짐이라는 변화된 자리에서 그는, 박해받고 학대당하는 연약한 사람들의 시선으로 세상을 볼 수 있는 눈이 열립니다. 이제 사울은 흙먼지 가운데서, 자신을 부르고 있는 주님을 알아봅니다. 그는 강렬한 빛을 막기 위해 왼팔을 들어 올립니다. 아니면, 더 잘 듣기 위해 팔을 들었는지도 모릅니다.

예수 그리스도를 따르던 사람들을 무자비하게 핍박하던 사울이, 이제 바울이 되었습니다. 그는 복음, 즉 부활 승천하신 주님을 국제적인 도시 로마에까지 쉬지 않고 전하는 사도가 됩니다. 오늘날에도 세계 교회의 중심인 그곳에 하나님의 영이 큰 바람처럼 강하게 운행하시기를 소망해 봅니다.

성령의 바람으로부터 불어오는 소리가 지거 쾨더의 그림에서 들려오는 듯합니다.

—한스 나겔

89

**"피조물도 썩어짐의 종살이에서 해방되어서,
하나님의 자녀가 누릴 영광된 자유를
얻으리라는 것입니다."** _로마서 8:21

환한 빛과 밝은 줄무늬가 얼굴 위로 가볍게 떠 있습니다. 마치 잎에 둘러싸인 둥근 세포의 형상 속에서 꽃이 피어오르는 듯합니다. 밝게 빛나는 진주처럼 흙빛 그물에 의해 모든 것이 지탱되고, 그 밑에는 수정처럼 빛나는 꽃의 형상을 품은 흙빛 심연이 자리합니다. '루아흐 엘로힘', 즉 '하나님의 영'이신 빛이 세상의 혼돈을 뚫고 침투합니다!

그렇게 해서 빛은 원자로 구성된 미시세계(Micro Cosmos)로 배열되고, 분자구조로 응축되며, 큐브 모양의 결정체로부터 식물 세포의 부드러운 생명력으로 발전합니다. 청록색을 띤 빛이 잎과 꽃에 스며들고, 마지막 층에서만 암시된 가늠하기 어려운 깊이를 살아 있는 화환으로 푸르게 물들입니다. 창조의 영이신 창조주 성령님은 세상의 깊은 곳까지 침투하셔서 빛으로 생명을 불어넣습니다.

그리고 세상은 사람의 얼굴에서 빛을 봅니다. 첫 번째 장미가 깨어납니다. 그리고 인간의 얼굴을 한 세계는 곧 밝아 올 창조의 아침을 앞두고 선잠이 든 것 같습니다. 아직 눈은 감겨 있지만, 살짝 열린 입술은 이미 그들을 지으신 성령의 숨결을 들이마십니다. "은밀한 곳에서 나를 지으셨고, 땅 속 깊은 곳 같은 저 모태에서 나를 조립하셨으니"(시편 139:15).

인간을 통해 세상은 제 모습을 찾아갑니다. 하나님의 영으로 깨어난 생명은 땅의 자궁에서 태어나고, 바위와 수정을 거쳐, 잎과 꽃을 통해 자라납니다. 그렇게 자란 생명은 살아 있는 다양한 모양으로 성장해서 인간 안에 모이게 됩니다. 그러므로 세상을 이해하려면 인간을 알아야 하고, 생명의 역사를 이해하는 사람은 인간이 누구인지 알 수 있습니다. 이 두 가지 관점은 상호 의존적입니다. 이것을 통해 우리는 "없는 것들을 불러내어 있는 것이 되게 하시는"(로마서 4:17) 창조주를 경험할 수 있습니다.

—헤르베르트 레로이

90

"이새의 줄기에서 한 싹이 돋아"

_로마서 15:12, 공동번역

이 그림은 바서알핑엔 교회 제단 앞의 여러 폭의 성탄 그림 가운데 첫 번째 부분을 자세히 보여 줍니다. 오래된 썩은 줄기에서 '수난의 꽃'[1]이 피어납니다. 이는 성탄의 약속과 부활의 성취를 상징합니다.

예수님의 족보에서 이새는 다윗 왕의 아버지로 언급됩니다. 수난을 당해야만 하는 메시아 자신은 '이새의 줄기에서 돋아난 싹'으로 묘사됩니다. 다윗의 줄기 위에 놓여 있는 오래된 희망은 그림 속 썩은 나무줄기처럼 거의 죽어 버린 듯 보입니다. 하지만 위에서 새로운 힘이 나옵니다. 높은 곳으로부터 오는 빛입니다. 제단 앞 네 폭의 성탄화 가운데 가장 먼저 '수난의 꽃'을 그려 놓았습니다. 그 옆에는 크리스마스로즈(176쪽 그림 참조)가 있고, 뒤로는 겨울 태양이 놓여 있으며, 마지막으로 십자가 모양의 해(70쪽 그림 참조)가 있습니다. 모두 어둠 속에서 빛을 비추는 그리스도를 상징하는 것들입니다. 빛이 어둠을 사로잡기 때문입니다.

지거 쾨더는 이새의 그루터기를 모티프로 여러 작품을 그렸습니다. 사람들에게 가장 많이 알려진 그림은 로텐부르크 교구[2]의 시

---

1 수난의 꽃은 '시계초'(passiflora)라고도 불린다. 수난의 메시아를 상징하는 이 꽃이 지거 쾨더의 작품에서는 그리스도를 고문했던 여러 종류의 도구들로 형상화되어 있다.

2 독일 남서부에 위치한 바덴뷔르템베르크 주의 로마 가톨릭 교구.

노드 회의(1984/85)를 위해 그린 〈시노드 장미〉(150쪽 그림 참조)입니다.

썩어지고 깨진 것으로부터 새로운 것이 자란다는 사실은 성서학의 중요한 모티프가 됩니다. "옛 것은 지나갔습니다. 보십시오, 새 것이 되었습니다"(고린도후서 5:17). 성탄절은 하나님께서 활동하셨던 구원의 역사에서 중요한 시기를 되새기는 날입니다. 왜곡된 인간의 죄악과 범죄에도 불구하고 구원하심의 증거를 확고히 새겨 놓은 날이기 때문입니다. 예수님의 족보를 그린 작품 속에 내포된 신학은 죄인들을 배제하지 않습니다. 하나님은 인간이 구원받기에 마땅한 의인이라서가 아니라 죄인 된 모습 그대로를 받아들이십니다. 그러기에 죄인들도 복음 안에 속해 있을 수 있습니다.

그림은 두 가지 방향을 보여 줍니다. 썩은 나무줄기는 아래를 향하고 중앙에 깊이 파인 틈은 두려움을 느끼게 합니다. 이와 대조적으로 꽃은 위로 뻗어 가며 깊은 곳에서 빛으로 자라납니다. 하나님과 인간의 상호 협력을 상징하는 두 색이 표현되어 있습니다. 땅을 가리키는 갈색은 땅을 딛고 사는 인간을 의미하고, 위로부터 내려오는 파란색은 하나님의 은혜를 상징합니다.

인간을 위한 하나님의 은혜로운 사랑이 새로운 생명을 창조합니다. 새로운 약속의 꽃이 어둠 속에서 피어납니다.

—한스 나겔

91

"하나님께서는, 지혜 있는 자들을 부끄럽게 하시려고" _고린도전서 1:27

지금 배 안에 그들 모두가 있습니다. 이탈리아 희극 〈코메디아 델라르테〉[1]에 등장하는 네 명의 인물입니다. 할리퀸, 도미노, 피에로, 콜롬비나, 이 네 사람은 비좁은 거룻배(바보들의 배)에 나란히 앉아 있습니다. 생각에 잠긴 콜롬비나는, 사랑스러운 모습으로 류트를 연주하고 있는 피에로의 어깨에 손을 얹습니다. 어릿광대 가운데 한 명인 할리퀸은 겁에 질린 듯 배의 가장자리를 붙잡고 잔잔한 물속을 바라봅니다. 키를 잡은 도미노는 인생이라는 강물을 가로질러 갑니다.

지거 쾨더의 〈바보들의 배〉[2]라는 그림에는 매우 구체적인 창작 동기가 있습니다. 튀빙엔의 네카 강에는 슈토허칸[3]이라는 배들이 있었고, 신학생들 역시 '그들만의 작은 배'를 가지고 있었습니다. 다소 나이가 많은 축에 들던 지거 쾨더도 이 배를 탔는데, 이 그림은 튀빙엔에서 신학 공부를 하던 시절의 추억을 떠올리며 그려 낸 것입니다. 그런데 물 위에서 유유히 나아가고 있는 이 배에 적힌 이름은 '어리석음'의 정반대인 '소피아'(Σοφία)입니다. 하지만 그들은 여

---

1 가면을 쓴 배우들에 의하여 즉흥적으로 진행되는 희극.

2 〈바보들의 배〉(Narrenschiff)는 1494년 출간된 제바스티안 브란트(S. Brant)의 소설 제목이다. 우리말로는 《바보배》로 번역·출간되었다. 등장인물 네 사람(할리퀸, 도미노, 피에로, 콜롬비나)은 15세기 이탈리아 서민희극 〈코메디아 델라르테〉에 등장하는 어릿광대들이다.

3 슈토허칸(Stocherkahn)은 튀빙엔의 네카 강에서 타는 전통적인 나룻배로, 배를 탄 사람이 긴 막대기로 강바닥을 찍으며 이동시킨다.

전히 비교적 어리석은, 이제 막 신학 공부를 시작한 새내기 신학도들입니다. 뭔가 명확하지는 않으나 유쾌하게 공부하고 질문하고, 열정을 다하나 깨닫고 이해하기에는 아직 부족한 상태로 그들은 지식의 물속을 헤쳐 나아갑니다.

처음에는 모든 것이 막막하고 이해할 수 없었을 것입니다. 낯선 역사와 철학, 신학적인 주제와 가르침이 그들을 불안하게 했겠지요. 그러나 그들은 지혜의 배에 탑승했습니다. 이것이 그들의 확신이자 희망입니다. 그들은 이 위험을 감수하기로 했으니까요. 네카 강에서 슈토허칸을 타는 것은 신학 공부와 일상의 삶을 상징하는 비유입니다. 누구나 자기 삶의 의미를 찾기 위해 노력하고, 많은 학문적 지식과 식견을 통해 지혜와 확신을 구합니다. 그리고 종종 질문은 어둠에 가려지며, 깔끔하고 명확한 답이 나오지 않을 때가 많습니다. 어둠 속으로 들어가는 것은 두려움을 안고 미지의 세계로 한 걸음 내딛는 것입니다.

비록 모든 상황이 어두움에도 불구하고, 그림은 평온하면서도 확고한 분위기를 발산합니다. 세상이 어두울지라도 희망과 확신을 갖는 것은 불합리하거나 어리석은 일이 아니기 때문입니다. 믿음과 신뢰는 우리가 찾아 헤매고 더듬어 나아갈 때 꼭 필요한 의연함과 확고함을 줍니다.

믿음으로 자신을 내려놓을 수 있는 사람은 복이 있습니다. 구원을 세상의 지혜에서 찾지 않는 사람은 복이 있습니다. 하나님은 세상이 알 수 있고 평가할 수 있는 그런 대상이 아닙니다. 하나님께서 세상의 지혜를 어리석게 만들지 않으셨습니까?

—파울 라트게버

92

**"우리는 세계와 천사들과 사람들에게
구경거리가 된 것입니다."**_고린도전서 4:9

한평생 그는 세상을 뒤집어 놓았으나, 이제는 그 자신이 거꾸로 서 있습니다. 하지만 무대의 스포트라이트는 아직 그에게 집중되어 있습니다. 무대 조명이 경기장 중앙에 세워져 있는 십자가에 달린 그를 비춥니다. 광대가 관중들의 웃음을 사라지게 하는 모양새가 되었습니다.

화가는 자신의 주요 주제인 어릿광대, 익살꾼, 바보의 삶을 성서의 세계로 옮겨 놓았습니다. 익살꾼 안에는 사도가 있고, 어릿광대 안에는 복음전도자가 있으며, 어리석은 사람 안에는 진리의 증인이 있습니다. 이 탁월한 방식의 조합은 베드로의 순교에 대한 기억과 바울의 자기 증거처럼, 각각 별개이지만 서로 연관된 두 개의 괄호로 묶이게 됩니다. 사도(바울, 베드로)는 자신을 그리스도를 위해 바보가 된 사람으로 보여 주며, 복음을 위한 싸움에서 겪어야 했던 이상한 경험을 표현합니다. 그는 고대 세계 도시의 광장에 나가서 복음을 전했습니다. 당시 권력의 중심지였던 수도 로마에 이르러서야 그는 자신의 소임을 다했다고 여겼습니다. 역경이 많고 불안정했던 사도의 인생은 복음을 위해 걸었던 유일무이한 행진이었습니다. 그럼에도 불구하고 그는 사람들의 조롱거리가 되었고, 비웃음을 견뎌야 했으며, 수치와 박해를 감수해야 했습니다. 그는 실패를 통해서만 성공했고, 약함 속에서만 강했습니다. 패배의 광경 속에서 그는 진리를 증거했습니다.

화가는 외경 전통에서 바보의 죽음을 상징했던 콜로세움을 작품에 그려 넣었습니다. 그리스도교에서 콜로세움은 오늘날에도 여전히 순교자들을 기념하는 곳입니다. 로마의 통치자들이 자기 국가의 실체를 숨기기 위해 백성들에게 음식과 오락거리를 제공하던 그곳에서, 사도는 자신의 마지막 공연을 펼칩니다. 거짓의 축제가 벌어지고 달콤한 환상의 세계로 빠져들던 곳에서 그들은 이제 진실을 폭로하는 사도의 증거를 마주합니다. 둥근 무대 조명이 가리키는 빨간색과 흰색의 대비가 암시하는 것처럼, 군중은 이 공연에 열광하고 마음을 빼앗겨 버립니다. 그들은 멀리서 박수갈채를 보내면서 많은 사람들 가운데서 자기들은 안전하다고 느낍니다.

예수님을 따르는 것은 대중 운동의 시발점이 아닙니다. 항상 그러하듯 몇몇의 소수 사람들만이 하나님의 배우로서 안전지대를 과감히 뚫고 나왔습니다. 그들의 증언은, 주님을 위해 바보가 된 사도의 얼굴을 보면서 계속 질문하게 합니다. 진리의 복음과 하나님의 사랑을 연기할 인생의 대극장에서 스스로 관객이 될 것인지, 아니면 사도와 함께 참여하는 배우가 될 것인지 말입니다.

—에버하르트 쇼켄호프

Διαιρέσεις δὲ
χαρισμάτων
τὸ δὲ
Werkstatt
H. Deininger

93

"은사는 여러 가지나 성령은 같고"

_고린도전서 12:4, 개역개정

사도 바울이 나무 탁자에 앉아 편지를 쓰고 있습니다. 선교사로서의 곤고함이 그의 얼굴에 묻어납니다. 고린도 교회와 함께 겪고 있는 이 고통은 바울에게 현재진행형입니다. 고린도 교회는 성령 충만하고 은사가 많은 공동체였습니다. 그러나 사람들은 은사를 주신 분을 너무도 빨리 잊어버립니다. 이 때문에 그가 편지를 씁니다. 바울은 시끌벅적하고 혼잡한 악명 높은 항구도시 고린도를 마음의 눈으로 보고 있습니다.

고대 도시의 밀집된 집 앞으로 펼쳐진 바다 위에 배들이 떠 있습니다. 바울은 그 배들 가운데 하나를 타고 소아시아에서 고린도로 왔습니다. 이제 그의 편지도 같은 방식으로 거기에 도착합니다. 바울은 방금 쓴 말씀을 읽고 있는 두 사람을 봅니다. "그러나 이 모든 것은 한 분 성령님께서 행하시는 일입니다." 그들은 함께 읽고 있지만, 이미 한 책에서 그 편지를 보았습니다. 초대교회 성도들은 일찌감치 사도들의 편지를 모으고 그것을 돌려 읽었습니다. 그리스도인들은 회람된 서신을 통해 사도들이 선포한 복음을 듣게 됩니다. 그래서 이 편지는 해석을 필요로 합니다. 가르침의 은사를 받은 사람은 설교를 통해 다른 이들에게 그 내용을 풀이해 줍니다. 그의 말씀이 회중들에게 전해지고, 그들을 넘어 더 많은 곳으로 퍼져 갑니다. 두 노인이 신중하게 말씀을 듣고 있습니다. 한 젊은이는 무너진 기둥 옆에 앉아 말씀을 경청합니다. 사도들이 전한 말씀은 고대 문화보다 더 오랫동안 존속되었습니다. 십자가에 못 박히신 그리스도에 관한 사도들의 메시지는 고대시대부터 현재까지 이어져 옵니다.

사도로서 그가 감당할 모든 사명은 그림 중앙에 있는 상징물에서 찾아볼 수 있습니다. 공장과 공사장 크레인, 컨테이너로 상징되는 세상에서도 사도들의 말씀은 읽히고 들려집니다. 또한 여기에도 말씀이 있습니다. "은사는 다양하지만, 그것을 주시는 이는 한 분 성령님이십니다!" 초기 그리스도교의 환희[1]에 찬 외침은 이제 경건한 찬송가 곡조로 바뀌었고, 이 음악을 듣는 사람들은 그 안에서 기쁨의 메시지를 발견하게 됩니다. 이 메시지가 찬양 소리를 들은 사람들의 영혼을 사로잡는 일들이 우리에게도 일어난다면 얼마나 좋을까요.

그러나 오늘날에는 신중히 생각하며 조용히 행해야 할 일도 있습니다. 그것은 바로 세상으로부터 도피하는 것이 아니라 사람들에게로 향하는 것입니다. 초기 그리스도교의 구제와 치유의 은사는 병자들을 몸소 돌보는 일 가운데 여전히 살아 있습니다. 흰색 붕대를 감은 환자를 돌보는 여인이 글을 쓰고 있는 사도의 어깨너머로 말씀을 봅니다. 중세시대 사람들이 구빈원(병원)과 그와 함께 있는 술집을 '성령의 집'(Zum Heiligen Geist)이라고 부른 데는 이유가 있습니다. 성령님은 상처 입은 자들을 치유하시기 때문입니다. 그분은 춥고 배고픈 이들을 따뜻하게 품어 주시고, 굳은 마음에 부드러운 생명의 기운을 불어넣어 주십니다.

—헤르베르트 레로이

1 말씀을 듣고 믿음의 확신을 얻음으로써 갖게 된 영혼의 충일한 기쁨.

94

"주 예수 그리스도의 은혜와 하나님의 사랑과 성령의 사귐" _고린도후서 13:13

장엄한 광경입니다! 비잔틴 제국 시대 교회인 하기아 소피아 대성당[1]의 황금 돔[2] 앞에 콘스탄티노플 공의회 교부들이 엄숙한 회의를 위해 모여 있습니다. 그들 중앙에 성서를 떠받치는 보좌가 있습니다. 자색 천 위에 놓인 값비싼 거치대에 성서가 펼쳐져 있습니다. 여기에는 성령에 대한 교회의 신앙고백이 적혀 있습니다. "…그리고 주님이시며 생명을 베푸시는 성령님, 아버지로부터 오신 분을 믿습니다." 로마 교회의 대표자들은 이미 필리오케(*Filioque*), 즉 "그리고 아들로부터"라는 추가 문구를 손에 들고 있습니다. 이것은 세 인격으로 자신을 드러내시는 "한 분 하나님"에 대한 고백입니다. 이것은 모든 교회의 지도자들에 의해 엄숙하게 고백되었습니다. 수도자들이 그것을 기념하고, 설교자들이 선포했으며, 신학자들이 늘 새롭게 묵상하고 해석했습니다. 또한 '하나의 믿음'은 의심받고, 논쟁거리가 되고, 거부되기도 했습니다. 신앙의 이름으로 사람들이 박해를 받고 고통당했으며 화형당하기도 했습니다. 그러기에 이 모임의 장관(壯觀)은 놀랍도록 아름답기도 하지만 위협적인 것이 될 수도 있습니다.

---

1 '거룩한 지혜'라는 뜻이 있다.

2 직사각형 건물의 평면에서 입구의 맞은편 마구리 벽면에 설치한 반원형 혹은 다각형의 돌출부를 말한다.

Καὶ εἰς τὸ
ΠΝΕΥΜΑ
τὸ ἅγιον
τὸ Κύριον
τὸ ζωο
ποιόν
τὸ ἐκ τοῦ
Πατρὸς
ἐκπο
ρευόμε
νον

황금빛 돔 꼭대기에는 하나님의 손이 있고, 그 아래로는 지혜의 보좌인 '세데스 사피엔티에'[3]가 있습니다. 마리아의 무릎 위에 아들이 앉혀 있습니다. 그런데 엄마와 함께 있는 아이의 모습이 아닙니다. 아이는 왼손에 두루마리를 들고 오른손을 들어 축복하는 신성한 스승으로서 어머니의 무릎 위에 앉아 있는 모습입니다. 계시된 하나님의 진리는 교회를 통해 신앙고백으로 정해집니다. 그 신앙고백은 지혜의 보좌로부터 교부들의 손에 내려와, 믿음의 사람들에게 성령 충만한 말씀이 되었습니다. 그 말씀은 온 교회에서 들을 수 있고 선포됩니다.

신앙고백은 성령의 임재하심이 시대를 초월해 현실에서 나타나는 가장 놀라운 측면입니다. 진리가 말로 표현되고, 세상에 전해지기 위해 이것은 꼭 필요합니다. 그러나 그의 생명력은 입에서 나오는 말이 실행될 때 비로소 드러납니다. 그가 문자로 된 황금 껍질을 깨고 거기서 나오지 않으면, 모든 것은 성령의 본질과 반하는 냉정함과 경직성 가운데 남아 있게 됩니다. 왜냐하면 그는 생명을 주시는 분이기 때문입니다.

—헤르베르트 레로이

3 성모 마리아가 아기 예수를 무릎 위에 앉힌 채 정면을 응시하고 있는 모습을 그리스도교 전통에서는 '세데스 사피엔티에'(*Sedes Sapientiae*)라고 한다. '지혜의 왕좌'(Throne of Wisdom)라는 뜻으로, 아기 예수를 보위하는 존재로서의 성모 마리아를 빗댄 표현이다.

95

"어떤 사람들은 목자와 교사로 삼으셨습니다."
_에베소서 4:11, 공동번역

아조르나멘토(Aggiornamento, '적응', '현대화')는 교황 요한 23세가 제2차 바티칸 공의회에 영감을 불어넣어 준 슬로건입니다. 여기서 그가 말했던 개혁은 단순히 몇 군데 바꿔 보자는 것이 아닙니다. 오늘날 사람들의 마음 깊은 곳에 울림이 될 수 있을 만큼 쇄신해 보자는 의미입니다. 이미 지나간 메시지일 수 있지만, 다시금 새겨들어야 합니다. 그렇지 않으면 우리는 아무런 열매를 맺지 못할 것이기 때문입니다.

이를 위해 교황은 바티칸 궁에서 내려왔습니다. 위쪽의 창문은 하나님의 선한 영이 안팎으로 드나들 수 있게끔 열려 있습니다. 또한 그는 이단으로 몰렸던 신학자인 테이야르 드 샤르댕과 직접 대화를 시도했습니다. 이 그림은 목자와 학자, 성직자와 과학자가 동등한 자리에 있음을 보여 줍니다.

두 사람 모두 돌을 가지고 있습니다. 교황은 붉은 루비를, 테이야르는 고생물학자로서 수많은 생명체의 비밀을 간직한 돌을 손에 쥐고 있습니다. 모든 것에 대한 답을 알지 못하기에 생각에 잠긴 교황은 마치 오툉[1]의 생 나자르 교회 기둥머리에 새겨진 요셉처럼 경

1 프랑스 중부 부르고뉴 지방 손에루아르 주에 있는 도시. 이곳의 생 나자르 교회에는 여러 기둥이 세워져 있는데, 기둥머리의 성서와 신화 이야기를 모티프로 한 조각들이 유명하다.

청하며 바라봅니다. 교황의 본명은 구약성서의 요셉과 같은데, 그는 이렇게 외치기도 했습니다. "나는 여러분의 형제 요셉입니다!" 이는 형제애적 연대를 뜻하며, 권위적인 지배자가 아님을 선언하는 것입니다.

사랑을 상징하는 붉은색 예복과 반지 색깔이 교황을 매력적으로 만들어 주었을까요? 그 당시 교회가 매우 좋은 평판을 불러왔고 큰 희망을 일깨워 주었기에, 심지어 교회를 비판하는 자들조차 경외심을 갖고 교황을 바라본 것이 아닐까요?

그와 함께 새로운 성령강림절이 밝아왔고, 1963년 오순절 월요일, 선한 교황 요한 23세는 선종하였습니다. 우리도 그의 가르침과 삶을 본받아 살아가야 한다는 소리가 들려오는 것 같지 않나요?

교회는 친절한 태도로, 교회가 섬겨야 하는 모든 사람과 소통을 이어 가고 싶어 합니다. 그래서 성직자들도 교사들을 필요로 합니다. 성령님은 항상 새로운 지평을 열어 주시기 때문에, 일치에 관해 걱정하는 사람들에게는 연구자적 통찰력이 필요합니다. 그렇지 않으면 일치는 획일성의 단조로움에 빠지고 맙니다.

일치는 다양성을 원하고 추구합니다. "어떤 사람들은 사도로, 어떤 사람들은 예언하는 사람으로, 어떤 사람들은 전도자로, 어떤 사람들은 목자와 교사로 삼으셨습니다"(에베소서 4:11, 공동번역). 몸의 머리는 그리스도이기 때문에 다른 모든 사람은 형제자매입니다.

요한 23세가 열었던 문과 창문은 더 이상 닫힐 수 없습니다. 열린 문을 닫을 때에 세차게 불어온 성령강림의 정신을 잃기 때문입니다. 오로지 성령님만이 얼어붙은 것을 녹이고, 굳은 것을 풀어 주며, 차가운 것을 따뜻하게 합니다. "오소서, 성령님!"

—볼프강 그라머

96

"지혜롭지 못한 사람처럼 살지 말고,
지혜로운 사람답게 살아야 합니다.
세월을 아끼십시오." _에베소서 5:15-16

그림에는 해시계, 모래시계, 정밀시계가 있습니다. 오늘날 사람들은 여기에 디지털시계를 더해야 할 것입니다. 시계들은 시간을 측정하고 몇 시인지를 표시해 줍니다. 우리는 시간의 지배를 받습니다. 전도서 저자는 모든 것에 때가 있다고 말합니다. 어느 누구도 시간으로부터 벗어날 수 없습니다.

우리는 특정한 시대에 태어납니다. 어느 시대를 살 것인지는 선택할 수 없습니다. 각자의 초상화가 그려진 카드가 탁자에 놓여 있습니다. 우리는 황제와 교황 또는 주교들처럼 역사에 기록되지는 못할 것입니다. 하지만 그 누구도 백지 카드와 빈 종이로 남게 되지는 않습니다.

바울은 그리스도인들에게 "세월을 아끼십시오"라고 권면합니다. 수도회를 창설한 프란치스코, 로욜라의 이그나티우스, 종교개혁자 루터처럼 하나님과 세상을 위해 열정을 바쳐 살았던 이들 또한 그러했습니다. 이렇게 위대한 인물들뿐만 아니라 우리 또한 세상에 발자취를 남깁니다. 모든 사람은 자신의 흔적을 남기게 됩니다. 카드 속 사람 가운데 우리도 있습니다.

시간은 계속 흘러갑니다. 그리스도가 오신 이후로 지금은 마지막 때입니다. 슬기로운 처녀들처럼 신랑이 오기를 기다리는 사람들의 삶은 깨어 있어야 합니다.

삶은 연극과 같은 한바탕 놀이에 불과할까요? 사람들은 운명의 수레에서 한때는 바닥으로 떨어졌다가 다시 위로 올라와 서 있을 수 있을까요? 누가 영향력과 권력을 둘러싼 이 경쟁에서 이길 수 있을까요?

내 삶은 모래시계 안의 모래처럼 흘러내립니다. 인생의 시간이 얼마나 많이 지나갔을까요? 시계에 표시된 숫자에서 숨겨진 시대의 표징을 이해할 수 있을까요?

—헤리베르트 파이펠

97

"종의 모습을 취하시고, 사람과 같이 되셨습니다."

_빌립보서 2:7

예수님 주위에 모여든
남자와 여자들.
사람들은 포승줄에 묶여 있고
예수님은 그들 곁에 계신다오.

이것이 우리의 신앙고백일까요?
부자들과 귀족들 사이에서 예수님을 찾던 우리는
화려하고 웅장한 교회와
의인들의 모임에서 주님을 찾았었지요.

하지만 가난한 이들과 함께하시기를
선택하신 예수님.
이 사실은 우리에게 부끄러운 일.
자랑할 만한 일이 아니었지요.

성서에서 우리는 읽었답니다.
예수님은 가난한 사람들의 친구가 되셨고,
소외된 사람들과 함께하셨다는 것을요.
"그분은 종의 모습을 취하셨습니다."

예수님은 그들에게 가까이 가기를 두려워하지 않았지요.
비록 가난할지라도 말입니다.
예수님은 사람들에 대한 애정으로 충만했어요.
버림받은 사람들과 부유한 사람들 모두에게.

예수님 주위에 모여든
남자와 여자들.
사람들은 포승줄에 묶여 있고,
예수님은 그들 곁에 계신다오.

—발트라우트 헤르브스트리트

98

"예수 그리스도의 사도인 베드로가,
… 이 편지를 씁니다." _베드로전서 1:1

그리스어로 된 문서가 어쩌다 해변으로 떠밀려 온 듯 바닥에 놓여 있습니다. 이곳은 흑해의 본도와 비두니아 해변일까요? 아니면 에게 해의 소아시아일까요? 바닷가 뒤편 내륙에는 갈라디아와 갑바도기아가 있습니다.

배, 그물, 그리고 어부의 오두막은 제자들의 부름받은 이야기를 떠올리게 합니다. 첫 제자들은 어부였으며, 베드로라 불리던 시몬도 그중 한 명이었습니다. 우리는 그림의 중앙에서 그리스어로 쓰여 있는 '베드로'(Πέτρος)라는 이름을 읽을 수 있습니다. 베드로와 그의 형제 안드레는 갈릴리 호숫가에서 예수님의 부름을 받았습니다. "나를 따라오너라. … 그들은 곧 그물을 버리고 예수를 따라갔다"(마가복음 1:17-18).

그렇다면 이 그림은 성서의 어느 부분을 그려 낸 것일까요? 그림 속 본문은 우리에게 베드로전서의 첫 두 절을 보여 주고 있습니다. "Πέτρος ἀπόστολος Ἰησοῦ Χριστοῦ"(예수 그리스도의 사도인 베드로). 이 구절은 베드로를 발신자로, "본도와 갈라디아와 갑바도기아와 아시아와 비두니아에 흩어져서 사는 나그네들인, 택하심을 입은 이들"을 수신자로 언급합니다(베드로전서 1:1). 또한 "은혜와 평화가 더욱 가득 차기를 빕니다"라고 그들을 축복합니다(베드로전서 1:2).

문서는 해변에서 떠밀려 온 부유물처럼 놓여 있습니다. 실제 작성자가 누구인지 알 수 없고, 수신인도 정확히 밝혀진 것이 없습

ΠΕΤΡΟΣ

니다. 이것은 아마도 소아시아 지역에 보낸 가상의 회람용 서신일 것입니다. 그러나 반석을 뜻하는 베드로라는 이름은 이 문서의 중요성을 부각시키고 공신력을 갖게 합니다. 나아가 이 글은 사도적 기원과 권위를 주장하고 있습니다. 베드로의 편지를 회람용 문서로 가다듬은 2세대 또는 3세대의 작성자는 예수님이 활동하던 시대의 문서 수준으로 격상시켜 주의를 끌려 합니다. 곧 이 편지에는 예수님의 원래 가르침을 들었던 목격자들의 생생한 증언이 담겨 있습니다. 그들은 주님의 부름에 곧바로 모든 것을 내려놓고 따라갔던 사람들입니다.

이미 첫 두 구절에서 뒤에 나올 중요한 대목을 암시하고 있습니다. 이 서신은 "흩어져서 사는 나그네들인, 택하심을 입은 이들"(베드로전서 1:1)에게 회람됩니다. 이것은 그들의 상황을 설명하고 해석해 주는 것입니다. '선택받았다는 것'은 그리스도인들이 세례를 받은 이후에 알게 된 새로운 상태를 일컬으며, 이 상태는 그들에게 구원과 생명을 의미합니다. 초기 교회의 그리스도인들은 전적으로 변화된 삶을 살았기에 주변 환경과 거리를 둘 수밖에 없었고, 때로는 국가권력이나 주위에 있는 사람들과 마찰이 생기기도 했습니다. 그리스도인들이 일반적인 생활방식을 거부하는 것에 대해 사람들은 놀라고 분노했습니다. 그들이야말로 이방인이고, 세상의 방식에 순응하지 못하며 일반적인 삶의 범주를 초월한 희망에 기대를 건 사람들이었기 때문입니다. 그들은 믿음과 세례를 통해 새롭게 얻은 하나님과의 관계 속에서 살아갔습니다. 하나님은 예수님의 십자가 죽음을 통해 사람들과 화해하셨습니다. 은혜와 평화가 충만합니다! 그들은 화해의 선물을 받아들이고, 그리스도를 통해 새롭게 형성된 공동체 안에 들어갔던 것입니다.

—클레멘스 슈트로펠

99

"나는 알파와 오메가라."

_요한계시록 1:8, 개역개정

"알파와 오메가"는 그리스어 알파벳의 처음과 마지막 글자로, 말로 표현할 수 있는 모든 것을 포괄하시는 예수님을 가리킵니다. 과거, 현재, 미래의 모든 것이 그의 창조하시는 손길에서 비롯되었습니다. 세계와 역사 안에서 창조주의 손길 밖에 있는 것은 아무것도 없습니다. 이것이 밧모 섬의 선지자가 그의 교회들에게 전해야 할 위로의 메시지입니다. 이 믿음은 넘어진 그들을 항상 일으켜 세웠습니다. 특히 지금처럼 그들이 큰 환난에 직면했을 때 더욱 그러했습니다.

주님은 세상의 알파와 오메가이십니다. 하지만 그 안에만 계시지 않습니다. "지금도 계시고" "이전에도 계셨으며" "오실 분"이신 그분은 우리의 시간과 공간을 초월하여 계십니다. 인간이 시공간을 통해 경험적으로 볼 수 있는 모든 것뿐만 아니라, 근본적으로 다른 차원인 영원으로부터 오시는 분입니다. 우리는 이것을 영원하다는 말로밖에 표현할 수 없으며, 이에 대하여 그저 해석할 수 있을 뿐입니다.

이것을 어떻게 그릴 수 있을까요? 그림은 헤아릴 수 없이 아득히 먼 푸른색으로부터 시작해 모든 색을 포함하는 흰색으로 변하게 됩니다. 한낮의 눈부신 햇빛처럼 희어서, 우리는 그것을 볼 수 없습니다. 그 빛 자체가 무엇인지에 관한 접근이 우리에게는 막혀 있습니다. 그것은 검게 변합니다. 빛이 없기 때문이 아니라, 과도하게 밝아 눈부시게 하기 때문입니다. 그런데 이 빛의 사건으로부터 가장 아름다운 자화상이 드러납니다. 그 자화상은 하나님이 그분 자신에게 주셨던 하나님의 "영광의 광채"와 하나님의 "본체대로의 모습"(히브리서 1:3)입니다. 하지만 인간이 이 하나님의 형상을 깨뜨리고 파괴했습니다.

우리가 이 세상과 역사를 통해 보이지 않는 하나님을 보고자 한다면, 도살된 어린 양처럼 죽음에 이른 그분을 항상 떠올려야 할 것입니다(요한계시록 5:6). 우리에 의해 만들어진 그 상처가 오히려 하나님의 참된 모습에 눈뜨게 하는 것일지 모릅니다. 왜냐하면 우리는 결코 그런 모습으로 하나님을 상상하지 않기 때문입니다.

반대로 하나님께서 우리 인간을 바라보신다면, 그분은 최초의 인간을 먼저 알아보실 것입니다. 아들을 통해, 하나님의 시선은 우리 모두를 향하게 됩니다. 또한 아들 안에서, 하나님은 인간을 "하나님의 형상대로 … 남자와 여자로 창조"하신(창세기 1:27) 그대로 인식하십니다.

자신을 교회 공동체의 "형제"라고 부르며 편지를 쓰고 있는 선지자는 영원하신 하나님과 현재 사이에 서 있습니다. 그의 등 뒤에서 익숙한 음성이 크게 들려옵니다. 뒤돌아서야만 하늘에서 일어난 광경을 볼 수 있습니다. 이것은 그에게도 익숙한 관점이 아닐뿐더러 자신의 입장에서는 더욱 그렇지 못한 것입니다. 그의 눈앞에는 십자가에 못 박히신 예수님과 인간의 운명이 있습니다. 그러나 알파와 오메가 사이에는 우리 또한 서 있습니다. 우리가 이 사실을 받아들일 수 있다면, 우리는 그의 손길 안에서 안전할 수 있습니다. 그러면서 우리는 주님의 헤아릴 수 없는 본성을 알게 되고, 동시에 그의 성품을 받아들이게 됩니다.

—에른스트 슈타인하르트

100

"이 사람들은 큰 환난을 겪어 낸 사람들입니다."

_요한계시록 7:14

구원받은 자들은 이스라엘의 모든 지파, 곧
유다, 르우벤, 갓 지파, 아셀, 납달리, 므낫세, 시므온 지파,
레위, 잇사갈, 스불론, 요셉과 베냐민 지파에서 나왔습니다.
에디트[1], 당신은 바알 앞에서 머리를 숙이지 않은 여인입니다.
당신은 누구도 돌보지 않는 이들을 위해
많은 사람들과 함께 죽어야만 했지요.
문명화된 서구에서도 단지 유대인이란 이유로
모욕당하고, 유린당하며, 그들의 뿌리에서 잘려 나갔죠.
악의에 찬 속임수는 전광석화처럼 퍼져 갔습니다.
쫓기고, 습격당하고, 가시철조망에 갇히며
죽음으로 내몰리고, 옷을 모두 강탈당하고,
해충마냥 독가스에 처형되었습니다.
독일, 폴란드, 프랑스, 러시아, 루마니아와 다른 어디에서도
유대인을 위한 전 세계적인 저항은 없었습니다.
나치 치하에서 모든 사람은
자신의 목숨을 걱정하고 두려워했습니다.
아리안족이 아닌 '이방인'들은

---

1 에디트 슈타인(1891-1942). 독일 로마 가톨릭교회 수녀이자 철학자, 순교자. 에드문트 후설의 조교로도 활동했으며, 아우슈비츠 수용소에서 나치에 의해 죽임당했다.

estiftet vom Bor romäum

생존 가치가 없는 열등한 인간으로 여겨졌기 때문입니다.
에디트, 당신의 민족이 끌려갔을 때
심지어 대다수 그리스도인들조차 외면했습니다.
당신은, 유대 민족 한가운데서 살해당했고,
이스라엘을 상징하는 일곱 금촛대 위에 서 있습니다.
그것에 관해 당신은 이렇게 말했지요.
"하늘의 빛을 위해
장막 안에 일곱 개의 팔을 가진 촛대가 있습니다.
땅이 사람에게 주어진 것처럼,
하나님 앞에서 일하고 섬기기 위해
성소에는 기름 부음을 받은 대제사장이 서 있습니다."
그리고 이스라엘의 등불이었던 모세에 대해
당신은 이야기했지요.
"모세가 완성된 성막을 축복하고,
기름 부어 거룩하게 하였으니
주님께서 일곱째 날에 그의 손으로 행하신 일을 축복하시고
거룩하게 하심이라.
하늘과 땅이 하나님의 증인되었던 것처럼,
하나님의 증거가 땅 위에서 그의 거처가 됩니다"(교회의 기도).
에디트, 당신은 대학살(쇼아[2])이 일어났을 때,
유대인 형제자매들 가운데서 죽음을 맞았지요.
그것이 얼마나 끔찍한 기억으로 우리에게 남아 있는지….

—발트라우트 헤르브스트리트

2 유대인들이 '홀로코스트'를 칭하는 말.

Veni Sancte
Veni pater

101

"그들은 죽기까지 목숨을 아끼지 않았다."

_요한계시록 12:11

참 묘한 한 쌍이 있습니다. 작은형제회를 창설한 아시시의 성 프란치스코와 그의 아내인 '가난'이라는 여인입니다! 그는 갈색 수도복을 입었고 아내는 평범한 회색 옷을 입고 있습니다. 그들의 복장은 상류 사회의 연회장에 전혀 어울리지 않습니다. 이 음유시인은 동료들과 어울려 축제를 즐기고 자기 마음대로 무엇이든 다 할 수 있었던 삶을 이미 미련 없이 내려놓았습니다. 그러고는 '가난'이라는 신부를 맞아들였습니다. 그는 그녀와 함께 창조의 아침부터 춤을 추며 나아갑니다. 그녀와 더불어 피조물에 대한 창조주의 사랑을 경험합니다.

두 사람 사이의 깊은 연대감이 맞잡은 네 개의 손에서 잘 드러납니다. 하늘을 향해 있는 이 손은 이들이 열린 마음과 영적 민감함을 가지고 하나님을 찬양하고 있음을 보여 줍니다. "완전하게 자신을 내어 주시는 분이 여러분을 온전히 받아들일 수 있도록, 여러분 자신을 위해 아무것도 남기지 마세요!" 프란치스코가 작은형제회에 보낸 편지의 한 구절입니다.[1]

"그들은 죽기까지 목숨을 아끼지 않았다"(요한계시록 12:11). 자기 자신을 붙잡고 있으면 움직일 수 없고 자유롭지 못합니다. 프란치스코는 가난을 꽉 붙잡고 함께 춤출 것을 권유하고 초대합니다. 그

1 성 프란치스코의《형제회에 보낸 편지》(*Letter to all the Friars*)를 일컫는다.

녀는 그를 받아들입니다. 프란치스코가 자신의 손에서 다른 것들을 내려놓았기 때문입니다. 그들은 꽃과 나뭇잎 사이, 그리고 육신이 된 말씀과 "Veni Sancte Spritus"(오소서 성령님)라는 성가 악보 사이에서 춤을 춥니다. 성령은 생명을 주시는 분입니다. 프란치스코는 그리스도인의 역동성은 가난에서 비롯된다고 확신했습니다. 하나님께서 사람이 되셨을 때, 그분은 처음부터 가난에 자신을 내어 주셨습니다. 그분은 하나님의 영광을 떠나, 인간의 편에 서기 위해 오신 것입니다.

프란치스코는 성육신의 신비에 깊은 감동을 받았습니다. "여러분은 우리 주 예수 그리스도의 은혜를 알고 있습니다. 그리스도께서는 부요하나, 여러분을 위해서 가난하게 되셨습니다. 그것은 그의 가난으로 여러분을 부요하게 하시려는 것입니다"(고린도후서 8:9). 프란치스코는 예수 그리스도의 삶과 가르침을 보고 자신의 사회적 지위를 포기하기로 결심합니다. 집과 소유를 포기하고, 가난한 자들과 나병환자들 틈에서 자신의 새로운 정체성을 찾았습니다. 프란치스코는 그들을 그리스도 안에서 "나의 자매와 형제들"이라고 사랑스럽게 불렀습니다. 그들은 프란치스코에게 그리스도의 성례전(성사)이 되었습니다. 프란치스코는 작은형제회의 《회칙》[2] 9장에서 그의 형제들에게 권면합니다. "천하고 멸시받는 사람들, 가난하고 약한 사람들, 병자와 나병환자들, 길가에서 구걸하는 사람들과 함께 지낼 때 기뻐하십시오." 프란치스코에게 가난은 예수님과 하나 되는 길이었습니다. 그는 헐벗으신 그리스도를 따르기 위해 스스로 벌거벗기를 원했습니다. 무소유와 가난한 그리스도는 프란치스코에게 진정한 신앙의 기준이었던 것입니다.

2　프란치스코가 설립한 작은형제회(Friars Minor)의 회칙으로 '인준받지 않은 회칙'(*regula non bullata*)이라 불린다.

그는 결코 추상적인 말로 가난에 대해 이야기하지 않았습니다. 그는 가난과 거룩한 언약을 맺습니다. 감히 가난과 함께 춤을 춥니다. 가난 속에서 그는 사람들과 연합하고, 하나님과 하나 됩니다. 가난은 프란치스코에게 하나님의 사랑과 신실함에 응답하는 확실한 마음가짐이었습니다. 그리스도를 따르는 것은 움직임이자 춤입니다! 그래서 프란치스코는 그의 신부인 가난과 함께 춤추는 한 쌍이 되어, 선하신 하나님 앞에서 온전한 인간의 표상이 됩니다. 이는 창조주 하나님의 말씀을 받아들이고 응답하는 것입니다. 또한 애정과 사랑, 삶의 기쁨과 일치를 보여 줍니다.

—파울린 링크

102

> **"나는 … 새 예루살렘이, 남편을 위하여 단장한 신부와 같이 차리고, 하나님께로부터 하늘에서 내려오는 것을 보았습니다."** _요한계시록 21:2

'하늘의 예루살렘'이란 대체 무엇일까요? 간단히 말하자면, 그것은 하나님께서 창조를 통해 이루고자 하신 궁극적인 목적이자 최종 모습입니다. 지상의 성전과 그 안에 범접할 수 없는 지성소는 하늘 위 예루살렘의 그림자와 약속에 불과합니다. 하늘의 예루살렘이 이 모든 것의 원형이며 약속의 성취이기 때문입니다.

'새 하늘과 새 땅'을 이야기할 때 너무 쉽게 간과했던 부분을 이제야 분명히 봅니다. 하나님께서 확증하시는 근본적인 심오한 질서가 심연 위로 세상을 지탱하고 붙잡아 주고 있습니다. 그 질서의 흔적은 '12'라는 숫자에서 볼 수 있습니다. 숫자 12는 신성한 의미의 수 3과 창조를 상징하는 수 4의 결합입니다. 열두 달은 시간을 담아내는 틀을 제공합니다. 열두 개의 하늘 방향은 공간을 질서 있게 만들며, 하늘을 향해 안내하는 표시가 됩니다. 이 정돈되고 균형 잡힌 모습은 보석으로 반짝이게 치장된 크리스털 구조의 도시로 우리 눈앞에 드러납니다. 정사각형의 도시입니다. 이 도시의 면적과 높이를 헤아려 보면, 정밀한 구조와 수학적인 규칙성을 가진 최고로 귀중한 정육면체 모양의 공간이라는 것을 알 수 있습니다.

하지만 이 완벽함을 표현하려면 하나의 언어적 비유만으로는 부족합니다. 그래서 반대되는 또 다른 비유를 통해 부족함을 보완해 냅니다. 성읍을 신부에 비유하는 것입니다. 왜 여성에 비유하는 것일까요? 태초에 하나님이 하와를 "생명이 있는 모든 것의 어머니"(창세기 3:20)로 "만드셨기"(창세기 2:22) 때문입니다. 성서의 첫 장부터 미래에 대한 약속으로만 존재했던 이 계약은 마지막 페이지에서 드디어 현실이 됩니다. "알파와 오메가"(요한계시록 21:6; 참고. 요한계시록 1:8)이신 분을 위해 신부가 자신을 아름답게 단장합니다. 인류는 주님의 신비롭고 친밀한 사랑 안에서 하나가 됩니다. '솔로몬의 아가'에 나타난 것(참고. 132쪽의 그림)이 이제 이루어집니다.

하늘의 도시가 아래로 내려옵니다. 하늘이 땅에 닿습니다(빌헬름 빌름스). 마침내 "세상 모든 사람의 어린 시절처럼 보이면서도 아직 아무도 가보지 않은 곳이 생겨납니다. 그것이 바로 고향입니다"(에른스트 블로흐). 이것은 아직 그렇게 멀리 있지 않습니다. 대지 위에는 여전히 바다가 있습니다. 거기에는 천지창조 이전의 혼돈 가운데 있던 원시 바다의 잔재가 아직도 적잖이 남아 있습니다(창세기 1:2). 무질서는 오늘까지도 계속해서 혼란을 야기합니다.

그러나 선지자는 그 옛날 모세가 느보 산에서 그랬던 것처럼(신명기 34장), 하나님께서 포로 생활의 비참함에서 건져 주시고 새로운 성전을 보여 주신 에스겔처럼(에스겔 40:1-2) 높은 산에 앉아 있습니다. 요한이 거룩한 도성을 바라봅니다. 하지만 그는 아직 그 안에 있지 않습니다.

그럼에도 불구하고 요한은 이미 위로받고 있습니다. 그는 여전히 전투와 대결을 앞두고 있습니다. 큰 환난은 아직 오지도, 지나가지도 않았습니다. 하지만 그는 고요하고 평화롭게 그것을 받아들입니다. 왜냐하면 그는 이미 끝을 보았기 때문입니다. 거기는 더 이상 전쟁이 아니라 사랑이 지배합니다. 하늘은 단테의 연민을 위한 꽃, 장미처럼 될 것입니다. 그는 이미 꽃향기를 맡고 있습니다. 바로, 지금!

—에른스트 슈타인하르트

103

"그것은 주 하나님께서 그들을 비추시기 때문입니다."

_요한계시록 22:5

샤르트르 대성당에 들어서면 커다란 미로(Labyrinth) 앞에 서게 됩니다. 일반적으로 미로는 인생의 고난, 복잡한 길, 절망과 죽음을 상징합니다. 하지만 그리스도교에서 미로는 더는 나아갈 수 없을 것 같더라도 모든 길을 걷게 합니다. 왜냐하면 미로의 수평선 위로 인간관계, 우정, 사랑을 상징하는 장미가 수직으로 서 있기 때문입니다. 물론 장미라고 해서 죽음을 피할 수 있는 것은 아닙니다.

그리스도인들에게 지지와 희망은 또 다른 장미입니다. 이 장미는 그림 속 샤르트르 대성당의 '서쪽 장미창' 문양처럼 무한함을 가리킵니다. 서쪽은 죽음의 방향입니다. 해는 서쪽으로 집니다. 하지만 빛 또한 서쪽에서 대성당 안으로 들어옵니다. 중세시대 상징을 보면 빛은 '밖'에서, 즉 '저 너머(피안)'에서 옵니다. 하나님의 영광 안에서 영원한 빛이 우리를 비출 때, 우리의 모든 길은 언젠가 반드시 목적지에 이르게 될 것입니다.

대성당 건물은 삼위일체 하나님을 찬미하는 형태입니다. 그래서 화가는 이 그림을 성부와 성자와 성령의 이름으로 드리는 송영으로 이해합니다.

"아버지께 영광": 성소 입구의 커다란 미로가 성부 하나님을 가리킵니다. 신비롭고 이해할 수 없지만 매력으로 가득 차 있습니다. 두렵고도 매혹적입니다. 마치 하나님처럼 말이지요! 하나님도 미로처럼 신비로우신 분 아닙니까?

“아들께 영광”: 장미 꽃다발에 당신의 눈길이 갈 것입니다. 장미가 우리를 향해 다가오는 듯합니다. 만져도 됩니다. 우리를 “끝까지”(요한복음 13:1) 사랑하셔서 애정과 사랑과 생명의 형상으로 성육신하신 하나님의 아들처럼 말입니다.

“성령님께 영광”: 샤르트르 대성당의 ‘서쪽 장미창’에서 성령의 빛이 환하게 밝아 옵니다. 그 빛은 우리의 이성과 마음의 어둠을 밝히고, 우리를 참된 빛인 그리스도께로 인도합니다. 그리스도는 장미창 중앙에 자비로운 재판관으로 나타납니다.

“처음과 같이”: 거기에는 길과 동경, 두려움과 모험, 신비와 어둠과 같은 미로가 있었습니다. 태초에 창조주이신 아버지 하나님이 계셨습니다.

“또한 이제와”: 푸른 잎과 빨간 장미, 생명과 사랑, 그리고 우리 가운데 계신 하나님의 아들이 있습니다. 한 사람으로, 형제로, 친구로 오늘 여기 이곳에 계신 분!

“항상, 영원히”: ‘서쪽 장미창’을 통해 저녁 햇살과 영원의 빛이 벽을 뚫고 비쳐 옵니다. 그리고 이렇게 선포합니다. 죽음은 더 이상 힘이 없습니다. 사랑이 더욱 강합니다.

“아멘”: 그렇습니다. 그대로 이루어지기를 바랍니다!

—테오 슈미트콘츠 SJ

옮긴이의 말

지거 쾨더의 손끝에서
아름다운 색과 빛으로 피어난
성서의 이야기를 만날 수 있었던 것은
역자로서 저에겐 놀라운 행운(lucky)이고
축복(benediction)이었습니다.
그의 그림을 보고 있으면 한자리에 머물러 있지 못하고
천로역정의 주인공 크리스천처럼 여행을 떠나는
순례자가 되곤 합니다.
책의 첫 장을 여는 순간,
우리는 이 길이 홀로 떠나는 여행이 아님을 금세 깨닫게 됩니다.
한 수도자의 진실한 삶이 묻어난 작품마다
그의 인생 여정에 동행했던 우정 어린 벗들의
사랑과 정성으로 눌러 쓴 묵상의 글을 읽을 수 있기 때문입니다.
무엇보다 소망의 길을 내는 빛난 별이
영혼의 어두운 밤을 걸어가는 사람들과 우리의 삶을
환히 비춰 주기 때문입니다.

작가는 '성서 이야기'를 그리며
작품 속에 하나님의 모습을 숨겨 놓았습니다.
독자들은 그림 어디에서도 또렷한

예수님의 얼굴을 볼 수 없습니다.
하지만 우리는 이 책의 모든 작품 속에서
주님을 발견할 수 있습니다.
《지거 쾨더, 성서의 그림들》을 펼쳐 든 이들마다
유한한 인간의 생각과 지식 너머에 계신
영원하신 하나님의 임재를 경험하게 될 것입니다.
사람이 만든 교회(건물)와 교리(언어)를 초월해 계신
무소부재(無所不在)하신 하나님을 마주하게 될 것입니다.
그래서 나만의 주가 아니라 우리의 주님이시고,
우리의 하나님만이 아니라 온 세상의 하나님이셔서
우주만물을 창조하신 분이 임마누엘 하나님이심을
깨달을 것입니다.

쾨더는 생전에 독일에서 발행되는 가톨릭 주간지인
〈주간 가톨릭〉(*Katholisches Sonntagsblatt*)과의 인터뷰에서
샤갈, 피카소, 프란시스코 데 고야, 엘 그레코를
자신의 롤모델이라 소개했습니다.

화폭에 꿈과 상상의 나래를 아름다운 빛깔로 수놓은
색채 마법사 **샤갈처럼**,
쾨더의 그림은 색의 명암이나 정확한 색조에 연연하지 않습니다.
도리어 그의 자유로운 붓길은
"진리가 너희를 자유롭게 하리라"란 예수님의 길을
떠올리게 합니다.

그림은 보는 사람을 위해 존재한다고 확신했던 **피카소처럼**,
쾨더 또한 작품에 대한 해석과 감상평을

전적으로 관객들의 몫으로 남겨 두었습니다.
그림은 성직자였던 작가의 언어이자 설교라고 해도
과언이 아닙니다.
쾨더는 자신에 대해 늘 이렇게 말했습니다.
"저는 말을 어눌하게 하지만 그림은 그릴 수 있는
작은 선지자입니다."

나폴레옹 전쟁과 민중 봉기를 현장에서 목격하며
인간의 잔혹함과 고통을 화가로서 증언하기로 마음먹었던
프란시스코 데 고야처럼,
쾨더는 역사의 주도권을 가진 권력으로부터 소외되고 외면당했던
사람들의 작은 역사를 작품 가운데 성실하게 기록하고
서사적으로 표현했습니다.
하나님의 눈길 향한 그곳에 예수께서 늘 계셨듯이,
주님의 마음이 머물러 있는 자리마다
쾨더의 그림이 여지없이 걸려 있는 이유입니다.

대담한 구도와 여러 가지 색이 뒤섞여 찬란하게 빛나는 색조로
생생한 종교화의 경지를 열었던 **엘 그레코처럼**,
쾨더는 성서의 이야기를 다채로운 색으로 그려냈습니다.
어쩌면 복잡다단한 사람들의 인생을 보여 주고 싶었던
작가의 의도이지 않았을까 생각해 보게 됩니다.
정반대로 쾨더는 강렬하고 단조로운 한 가지 색으로
작품을 묘사하기도 합니다.
우리 인생에서 의미를 줄 수 있는 유일한 하나의 색이 있음을
꼭 전해야겠다는 수도자의 간절함이었을지 모릅니다.
그에게 단 하나의 색은 바로 '사랑의 색'이었습니다.

지거 쾨더의 예술혼과 신학정신이 빚어낸
《지거 쾨더, 성서의 그림들》은
처음부터 끝까지 하나님의 완전한 사랑을 이야기합니다.
예수 그리스도의 십자가에서 피어난 영원한 사랑을 노래합니다.
그루터기에서 움튼 한 송이 장미는
절망과 죽음의 그림자가 드리운 세상에
여전히 붉게 물든 하나님의 사랑이
희망으로 자라가고 있음을 보여 줍니다.
성서의 말씀을 따라 영혼의 미술관을 관람하는 이들에게
행복하고 즐거운 인생 순례의 길 되길 두 손 모아 바라며,
사랑의 장미 한 송이를 드립니다.

갈등과 다툼이 있는 곳에 평화의 장미 한 송이가
미움과 증오가 있는 곳에 용서의 장미 한 송이가

전쟁과 분열이 있는 곳에 화해와 하나 됨의 장미 한 송이가
죄악과 불의함이 있는 곳에 공의와 정의의 장미 한 송이가
거짓과 탐욕이 있는 곳에 진리와 비워냄의 장미 한 송이가
아픔과 슬픔이 있는 곳에 위로와 치유의 장미 한 송이가
가난과 배고픔이 있는 곳에 섬김과 나눔의 장미 한 송이가
사망의 음침한 골짜기에 죽음을 넘어 부활하신
예수 그리스도 사랑의 장미 한 송이가
생명의 빛으로 피어나길 두 손 모아 기도합니다.

옮긴이를 대표해서 이호훈 목사

작품 목록

13	**미리암**		출 15:2
14			출 16:15
15	**시내 산 율법**		출 34:32
16		바서알펑엔 교회 제단화	민 24:17
17	**룻**	호엔베르크 교회 창문화 스테인드글라스	룻 2:17
18	**다윗**	호엔베르크 교회 창문화 스테인드글라스	삼하 6:14
19	**엘리야**		왕상 19:4
20	**호렙 산의 엘리야**		왕상 19:12
21	**욥**		욥 33:5
22			시 18:15
23			시 18:29
24		호엔베르크 교회 창문화 스테인드글라스	시 22:1
25			시 23:5
26	**공동묘지**		시 39:6
27	**돈키호테**		시 49:10
28			시 57:8
29			시 80:8

30			시 102:7
31			시 104:14-15
32			잠 14:13
33	**쓰레기통**		전 1:14
34	**완성**	엘방엔 성령교회 창문화 스테인드글라스	아 1:1
35			아 2:9
36			아 8:5
37	**허수아비**		집회 14:17
38	**이사야의 소명**		사 6:7
39	**시노드 장미**		사 11:1
40	**이사야의 환상**		사 11:8
41		로젠베르크 교회 제단화	사 49:16
42			사 66:12
43	**예레미야**		렘 20:2
44		로젠베르크 교회 제단화	렘 31:15
45	**에스겔**		겔 12:5
46	**에스겔의 환상**	엘방엔 성령교회 창문화 스테인드글라스	겔 37:3

47		바서알핑엔 교회 제단화	미 5:2
48	**선조가 된 어머니들**	로텐부르크 성 모리츠 교회 창문화 스테인드글라스	마 1장
49			마 2:2
50			마 25:35
51			마 14:16
52	**감람산에서**		마 26:38
53	**부인하는 베드로**		마 26:72
54	**판결**	벤스베르크의 '십자가의 길'에서	마 27:24
55	**구레네 사람 시몬**	로젠베르크의 '십자가의 길'에서	마 27:32
56		로젠베르크의 '십자가의 길'에서	마 27:46
57	**부활의 아침, 무덤으로 가는 길**	바서알핑엔 교회 제단화	마 28:1
58	**세례자 요한**		막 1:3
59	**죄인들과 함께 하는 식사**	로마 근교의 산 파스토레 빌라 식당에서	막 2:16
60	**호수 위의 폭풍우**		막 4:40
61	**변모**		막 9:2
62	**성 금요일 밤**	로젠베르크 교회 제단화	막 15:39
63	**예수께서 무덤에 묻히시다**	로젠베르크의 '십자가의 길'에서	막 15:46

81		벤스베르크의 '십자가의 길'에서	요 19:17
82	**예수님의 옷**		요 19:24
83	**무덤가의 막달라 마리아**		요 20:16
84	**부활의 저녁**		요 20:22
85	**이튿날 동틀 무렵 디베랴 호숫가**		요 21:7
86	**베드로**	호엔베르크 교회 창문화 스테인드글라스	요 21:18
87	**오순절 성령강림**		행 2:18
88	**사울이 말에서 떨어져 엎어지다**	바서알핑엔 교회 제단화	행 22:7
89	**창조**	엘방엔 성령교회 창문화 스테인드글라스	롬 8:21
90	**이새의 그루터기**	바서알핑엔 교회 제단화	롬 15:12
91	**바보들의 배**		고전 1:27
92			고전 4:9
93	**바울이 고린도에 보낸 편지**	엘방엔 성령교회 창문화 스테인드글라스	고전 12:4
94	**신앙고백**	엘방엔 성령교회 창문화 스테인드글라스	고후 13:13
95	**열려 있는 창**		엡 4:11
96	**교회의 역사**		엡 5:15-16
97	**빌립보서의 그리스도 찬가**		빌 2:7

98	**베드로의 인장**		벧전 1:1
99	**알파와 오메가**		계 1:8
100	**에디트 슈타인**		계 7:14
101	**프란치스코가 그의 아내인 가난과 함께 춤추다**	엘방엔 성령교회 창문화 스테인드글라스	계 12:11
102			계 21:2
103	**미로와 장미**		계 22:5

집필에 참여한 사람들

게르트루트 비드만(Gertrud Widmann) _편집장 32, 33장

게르트루트 카젤(Gertrud Casel) _심리학자 13, 44, 48장

노르베르트 아른츠(Norbert Arntz) _목회자 19, 56, 84장

롤프 바우만(Rolf Baumann) _신학자 82장

마르타 존탁(Martha Sonntag) _신학자, 심리치료사 50, 52, 55, 59, 60, 61, 63, 70, 71, 72, 77, 80, 81, 83, 85장

발터 카스퍼(Walter Kasper) _주교 4, 11장

발트라우트 헤르브스트리트(Sr. Waltraud Herbstrith OCD) _맨발의 가르멜회 수도사 7, 26, 97, 100장

베른하르트 엘러(Bernhard Ehler) _신학원 원장 15, 23, 38, 40, 51, 66, 76장

볼프강 그라머(Wolfgang Gramer) _로텐부르크 교구사무국 18, 95장

볼프강 트립(Wolfgang Tripp) _목회자 3, 49, 68장

수잔네 헤르조크(Susanne Herzog) _목회상담가 20, 30, 41, 57장

앙겔리카 다이커(Angelika Daiker) _목회상담가 62, 79장

에르빈 모크(Erwin Mock) _신학자, 교육학자 12장

에른스트 슈타인하르트(Ernst Steinhart) _목회자 99, 102장

에버하르트 쇼켄호프(Eberhard Schockenhoff) _신학교 교수 92장

엘레오노레 베크(Eleonore Beck) _신학자 17, 22, 43, 58, 64장

질야 발터(Silja Walter) _작가, 베네딕토회 수녀 45장

클라우스 고우더스(Klaus Gouders) _교사 8, 21, 24, 53, 75, 78장

클레멘스 슈트로펠(Clemens Stroppel) _신학원 부원장 29, 98장

테오 슈미트콘츠 SJ(Theo Schmidkonz SJ) _예수회 신부, 영성상담가 2, 14, 25, 28, 34, 35, 36, 39, 42, 67, 69, 87, 103장

토마스 켈러(Thomas Keller) _목회자 9장

파울 라트게버(Paul Rathgeber) _아카이브 관리자 27, 37, 91장

파울린 링크(Sr. Paulin Link) _프란치스코 수녀회 74, 101장

하인츠-페터 얀센(Heinz-Peter Janßen) _목회자 54, 73장

한스 나겔(Hans Nagel) _목회자 5, 6, 16, 47, 88, 90장

헤르만 조르크(Hermann Sorg) _교사 1, 86장

헤르베르트 레로이(Herbert Leroy) _신학교 교수 46, 89, 93, 94장

헤리베르트 파이펠(Heribert Feifel) _목회자 10, 31, 65, 96장

초판 제작에 동역해 준 분들

나눔의교회 (곽충환 목사)
대구만민교회 (김영근 목사)
도담교회 (오수진 목사)
(주)볼렛 (유찬현 대표)
빛의교회 (천정훈 목사)
새문안교회 (이상학 목사)
서울드림교회 (신도배 목사)
송학대교회 (박병주 목사)
아름다운교회 (계재광 목사)
연동교회 (김주용 목사)
예수길벗교회 (이호훈 목사)
오정교회 (홍순영 목사)
정릉교회 (박은호 목사)

지거 쾨더, 성서의 그림들

현대 종교미술의 거장 지거 쾨더와 함께하는 뜻을 여는 말씀 묵상

초판 1쇄 발행 2024년 10월 31일
2쇄 발행 2024년 12월 31일

그린이 지거 쾨더
엮은이 게르트루트 비드만
옮긴이 유명철, 이호훈
펴낸이 이현주
책임편집 이현주, 이지든
디자인 김진성
펴낸곳 사자와어린양
출판등록 2021년 5월 6일 제2024-000050호
주소 (03445) 서울시 은평구 은평터널로 159, 1층
전화 010-2313-9270 **이메일** sajayang2021@gmail.com

ISBN 979-11-93325-13-1 03230

✣ 사자와 어린 양이 뛰놀고 어린이가 함께 뒹구는 그 나라의 책들 ✣